孙冶方文集

第7卷

（1978—1980年）

孙冶方◎著

知识产权出版社
全国百佳图书出版单位

图书在版编目（CIP）数据

孙冶方文集．第7卷/孙冶方著．—北京：知识产权出版社，2018.1
ISBN 978-7-5130-5210-8

Ⅰ．①孙…　Ⅱ．①孙…　Ⅲ．①经济学—文集　Ⅳ．①F0-53

中国版本图书馆CIP数据核字（2017）第257212号

内容提要

《孙冶方文集》（10卷本）收集孙冶方1925年至1983年间的各类作品356篇（部）。他的作品有着鲜明的时代特点，真实地反映了作者尊重规律、追求真理的研究轨迹，也真实地反映了他一以贯之的执着精神和宁折不弯的人格魅力。

读者可以从《孙冶方文集》中看到我国经济学界一代宗师孙冶方屡经磨难的艰苦历程，了解孙冶方的学术观点和理论勇气，了解我国社会主义政治经济学各个历史阶段的发展印迹，并从中受到启迪。

项目负责：蔡　虹
套书责编：石红华　蔡　虹
本卷责编：张水华
责任出版：刘译文

孙冶方文集（第7卷）

孙冶方　著

出版发行：知识产权出版社有限责任公司
网　　址：http：//www.ipph.cn
社　　址：北京市海淀区气象路50号院
邮　　编：100081
责编电话：010-82000860转8324
责编邮箱：caihongbj@163.com
发行电话：010-82000860转8101/8102
发行传真：010-82000893/82005070/82000270
印　　刷：三河市国英印务有限公司
经　　销：各大网上书店、新华书店及相关专业书店
开　　本：720mm×1000mm　1/16
印　　张：22.75
版　　次：2018年1月第1版
印　　次：2018年1月第1次印刷
字　　数：286千字
总 定 价：1680.00元（全套共10卷）
ISBN 978-7-5130-5210-8

《孙冶方文集》 编辑委员会名单

孙冶方(1908—1983)

1978 年 6 月孙冶方(右 3)赴云南考察 在西双版纳基诺公社新寨大队与社员合影

1978 年 11 月孙冶方(前排中 副团长)参加中国社会科学院经济学家考察团

赴南斯拉夫和罗马尼亚访问

(以上照片由孙冶方亲属提供)

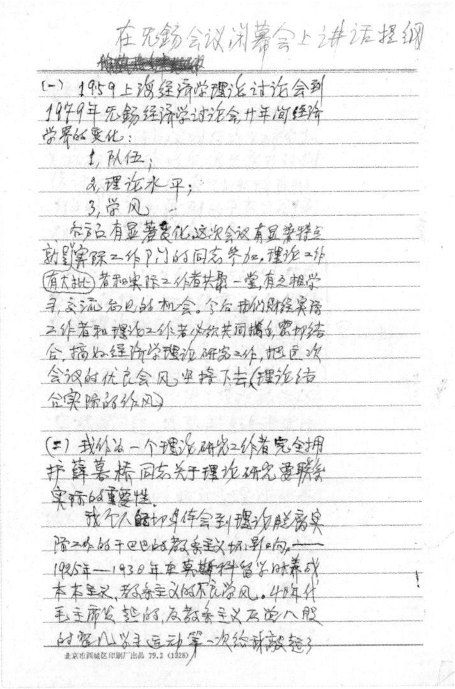

在无锡会议闭幕会上讲话提纲

（一）1959上海经济学理论讨论会到1979年无锡经济学讨论会廿年间经济学界的变化：

1，队伍；

2，理论水平；

3，学风。

各方面有显著变化，这次会议有显著特点，就是实际工作部门的同志参加，理论工作（有大批）者和实际工作者共聚一堂，有互相学习、交流意见的机会。今后我们财经实际工作者和理论工作者必须共同携手，密切结合，搞好经济学理论研究工作，把这次会议的优良会风坚持下去（理论结合实际的作风）

（二）我作为一个理论研究工作者完全拥护薛暮桥同志关于理论研究要联系实际的重要性。

我个人能切身体会到理论脱离实际工作的干巴巴的教条主义的影响。——1925年—1930年在莫斯科留学时养成本本主义、教条主义的不良学风。1942年毛主席发起的反教条主义反党八股的整风学习运动第一次给我敲起了

北京市西城区印刷厂出品 79.2（1328）

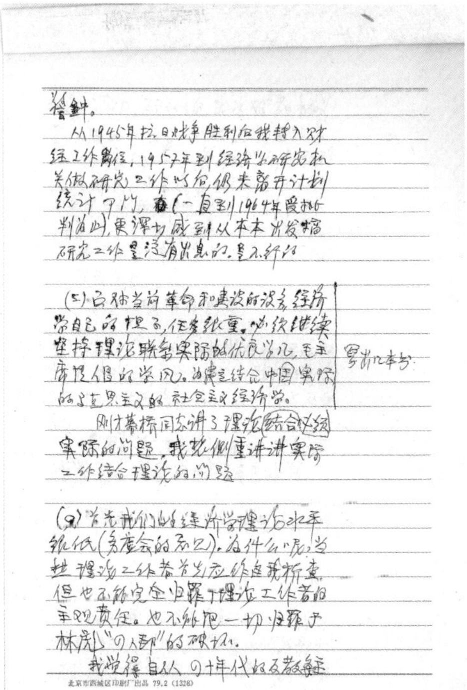

警钟。

从1945年抗日战争胜利后我转入财经工作岗位，1957年到经济学研究机关做研究工作以后，仍未离开计划统计部门，（一直到1964年受批判为止）更深切感到从本本出发搞研究工作是没有出息的，是不行的

（三）适应当前革命和建设的需要，经济学自己的担子，任务很重。必须继续坚持理论联系实际的优良学风，毛主席提倡的学风。为建立结合中国实际的马克思主义的社会主义经济学。　写出几本书

刚才暮桥同志讲了理论结合实际的问题，我就侧重讲讲实际工作结合理论的问题

（四）首先我们的经济学理论水平很低（落后的原因）。为什么呢，当然理论工作者首先应作自我检查，但也不能完全归罪于理论工作者的主观责任。也不能把一切归罪于林彪"四人帮"的破坏。

我觉得自从四十年代的反教条主义

北京市西城区印刷厂出品 79.2（1328）

1979 年 4 月在无锡关于社会主义经济学中价值规律作用问题讨论会闭幕会上的发言提纲

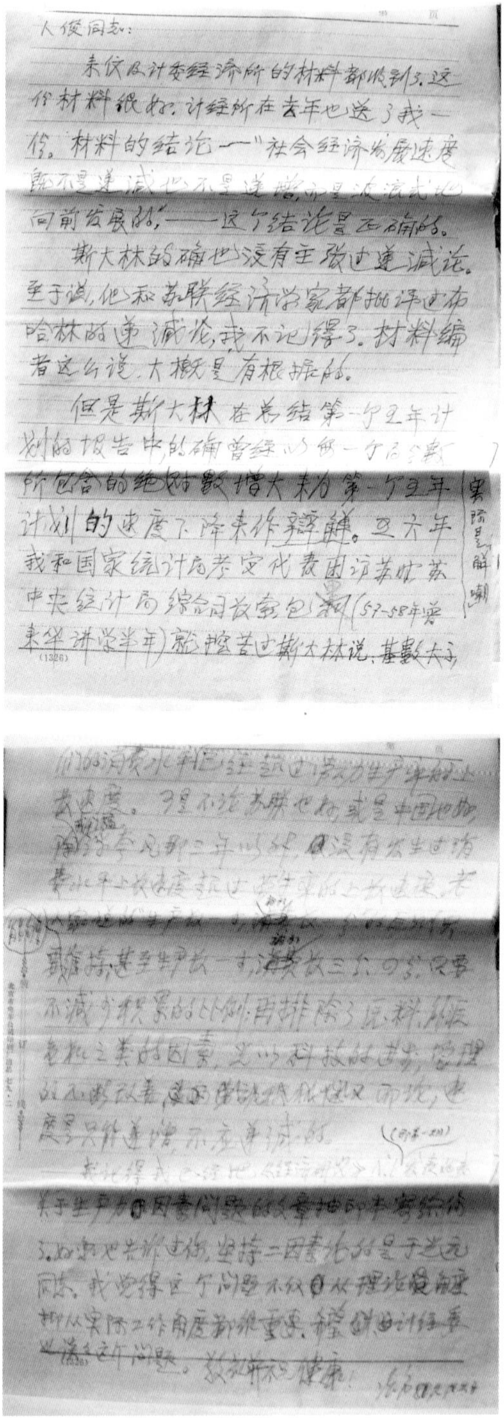

1980 年 2 月孙冶方致李人俊同志信

（以上手稿照片由孙冶方亲属提供）

编者说明

孙冶方是我国著名经济学家，15岁起就从事革命活动，在长达60年的革命生涯中，为宣传马克思主义政治经济学呕心沥血、奋斗终生，在经济学界和社会大众中享有崇高声誉。

2018年是孙冶方诞辰110周年。为缅怀先贤足迹，激励后人理论创新，2016年年初，孙冶方经济科学基金会与知识产权出版社相约，共同编辑出版《孙冶方文集》（以下简称《文集》)，是为纪念。

孙冶方一生勤于思考，治学严谨。纵观现存的各类作品，字里行间无不充满了理论探索与实践创新。1979年人民出版社出版《社会主义经济的若干理论问题》；1982年出版《社会主义经济的若干理论问题》续集；1984年山西人民出版社出版《孙冶方选集》，中国展望出版社出版《孙冶方社会主义流通论》；1985年人民出版社出版《社会主义经济论稿》，中国社会科学出版社出版《关于中国社会及其革命性质的若干理论问题》。1998年为了纪念孙冶方诞辰90周年，孙冶方经济科学基金会委托山西经济出版社在上述作品基础上，出版了5卷本《孙冶方全集》（以下简称《全集》)。2008年，孙冶方经济科学基金会与无锡市玉祁镇孙冶方纪念馆合作，将在整理孙冶方文献资料时新发现的多篇文章、译著合并，内部出版了《全集（补遗)》。

如今呈现在读者面前的《文集》（10卷本)，是在《全集》和《全集（补遗)》基础上再次整理编辑而成，是两年来紧张工作的成果，也是改革开放以来孙冶方作品收集整理工作的继续。

《文集》能够顺利出版，得益于多方面的共同努力。一是浙江财经大学孙冶方经济科学奖文献馆利用文献数据库及全国的图书馆网络检索文献（特别是1949年以前公开发表或出版的作品）获得资料。二是孙冶方亲属较为全面地整理了20世纪80年代保存至今的孙冶方文稿原件、打印件、书信及手稿等。三是《文集》编辑委员会在孙冶方曾经生活并工作过的上海、江苏、浙江和无锡等地，以及国家统计局、中国科学院哲学社会科学部（现中国社会科学院）、中国社会科学院经济研究所等单位寻访时获得了十分宝贵的文献、书信和报告若干。四是《文集》编辑委员会成员个人提供报告、书信等重要资料。

有关《文集》编辑整理时遵循的原则以及不同情况的处理作如下说明。

一、《全集》和《全集（补遗）》收录作品分别为111篇（部）和24篇。《文集》增加新近收集到作者1925年至1983年间的作品221篇，计有理论文章59篇、译作11篇、报告65篇、书信86封，其中148篇是首次公开出版。

二、《文集》编辑过程中，发现《全集》和《全集（补遗）》存在一些差错，主要是有的作品标题中的个别用字以及发表的时间、刊登的期刊、卷次和脚注等有误或不完善，一并予以修改和补充。

三、《文集》每卷卷首增加了该卷相应时间段作者的照片及作品影印件。《社会主义经济论稿》《社会主义经济论大纲》及《孙冶方大事记》（补充修订后）仍置于《文集》最后两卷。

四、孙冶方（薛萼果）因为工作和生活的需要，有过多个曾用名和笔名。经考证确认的就有孙勉之、孙一洲、孙宝山、孙宜（毅）刚、叶非木、勉之、叶舟、亨利、宋亮、席矩、倪江、方青等。新出现的笔名“席矩”是根据冯和法的回忆文章，及在不同刊物发表文章的考证确认；“倪江”则根据作者相关记录和文章内容确定。文献检索发现，个别笔名可能和他人同名，为避免误收同名作者作品，需要经过编委会集体讨论、仔细甄别、慎重确认后方予收入。其他笔名文章参照《全集》和《全集（补遗)》所用笔名，由编委会认真讨论后收入。

20世纪30年代发表于《中国农村》《中国农村经济研究会会报》上的少数文章，虽无作者署名，经反复考证后确认系孙冶方执笔，在注释中已予以说明，有关考证将另文发表，不在此赘述。

五、《文集》作品以发表、出版或写作的时间为序。对于没有标明详细时间的作品，如缺少月份，则按照通行的做法，置于全年的最后。这样编排，目的是客观地反映孙冶方在各个年代工作和生活时的原貌。

六、对于新收录的作品，尽可能保持原有作品的风貌，仅对个别之处进行了删减或修订；一些书信、报告，原件中没有标题，编辑时增加了现在的标题；个别文献原件页码不全；有的字迹缺失或无法辨认时以空格表示，这些情况在注释中都分别进行了说明。

七、一些早年作品经不同出版社再次出版时，由作者重新审阅并增加了当时新版本的参考文献，因此出现30年代写的文章，参考了70年代出版的文献的情况，现统一注释为“参见……”。

八、根据作者的日记和工作笔记等线索查找，许多文章、书信、报告、谈话等至今仍没有收集到；一些笔名文章虽已找到，但由于可参考查证的资料十分有限，目前无法确认作者而暂不能收入。

综上所述，新出版的《文集》中仍然可能有某些不足甚或错误之处，敬请读者批评指正。

最后，我们要特别感谢在《文集》编辑出版过程中，提供了支持与帮助的单位和个人。可以说，没有这些单位和个人的无私支持和鼎力相助，《文集》以全新的面貌如期出版也就没有可能。这些单位是：中国社会科学院办公厅档案处，中国社会科学院经济研究所及经济史研究室、图书馆，国家统计局资料中心编研处，无锡市档案馆，无锡市博物院，无锡市史志办公室，无锡市玉祁镇孙冶方纪念馆，上海市档案馆，中共上海市委党史研究室，江苏省档案馆，中共江苏省委党史研究室，浙江省档案馆，浙江财经大学孙冶方经济科学奖文献馆，等等。个人有：中国社会科学院副院长蔡昉、中国社会科学院经济研究所所长高培勇、国家统计局办公室主任曾玉平、上海市现代管理研究中心主任陈加英、南京大学商学院院长沈坤荣，以及沙尚之、汪静、沈树正、马骏、崔建华、李晶、刘胜文、王大庆、郑泽清、谢黎萍、陈晓明、吴斌、徐洁、江剑萍、周建军、陈彤光、吴佳佳、殷语、朱昱鹏、谈菁、杜松等。此外，知识产权出版社的蔡虹、石红华及各位编辑，孙冶方经济科学基金会办公室的周小和、王昊、李建、王莉4位同志，为《文集》的最终出版付出了辛勤的劳动和大量的心血，在此一并致以感谢！

《孙冶方文集》编辑委员会

2017年10月30日

序

张卓元

孙冶方是我国当代卓越的马克思主义经济学家。他一生论述甚丰，20世纪五六十年代因提出把计划和统计放在价值规律基础上、千规律万规律价值规律第一条等，在经济学界起到振聋发聩的作用，产生了很大的社会影响。1998年，应山西经济出版社之约，我们编辑出版了《孙冶方全集》5卷本，主要收集中华人民共和国成立后孙冶方撰写的文章、研究报告、调查报告、政策建议等。此后，通过孙冶方亲属阅读整理他的日记、手稿、旧作等，发现有相当数量的文稿没有收入全集。为纪念我们敬仰的孙冶方诞辰110周年，我们又对孙冶方一生的作品，主要是经济学作品，进行查找和核实，以《孙冶方全集》为基础，把大量新发现的孙冶方遗作补充进去，按时序排列，形成现在的《孙冶方文集》10卷本，由知识产权出版社2018年年初出版。

重新出版《孙冶方文集》10卷本，不只是为了纪念孙冶方诞辰110周年，对于更好地了解孙冶方对马克思主义经济学的贡献，对于深入研究当代中国经济学思想史，对于认真吸收中国老一辈经济学家的理论精华，更好地构建中国特色社会主义政治经济学，都是很有意义的。

在《孙冶方文集》出版之际，我作为孙冶方经济理论的追随者和学生，作为文集编委会成员之一，在编辑过程中看到不少过去没有看到的文章、资料，学习到许多东西。下面拟就以下三个问题，简要谈谈个人的看法。

一、孙冶方是怎样治所的

孙冶方1957年年末到中国科学院经济研究所任所长，1964年年底接受批判被剥夺领导职务。他一到所，特别重视和强调经济理论研究要很好地联系实际，要从实际出发寻找研究课题，深入实际调查研究。他专门写报告要求对经济所实行双重领导，即由中国科学院和国家计委领导。后经周恩来总理和李富春副总理批准实行双重领导，他本人列席国家计委党组会议，接受国家计委分派的任务。为了便于研究人员到经济部门做调查研究，他把经济所从海淀区中关村搬到财经部门集中的西城区三里河。他接受李先念等领导同志交办的任务，亲自率领一批研究人员到上海第一机床厂等企业进行调查。他关于固定资产管理体制改革（反对复制古董）和加强经济核算包括资金核算的研究报告，就是深入调查研究后写出的。他在调查过程中，还同李立三、李人俊、汪道涵、马天水、顾树桢等中央经济部门和地方工作的同志多次深谈，征求他们的意见。在孙冶方的带动下，在经济所逐渐形成了调查研究的风气。还有，从上个世纪50年代末到60年代初，孙冶方和薛暮桥、于光远一块发起，针对农村“一平二调”和“大跃进”带来的国民经济断崖式下滑和比例失调等问题，组织经济理论工作者和实际工作者，讨论了社会主义商品生产、价值规律、按劳分配、社会主义再生产、经济核算、经济效果等问题，对全国的经济理论研究工作起到了引航的作用。

其次，大力倡导标新立异，向传统的经济理论挑战，扭转从书本到书本、从概念到概念、搞规律排队和只限于解释当前政策的教条主义学风。他自己带头创新理论（后面有专门论述），给经济所带来一股清新的研究风气。他还邀请当时苏联的统计局综合平衡司司长索包里作报告，他对传统的社会主义经济理论和体制持批评态度，主张生产价格论、强调资金核算的重要性等，使我们这些听众大开眼界。与此同时，他对当时广为流行的苏联科学院院士斯特鲁米林关于没有价格与价值的背离就没有价格政策的观点（上个世纪五六十年代国内有从事实际工作的同志很欣赏这一观点），不以为然，认为正确的价格政策恰恰是力求使价格与价值一致，只有这样，才是真正尊重价值规律。

再次，以任务带学科带队伍。孙冶方于1960年年初起，接受中宣部布置的写社会主义政治经济学的任务（薛暮桥、于光远也各负责写一本），于是组织全所研究现实经济问题的骨干力量，写《社会主义经济论》，他本人提出与众不同的按马克思《资本论》过程法（即资本的生产过程、资本的流通过程、资本主义生产的总过程，把资本和资本主义改为社会主义即可）展开，以最小的劳动消耗取得最大的有用效果为红线进行写作。在这个过程中，带出了一批年轻的经济学家，他们在中国改革开放后分别成为一些科研单位的骨干。

二、孙冶方治学是如何标新立异的

孙冶方提倡标新立异，他是以身作则的。他发表在《经济研究》1956年第6期的《把计划和统计放在价值规律基础上》一文，就是真正的标新立异，在经济学界引起轰动。他到经济研究所后，提出了一系列崭新的观点和主张，包括：恩格斯1844年在《德法年鉴》上提出的“价值是生产费用对效用的关系”并不是错误的、后来被恩格斯本人抛弃的观点，而是正确的、对准确理解马克思劳动价值论有重要意义的观点；主张以生产价格作为社会主义国家定价的基础；流通部门是很敏感的，国民经济中许多问题，都会在流通过程中首先表现出来，批判部分学界鼓吹的“无流通论”；财经体制的核心问题是作为独立核算单位的企业的权力、责任和它们同国家的关系问题，而不是有人常说的中央和地方的关系问题；凡是在原有资金价值量范围内的生产，是简单再生产，是属于企业（指国有企业）可以自主决定的权利，因此折旧基金应留给企业支配使用，而现实中要求折旧基金上缴的固定资产管理体制会导致出现复制古董的怪异现象；利润是反映企业技术水平高低、经营管理好坏的综合指标，高于社会平均资金利润率的是先进企业，低于社会平均资金利润率的是落后企业；用最小的劳动消耗取得最大的有用效果应作为社会主义政治经济学的红线贯穿始终；千规律，万规律，价值规律第一条；等等。

孙冶方在经济理论上标新立异，不是偶而突发的奇思异想，而是经过长时期调查研究深思熟虑后得出的。关于固定资产管理体制和重视利润的主张，就是经过大量实地调查研究和总结国内外经验教训后提出的。关于价值理论则除了调查研究、实际工作体会外，还大量引经据典，与不同观点商榷。他在1959年第9期《经济研究》发表的《论价值》一文，长达三万多字，系统地表达了他对价值和价值规律的独特观点。还有，我们常常看到孙冶方特别喜欢引用马克思在《资本论》第三卷中的一段话，马克思说，“在资本主义生产方式消灭以后，但社会生产依然存在的情况下，价值决定仍会在下述意义上起支配作用：劳动时间的调节和社会劳动在各类不同生产之间的分配，最后，与此有关的簿记，将比以前任何时候都更重要。”（《马克思恩格斯全集》第25卷，北京，人民出版社，1974年，第963页）据我体会，马克思这段话说的价值决定，正是价值规律的核心，也是孙冶方反复强调的价值规律的内涵。因此他坚信价值规律在资本主义生产方式消灭以后，在社会主义社会经济活动中，仍然起支配作用。

三、孙冶方经济理论的现实意义

孙冶方经济理论的核心，如果用一句话来概括，就是千规律，万规律，价值规律第一条。这是在一次批判他的座谈会上，当批判他的人质问他国民经济综合平衡依据的是什么规律时他脱口而出的，他在1978年10月还专门以此为题写了一篇文章，发表在《光明日报》上。孙冶方在文中写道，“我这句话虽然是在激动中脱口而出的，然而这是符合我多少年来长期坚持的思想的。”我认为，这就是孙冶方的主要经济理论观点。孙冶方一辈子强调价值规律，并不是有人想象的那样现在已经过时了，恰恰相反，在我们努力发展社会主义市场经济的今天，仍然具有重要现实意义。

第一，马克思主义经济学原理历来认为，价值规律是商品经济和市场经济的基本规律，是支配市场经济活动的最根本的法则。现在我们正在社会主义条件下发展市场经济，就要按市场经济规律办事，就是要按价值规律办事。如果我们在经济活动中违背价值规律，必然会受到这样那样的惩罚，如效率低下、竞争力下降甚至亏损破产等。相反，如果我们在经济活动中尊重价值规律，按价值规律办事，努力降低个别社会劳动消耗，提高产品技术含量和品质，就能在市场竞争中处于强势，不断发展壮大自己。当然，我们也要看到，孙冶方对价值规律如何调节社会生产和流通，它的机理是什么，并没有作出有说服力的说明，而这是在中国改革开放中，通过市场机制即放开市场和价格才实现这种调节的。

第二，在孙冶方的论述中，价值由社会必要劳动时间决定的规律，其含义是比较广泛的，既包括个别商品的价值由社会必要劳动时间决定，也包括在社会总劳动时间中，要把必要的比例量用在不同各类的商品上，也就是我们今天常说的，在资源配置中起决定性作用。孙冶方常常引述马克思关于价值决定在未来社会对社会劳动在不同各类生产之间的分配仍起支配作用，也是这个意思。当前我国深化经济体制改革，就是要紧紧围绕使市场在资源配置中起决定性作用来进行，实质上正是要更好地让价值规律调节资源的配置。

第三，价格政策应很好地尊重价值规律。孙冶方一贯反对实行价格与价值背离的政策，要求不断缩小工农产品价格剪刀差，国家定价应以价值和价值的转化形态生产价格为基础，否则难以正确评价经济活动的效果，难以评价企业的真实业绩。这点至今仍有现实意义。现在占全社会商品和服务97%的价格已放开由市场调节，也就是价值规律调节，在公平竞争的市场环境不断完善的条件下，价格将越来越贴近价值而波动。剩下的3%由政府定价，主要限定在重要公用事业、公益性服务、网络型自然垄断环节，也要尊重价值规律，但不是由价值规律自发调节。这说明，孙冶方当年的设想，在社会主义市场经济条件下正在逐步成为现实。

第四，从政治经济学发展史来看，改革开放前，经济学家们在创建社会主义政治经济学体系时，总离不开规律排队，而且总是把社会主义基本经济规律、有计划发展规律放在首位，贬低和排斥价值规律的作用。1982年，还有一些经济学家拿社会主义基本经济规律和有计划发展规律起主要作用来反对社会主义经济也是一种商品经济。可是，在半个多世纪前，孙冶方就已经提出，无论在国民经济中，还是在社会主义政治经济学中，价值规律是首要规律。他关于撰写《社会主义经济论》要以最小的劳动消耗取得最大的有用效果作为红线，也是他关于千规律万规律价值规律第一条在构建社会主义政治经济学中的具体应用。因为在孙冶方看来，价值由社会必要劳动时间决定的规律，体现的正是生产费用对效用的关系，如果生产没有社会使用价值的东西，其劳动消耗是白费的，不是社会必要的，不能形成价值，所以他一直认为恩格斯关于价值是生产费用对效用的关系是完全正确的命题。因此我认为，孙冶方经济理论的核心——价值理论，对于今天构建中国特色社会主义政治经济学，是值得大家重视的。这也是孙冶方经济理论重要现实意义之所在。

2017 年 10 月

孙冶方：以自己的生命敲击改革开放大门的先驱

——《孙冶方文集》序

冒天启

孙冶方（1908—1983），江苏无锡人，是中国经济学界几代人都敬仰的一位颇具盛名的马克思主义经济学家。在他长达半个多世纪的经济学理论研究活动中，始终坚持立足中国国情，独立思考，按照价值规律内因论和商品生产外因论的经济学思想，是中国经济学界对自然经济论进行批判的先行者，是对传统经济体制实行改革的最早倡导者，是创建社会主义经济学新体系的积极探索者。

孙冶方在上个世纪20年代初，去莫斯科中山大学学习，毕业后在莫斯科东方劳动者共产主义大学担任政治经济学讲课翻译，在那里学习、工作了四年零九个月；回国后长期从事经济理论研究、宣传和教学，并担任实际经济工作的领导。生前曾任中国社会科学院顾问，经济研究所所长、名誉所长，国务院经济研究中心顾问，国务院学位评议组成员，政协第五届全国委员会委员，中共中央顾问委员会委员等职。孙冶方病逝前，为表彰他对马克思主义经济学的重大贡献，中国社会科学院党委授予他为模范共产党员；学界老一辈经济学家也在1983年6月13日联合发起成立了孙冶方经济科学奖励基金委员会，以纪念这位经济学界的泰斗。媒体公认，孙冶方经济学思想，对中国的改革开放具有“破茧”的功能，他以自己的生命在敲击着改革开放的大门，2008年12月7日，被媒体评选为中国“30年最具贡献的十位经济学家”。

孙冶方一生治学严谨、惜字如金，在同辈的经济学家中，其著述不算最多，甚至没有过专著，但他的文章却篇篇都针砭时弊，影响深远。1984年，山西人民出版社根据他在病逝前亲自审定的篇目，出版过一部《孙冶方选集》；1998年，为了纪念他诞辰90周年，孙冶方经济科学基金会委托山西经济出版社出版了5卷本《孙冶方全集》；2008年，孙冶方经济科学基金会与无锡市玉祁孙冶方纪念馆在整理孙冶方文献资料时，发现《孙冶方全集》漏选了孙冶方的不少文章、译著，因此，内部出版了《孙冶方全集（补遗）》。2016年，应知识产权出版社邀约，经多方反复彻查文献、严格审定，以一部全新的10卷本《孙冶方文集》典籍问世。

孙冶方是老一辈的马克思主义经济学家，社会在变迁、知识在更新，为让新一代学子对孙冶方的经济学思想有个初步的了解，我们在这里简述他的成长经历、理论贡献以作为《孙冶方文集》新版之序。

一、成长经历

孙冶方，1908年10月24日出生在江苏省无锡县玉祁镇。原名薛萼果，字勉之，党内用名宋亮。从小家境贫穷，父亲背债做过纱厂的小职员。1921年秋，13岁的孙冶方才进无锡县立第一高小做寄宿生。孙冶方在校时，接受进步思想，1923年年初加入社会主义青年团，1924年经中共上海区委批准正式转为中共党员。不久，无锡地下党组织成立，孙冶方被选举为第一任中共无锡党支部书记，同年加入国民党。1925年11月，按照上级组织的安排，他去莫斯科中山大学学习，同去的有60多人，其中有张闻天、杨尚昆、乌兰夫，还有王明、蒋经国等。在那里经过两年比较系统的马克思列宁主义学习，1927年夏毕业，分配到莫斯科东方劳动者共产主义大学担任政治经济学讲课翻译。1927年11月，东大中国留学生合并到中大，孙冶方也随之返回中大继续担任讲课翻译。这一时期，有两件事对他影响较大，一是王明的宗派斗争。20年代赴苏的中国留学生中，既有后来成为党和国家卓越领导人的邓小平、叶剑英、杨尚昆等同志；也有后来堕落判逃的王明、张国焘等人。当时，王明在共产国际的支持下，把持了对中国留学生的领导权，大肆进行宗派主义活动，对不赞成他们意见的同志搞残酷斗争，捏造各种罪名进行打击。1927年夏，在一次讨论中大学期工作总结报告并对报告的决议案投票表决时，支持王明的共有28人，1人弃权，绝大多数同志都表示反对，其中有孙冶方的入党介绍人董亦湘。孙冶方没有参加这次会议，但平时与董亦湘及投反对票的同志来往较多。那时，由于孙冶方已担任了讲课翻译，经济收入较高，大家让他掏钱请客聚餐，王明根据这次“聚餐”，凭空捏造了“江浙同乡会”的案件，把他们作为反革命分子进行斗争。1928年，尽管经过由周恩来参加的中央专案组的重新审查，宣布“江浙同乡会”是莫须有的罪名，但王明却又利用联共清党，给反对他的同志扣上“托派”的罪名继续加以迫害，他们断定孙冶方也有“托派”嫌疑，无端地给了他“严重警告”处分。这件冤假错案，给孙冶方后来的党内生活带来不小影响。二是布哈林对列宁新经济政策的理论解释，给孙冶方后来从事社会主义经济理论研究，认识不发达国家社会主义建设道路，产生了潜移默化的影响。

1930年9月，孙冶方回国。在上海从事党的地下工作，先任上海人力车夫罢工委员会主席，后又任人力车夫总工会筹委会主席，年底，调任沪东区工商联筹委会主席。1931年年初，孙冶方在英租界被捕，但敌人没有任何证据断定他是共产党员，以为是“乡下佬”，因此在捕房里关了七天就释放了。出狱后，孙冶方向党中央递交书面报告，希望恢复组织关系，同时还积极参加抗日救亡活动。但王明宗派集团把持着中央领导权，对孙冶方的“书面报告”置之不理，孙冶方被排斥在党外7年之久。这期间，孙冶方在逆境中一直坚持斗争，以他对马克思主义理论和党的土地革命路线的透彻理解，与陈翰笙、薛暮桥、钱俊瑞等发起成立中国农村经济研究会，开设新知书店、中国经济资料室，发行《中国农村》月刊，深入工厂、农村，以大量的调查材料，论证中国社会的半封建半殖民地性质，批判王明和“托派”夸大中国社会资本主义性质，反对党的土地革命路线的“左”倾观点。1934年6月，面对国民党反动派的迫害，孙冶方不得不绕道香港去了日本，在东京替商务印书馆翻译卢森贝的《政治经济学思想史》。1935年9月回国，继续从事《中国农村》的编辑工作。

1937年5月，孙冶方恢复了党籍，调任中共江苏省文化工作委员会书记。1940年9月，孙冶方根据组织决定去延安，途经重庆时，向周恩来汇报了工作，周恩来根据当时形势，指示他去苏北新四军或华中局工作。1941年6月，孙冶方到了苏北根据地，先在华中局宣传部任宣教科科长，后又去华中局党校教学并兼任教育科科长。临去党校前，刘少奇找他谈话指出：党校教学要理论联系实际。7月13日，孙冶方以“宋亮”为笔名给刘少奇写信，请教如何看待党内存在的轻视理论的倾向。当天，刘少奇回信，就党内轻视理论的倾向作了分析，这就是“文化大革命”中曾一度成为“众矢之的”的《答宋亮同志》的信。1942年华中局党校成立校委会，孙冶方为校委员会委员，仍兼教育科长。1943年4月，新四军军部转移到淮南以后，孙冶方即被派到淮南路西地委任宣传部长。1947年5、6月间，孙冶方奉命到胶东向华东财办领导汇报工作，时值国民党军队正向滨海地区进攻，因

此上级决定“驻鲁办事处”撤销，干部撤退到胶东，孙冶方被留在华东财办工作，11月任华东财办秘书长兼山东省政府实业厅副厅长，直到解放战争胜利结束。

1949年江南解放后，孙冶方随三野进上海，任上海市军管会重工业处处长，并负责接管了国民党政府的资源委员会，后任华东工业部副部长兼任上海财经学院院长。1955年年初，孙冶方调北京任国家统计局副局长，主要负责国民经济平衡统计表的编制，还有关于国民收入计算、计划统计指标体系、方法等工作。1956年7、8月间，他去苏联统计局考察，联系中国经济建设中已经出现的问题，深感我国经济管理体制和一些经济政策存在着严重的弊病，1956年11月，他写了著名的论文《把计划和统计放在价值规律的基础上》，批评斯大林把价值规律和国民经济计划管理对立起来的观点，指出：国民经济有计划按比例发展必须建立在价值规律的基础上才能实现。同期，他还写了另一篇有名的文章——《从总产值谈起》，批判总产值指标妨碍对企业进行科学管理，指出：利润指标是考核企业经营管理好坏的综合指标。

孙冶方于1957年底被调至中国科学院经济研究所任代所长。1958年6月21日，中央工业部电话通知孙冶方：中央监委已经批准了中央工业部对他有关历史问题的审查结论，同时恢复了1931年到1937年这一段党龄。这令孙冶方极为振奋。孙冶方虽然弃官从文，但在新的岗位上，仍以高度的敬业精神，花很大的力气疏通经济理论研究和实际工作结合的渠道，力主由国家实际经济部门主管经济研究所的研究工作。孙冶方大力组织研究人员认真读书，并引导人们把实践中存在的、有待于解决的问题提高到理论上加以研究。他身体力行，多次深入农村、工厂，写了大量的研究报告和文章，探讨社会主义经济理论，并逐步形成了以自然经济论为批判对象，以价值规律内因论和商品生产外因论为

基础的理论体系，积极倡导经济体制改革。1959年7、8月，他在青岛撰写了《论价值》一文，发表在《经济研究》1959年第9期，系统陈述了自己的理论和改革主张。从1960年年底开始，他组织经济研究所的一些同志，着手编写《社会主义经济论》，系统清算阻碍社会主义经济理论发展的各种有害倾向。由于众所周知的原因，1964年开始，他在经济学界受到了围攻。1966年6月，《红旗》杂志公开点名在全国范围内开展了对孙冶方的大批判。从1968年4月5日被捕入狱，直到1975年4月10日出狱，孙冶方在特殊的环境中，用默记的方法，对《社会主义经济论》22章183节在脑海中过了85遍，坚持每月一次。1972年2月，他以给“外调”人员写材料为名，写了长篇文章《我与经济学界一些人的争论》，驳斥了康生、陈伯达一伙反马克思主义的谬论。1975年4月10日踏出狱门对工宣队的第一句话就是：我是一不改志、二不改行、三不改变自己的观点！回家后即着手《社会主义经济论》的写作。打倒“四人帮”后，孙冶方极为昂奋地参加了揭批“四人帮”的理论斗争以及考察出国访问。那时，国内各个部门都组团去东欧国家学习，曾有团组去匈牙利，接待方坦然地说，我们是按照你们国家孙冶方的经济学思想改革的！1979年8月，孙冶方肝癌已到晚期。在这种情况下，经济研究所加强了写作组的力量，为抢救学术遗产，由孙冶方在病床上口授录音，然后由写作组整理，前后约一年时间，完成了《社会主义经济论》大纲20余章。从这以后，孙冶方更拼命工作，3年时间，先后写出了22篇论文，对经济建设和改革中的紧迫问题，系统发表了自己的观点，同时还参加文艺、历史等方面的社会活动。1982年9月，孙冶方参加了党的十二大，并当选为中共中央顾问委员会委员。1983年2月22日下午5时，这位拼搏了一生的老布尔什维克，带着铮铮铁骨，离开了我们，时年75岁。

二、理论贡献

在中华人民共和国成立前的30至40年代，孙冶方发表过的论文，主要是联系中国实际，以大量第一手调查材料，论证中国社会的半封建半殖民地性质，但他的经济思想最有历史学术价值的部分是在共和国成立后的50年代中期到70年代末80年代初期形成的。在左的路线统治全党和社会的环境下，孙冶方大胆探索符合中国国情的社会主义经济理论新体系，勇敢倡导改革集权的计划经济模式。他的经济学思想可以归纳为一句话：价值规律内因论和商品生产外因论，在这个大题目下，他经常论述的经济思想主要是：

(1) 用最小的劳动消耗取得最大的有用效果即“最小最大”。孙冶方自50年代中期以来，联系社会主义经济建设中的弊端，反复论述“最小最大”，并由此付出了血的代价。但“最小最大”的发明者，从经济思想发展史上看，实际上并不是孙冶方。早在1817年，李嘉图的《政治经济学及赋税原理》出版，1821年，这部书的第三版广为流行，书中写道：国家财富的增加可以通过两种方式：一种是用更多的投入来维持生产性的劳动……；另一种是不增加任何劳动量，而使等量劳动的生产效率增大……这两种增加财富的方法中，第二种方法自然是更可取的。当时，有一位匿名作者按照李嘉图的这个思想写了《国民困难的原因及其解决办法》的小册子，其中说道：一个国家只有在劳动6小时而不是劳动12小时的时候，才是真正富裕的，财富就是可以自由支配的时间。马克思对这个思想极为赞赏，说：“这不失为一个精彩的命题。”同时还把李嘉图的上述说法概括为：在尽量少的劳动时间里创造出尽量丰富的物质财富。同时还强调：这在一切社会形态中都是适用的。但时间过了100多年，孙冶方把这个朴素的思想用中国化了的经济学语言，作了广泛宣传。他在多篇文章中都讲：要用最小的劳动消耗去取得最大的有用效果，这是一切经济问题的秘密，人类生活的好坏，从根本上说取决于劳动效率的高低，要以更少的劳动投入获得更多的有用产品；或者说，要减少生产每一单位产品所需要的劳动量。研究一定的劳动时间内生产了多少产品，是劳动生产率范畴问题；研究单位产品中包含有多少劳动时间即劳动耗费，是价值范畴问题。用最小的劳动耗费取得最大的有用效果，就是一个把个别的、局部的劳动还原为大多数的、社会平均必要的劳动耗费的复杂经济运行过程。孙冶方指出：在社会主义条件下，商品的内在矛盾即商品二重性和生产商品劳动二重性仍然存在，经济学要以“最小最大”为红线，去研究解决这些矛盾的途径，提高劳动生产率，发展社会主义经济。

孙冶方用“最小最大”总结社会主义建设的教训，批评在“政治挂帅”下高消耗、低效益的顽症；用“最小最大”判断社会主义公有制，批评自然经济论和“大锅饭”的体制；用“最小最大”批评“权力经济学”，重新编写中国的理论经济学，因而使这个古老而朴素的经济学常识在新的历史条件下放出了新的理论光彩。实践证明，孙冶方的“最小最大”理论中所包含的一切思想都是正确的，因此，经济学界公认：“最小最大”是孙冶方公式。

（2）价值理论。孙冶方在这个重大理论问题上与众不同，他坦诚地承认：我的价值论源自恩格斯，但有自己独立的“逻辑上的一贯性和系统性”。1843 年，恩格斯在《政治经济学批判大纲》中说：“价值是生产费用对效用的关系。价值首先是用来解决某种物品是否应该生产的问题，即这种物品的效用是否能抵偿生产费用的问题。只有这个问题解决之后才谈得上运用价值来交换的问题。如果两种物品的生产费用相等，那么效用就是确定它

们的比较价值的决定因素。”恩格斯接着还说：在未来社会中，“价值这个概念实际上就会愈来愈只用于解决生产的问题，而这也是它真正的活动范围”。马克思对恩格斯的这个理论十分赞赏。1868年1月8日，他给恩格斯的信中说：由于我采取了抽象的研究方法，直接的价值规定，在现实社会中，实际作用是很小的，甚至是找不到的。(价值)“通过价格的变动来实现，那么事情就始终像你在《德法年鉴》中已经十分正确地说过的那样。”所谓“十分正确地说过”，就是指恩格斯发表在《德法年鉴》上的《政治经济学批判大纲》中“价值是生产费用对效用的关系”的说法。恩格斯在1895年逝世前半年再版《反杜林论》时，将这一观点与《资本论》一、二、三卷联系起来，重申（价值是生产费用对效用的关系）观点，“我在1844年已经说过了。但是，可以看到，这一见解的科学论证，只是由于马克思的《资本论》方才成为可能。”恩格斯在病逝前重申自己对价值概念的论述，足见这一思想的极端重要性。后来，恩格斯的这一理论，在欧洲工人运动中得到了广泛传播！孙冶方联系中国经济建设的实践，对恩格斯的价值理论做了充分的发挥，坚持认为：价值是生产费用对效用的关系，并由此形成了自己一套严密的价值理论体系，他曾对批判者戏言说：你们如果击破了我的要害——价值论，那么我的这个理论体系就摧枯拉朽了！他认为，价值规律是任何社会化大生产都不能取消的自然规律。他一再强调，价值并不仅仅是商品经济所特有的范畴，它是社会化大生产的产物，反映着社会化生产过程中的各种社会经济关系，就这一点来说，它对资本主义和共产主义都是共同的。但是在资本主义条件下，价值是通过交换价值表现出来的；而在共产主义条件下（包括社会主义全民所有制内部），价值却可以通过统计、会计具体地捉摸到。因而在量的意义上，价值就是物化在产品中的社会必要劳动。价值和交换价值是完全不同的两个范畴。价值由包含在商品或产品中的劳动量决定。但是，在商品经济特别是资本主义商品经济条件下，供求却始终是不平衡的。尽管每一物品或每一定量某种商品中包含着生产它所必需的社会劳动，但如果它的产量供应超过了当时的社会需要，那么一部分社会劳动还是会浪费掉的。因此，效用通过社会必要劳动的形成来最终影响价值的变化，离开了一定使用价值的质和量，就无从谈论“必要”还是“不必要”。社会主义建设效益差、浪费大，就是因为我们缺乏价值观念，不对生产费用和效用进行比较造成的。孙冶方认为，价值规律是价值存在和运动的规律，它是任何社会化大生产都不能取消的自然规律，社会主义经济作为社会化生产，它同样也存在着价值规律发生作用的机制。因此，孙冶方是价值规律内因论者，它反对斯大林的价值规律外因论，对斯大林的自然经济论和“大锅饭”体制，进行了尖锐而辛辣的批评。

(3) 企业扩权理论。孙冶方强调，企业是独立的经济核算单位，要正确处理国家集中领导和企业独立经营的关系。孙冶方在我国最早提出了在全民所有制条件下，国家所有权和企业经营权分离的理论，他认为，在私有制条件下，谁具有生产资料的占有、使用和支配的权力，谁就是事实上的所有者。然而“在全民所有制之下，占有、使用和支配是一个主体，而所有权是另一个主体。国营企业，只是根据它们的活动目的和财产的用途对固定给他们的国家财产行使占有、使用和支配之权。而这些财产的所有者是国家。社会主义国家和企业的关系，并不像自然经济论所认为的那样，是上层建筑、法律关系，而是一种非常重要的经济关系。孙冶方在特定历史条件下针对集权计划经济，独创地提出了划分国家和企业权限的“杠杠”，他认为，经营管理体制中“大权”和“小权”“死”和“活”的界限是简单再生产和扩大再生产的界限，属于简单再生产范围以内的事是企业应该自己管的“小权”，国家多加干涉，就会管死，束缚企业从事生产经营的积极性和主动性；属于扩大再生产范围以内的事是国家应该抓的“大权”，国家必须严格行使权力，不管或管而不严，就会大乱。而区分简单再生产和扩大再生产的唯一界限是企业资金价值量，凡是不要求国家追加投资的，在原有资金价值量范围以内的生产，都是简单再生产；而要求追加新投资，这超出了企业原有资金价值量范围，因而是扩大再生产。孙冶方按照上述“杠杠”，激烈地批评了固定资产管理体制，要求把折旧基金原则上全部交给企业，由企业自主去搞挖潜、革新和改造。

（4）利润理论。孙冶方认为，利润是考核企业经营好坏的综合指标。利润是物质生产部门职工为社会扩大再生产和社会公共需要而创造的一部分物质财富，无论是社会总产品，还是个别企业总产品，$c+v$ 即成本越低越好，与此相应，m 即剩余劳动就会增多。在价格合理的条件下，降低成本和增加利润完全是同义语，它们都是企业技术水平高低、经营管理好坏的综合指标，抓住了利润指标，就如同抓住了“牛鼻子”一样，许多问题就会迎刃而解。孙冶方认为，价格不合理，就会扭曲利润的作用，比如工农产品的“剪刀差”，如果国家对农产品收购价格压得过低，按价格计算的国民收入实际上就把农民所创造的价值，算在了工业品价格上。孙冶方尖锐批评了斯大林通过“剪刀差”、向农民筹集国家工业化资金的超经济剥夺。不合理的价格，成了价值的“哈哈镜”，使得计划、投资和分配，失去了判断尺度，因此，他极力主张按资金利润率调整不合理的价格。

（5）流通理论。孙冶方认为，流通是社会再生产的物质代谢过程，社会分工使生产实现了专业化，但要使各个生产部门的再生产能正常进行下去，他们必须以产品交换为媒介发生经济联系，实现生产的物质补偿和替换。因此，流通是社会化大生产不可缺少的环节。孙冶方还认为，在社会主义条件下，由于全民所有制外部还存在着商品生产和交换，因此，全民所有制企业之间的产品流通和不同所有制性质企业之间的商品流通同时并存。要使社会主义流通（产品、商品）成为有计划的经济过程，孙冶方认为，我们必须研究流通中的各种具体问题，包括：流通渠道、购销形式、网点设置等。孙冶方一再强调，马克思《资本论》第二卷中所论述的许多问题，比如加速资金周转等，只要剔除资本主义的特殊属性，作为社会化生产的规定，对社会主义经济依然适用，因此，他在提出生产中的“最小最大”的同时，亦主张流通中也要研究以最少的垫支资金取得最大的有用效果的问题，因为等量资金的周转速度不同，获得的有用效果也是不等的。

(6) 70年代末，孙冶方把批判的矛头直接指向了斯大林和《苏联社会主义经济问题》。

他批判斯大林对生产关系的定义，认为在生产关系之外去孤立地研究所有制是有害的。所有制是一种财产关系亦即法律用语，经济学在研究特定社会进行生产和交换并相应进行产品分配的条件和形式时，应该讲清楚：第一，用哪个阶级所有的生产资料来进行生产，生产出来的产品又归哪个阶级占有；第二，交换的产品是哪个阶级生产的，又为哪个阶级占有；第三，被分配的产品是哪个阶级生产，又归哪个阶级所占有，从而用什么形式按什么比例分配。我们在所有制上曾经搞“穷过渡”的做法，其理论根源就是斯大林把所有制形式从生产关系中独立出来简单地看作是一种“归属”关系，用政治运动来不断调整财产归属，结果把基于经济的所有制，变成了基于权利的所有制。实践证明，实现了国家“占有”，未必就是实现了社会主义的公有制，腐败官员在这个所谓的“公有制”经济中攫取“公款”和“公物”，可能比资本家在自己开设的商号里支取款项还随便。这样的公有制，“实质上是一种挂着社会主义公有制招牌的封建主义的特权所有制”。所以，所有制只能从财产的现实形态即生产关系的总和上来把握，从生产、交换、分配的各个环节来进行具体分析，

而不能将它看作是一种简单的、孤立的财产归属！

他批判斯大林对生产力的定义，认为把劳动对象从生产力因素中排除掉也是有害的。

孙冶方是我国经济学界对自然经济论的最早批判者。自然经济论渊源甚深，毒害甚广，它依附在马克思主义的名义下，把社会主义和商品货币关系对立起来，把计划经济和实物经济混同起来，使社会主义制度的优越性难以发挥出来。孙冶方几十年来，以反自然经济论为大旗，揭露了自然经济论对实际工作的影响，他指出：自然经济论没有经济效益观点，借口政治账掩盖经济建设中的高消耗；没有生产经营观点，企业按上级定下来的指标进行生产，造成产销脱节；没有等价交换观点，把价值看作是使用价值的计量单位，用“剪刀差”向农民征收“贡税”；没有流通观点，不准生产资料进入流通，用调拨代替了交换；没有资金核算观点，实行资金供给制，培植了败家子作风；没有固定资产的磨损观点，人为压低折旧率，迫使企业搞“古董复制”，冻结了技术进步。孙冶方指出：按照自然经济论办事，就像原始公社首脑指挥生产一样，企业的一切活动都由集中的计划统一支配，生产什么，生产多少，生产者和消费者相互供应什么，都统一按实物计划规定。在我国经济理论界，就一个、两个或者更多一些的观点，就个别的、局部的观点去批判自然经济论，并不乏其人；但是，还没有哪位经济学家能像孙冶方这样全面、深入、系统地对自然经济论进行批判。

孙冶方是我国经济学界对传统经济体制实行改革的最早倡导者。我国从苏联移植过来的斯大林模式，实际上是以自然经济论为基础，由国家对社会的全部经济活动实行高度的集权管理，物资被统调统拨、资金被统收统支、人力被统包统配、产品被统购统销、计划被层层下达、干部被层层任免。60年代后，一些社会主义国家开始对集权计划经济体制进行“改革”，就连苏联也进行了所谓的“完善”工作。但在我国，却在反对修正主义的口号下把斯大林以自然经济论为基础的集权模式看作是唯一的社会主义固定模式，对改革观点进行批判。孙冶方从50年代中期开始，逆潮流而进，以价值规律内因论为基础，以扩大企业经营管理权为突破口，要求正确处理国家和企业的经济关系，改革计划管理体制，改革物资流通体制，改革企业固定资产管理体制以及对价格、利润、统计等各方面进行改革。孙冶方为倡导体制改革而付出的努力，将永远激励着后继者。

孙冶方是我国经济学界创建社会主义经济学新体系的积极探索者。50年代中期，孙冶方就认为：从苏联舶来的经济理论不符合中国国情，它充满着唯意志论和形而上学。他在50年代末着手编写的《社会主义经济论》，就是为着取代那些陈腐的老框框。当然，社会主义还在实践，还不能产生出成熟的经济学体系，但是，孙冶方坚持联系生产力来研究社会主义生产关系，运用马克思主义的抽象法，以社会主义全民所有制的产品为出发点，把以最少的社会劳动消耗有计划地生产最多的满足社会需要的产品为贯穿整个体系的红线，把对价值范畴的分析贯穿于各章，分析生产过程、流通过程、社会再生产过程，从而揭示社会主义经济发展的内在规律，对这种旨在把社会主义经济学从唯意志论的毒害下解救出来的新体系，不能不看作是社会主义政治经济学发展中的一次大胆尝试和探索。同时，孙冶方在撰写《社会主义经济论》时，既坚持独立思考，又提倡集思广益，为我国经济学界培养出了一支具有深厚经济学理论功底的经济学家队伍，成为改革开放中的一支生力军！

孙冶方是我国学术思想界坚持理论联系实际，为真理而勇于献身的光辉典范。在他从事理论工作的60个春秋里，非常重视实践，经常深入工厂、农村做国情、田地调查，从中提出重大的研究课题，并寻求解决问题的答案。但他绝不把实践中的材料按政

治气候和政策要求简单地加以堆砌和描述，而是力求准确完整地按照马克思经济理论基本方法加以研究，掌握社会主义经济的客观规律；同时他也非常重视理论，他深知中国革命和建设的理论准备不足，因此下大力气研究马克思主义经济理论，敢于从“俄文版的马克思主义”中剔出假货，剔出不符合中国国情的“条条”，按中国国情去检验、评审“舶来品”的真伪和适用性，在批判和独立思考中形成自己的经济思想体系。他非常憎恨文化专制主义，同时也非常讨厌那种摸风向、探气候的风派理论工作者。孙冶方无论是从政做官，还是弃官从文，都有着一种强烈的专业精神，不为权、不畏权，独立思考，探求真理，始终表现出一个科学工作者的铮铮铁骨。但是，孙冶方在学术讨论中，却平等待人，虚怀若谷，热情欢迎来自各方面的批评和商榷意见，公开检讨并放弃那些被实践证明是错误的或自己认为应该补正的学术观点。孙冶方这种强烈的人文关怀精神，开放求是、吸纳灼见的治学态度，坚持来自实践而被认准的观点且又坦然放弃被实践证明不大适宜的观点，在学界表现出的铮铮风骨，是经济科学发展的宝贵财富。

三、理论的历史局限性

按照历史唯物主义的观点，人总是环境的产物。因此，我们坦城地认为，孙冶方的经济理论体系中也还存在着某些历史的局限性，这主要指他的商品生产外因论。孙冶方依照马克思关于“只有独立的互不依赖的私人劳动的产品，才作为商品互相对立”的论述，指出：等价交换基础上所有权的转移，是商品交换的本质。他由此推论说：（社会主义）国营企业之间的经济往来在本质上已经不是商品交换的性质了，……因为国营企业都属于一个所有者，属于全体人民，属于全社会，它们之间的交换并不引起

所有权的转移问题，而只有核算问题。但由于国营企业还要与集体经济发生往来，个人消费品也作为商品存在，这作为一种外在的因素，使国营企业之间的往来不得不带有一定的商品性。孙冶方的这种商品生产外因论，基本上延续了斯大林在《苏联社会主义经济问题》一书中的观点，即由两种所有制的存在来看待商品生产。孙冶方在上个世纪60年代曾批评说：现在有一种我认为不正确的经济学思想，那就是把商品货币关系引进全民所有制内部关系中来，以市场竞争规律，以交换价值规律来解释和指导社会主义计划经济。而在80年代初，他再一次批评说：经济学界的一些同志，在这个问题上是从一个极端走向另一个极端，先是根本否认价值规律在全民所有制内的调节作用，尔后承认了这种作用，但却又把商品货币关系也引进了全民所有制，由此派生出，在企业管理体制上，尽管主张所有权和经营权分离，扩大企业权限，但所有制/产权改革，却没有进入孙冶方的研究视野；在计划管理体制上，尽管孙冶方主张旧的计划体制要推倒重建，但他要把计划建立在对价值、对社会必要劳动进行计算的基础上，实践证明，这是很难做到的。这说明，孙冶方用价值规律内因论批判斯大林的价值规律外因论时，却依然受着斯大林商品生产外因论的困扰。孙冶方经济思想的进步性和局限性兼容在他的总体理论框架中，这真实地反映了一位真诚的经济学家对历史的抗争和历史对他的束缚。

进入90年代，我们党明确了社会经济转型的目标是建立社会主义市场经济体制。在市场化改革日益深入的大背景下，我们静下心来重温孙冶方经济思想，心情非常复杂。对照当今在发展着的市场化改革中出现的各种新问题，对照当今变化着的经济理论界和不断提出的新观点，对照我们的新宪法和党的各种文件，其所蕴含的经济理论、经济思想都远远超出了孙冶方经济理论的基本框架。但是，联系当今经济建设的实践，我们仍然能看到孙冶方某些经济思想所闪烁的光辉和科学预见，比如，价格体制的改革、国有经济及国有资产的管理等。

孙冶方经济思想和改革主张，是在上个世纪50年代中期至70年代末期形成的，那是一个令中国知识界心悸而沉郁的年代，孙冶方独树一帜，为在中国宣传和发展马克思主义经济学进行了艰苦的斗争，他的许多理论活动在当时的历史和社会背景下都具有开拓性，从而在中国社会主义经济学思想发展史上写下了光辉的一篇。孙冶方以自己创造性的经济学理论研究，为学界开辟了一条经济学发展的道路；以崇高的人德，为经济学人树立了光辉的榜样。

我们仅以《孙冶方文集》的出版，纪念中国经济学界的这位泰斗！

2017年6月29日定稿

目录

孙治方

就云南考察访问有关情况致经济所领导信[*]

涤新同志并总支各同志：

你们好！

我和青松同志已于前晚由西双版纳回昆明。西双版纳真是一瑰宝地。过去我只知道这是我国两个热带作物区之一（另一个是海南岛）；到此后才知道，这里的地下资源也很丰富，已探明的铁矿约有20亿吨左右，根据地质条件可能蕴藏100亿吨以上，现正在积极钻探中。惜钻机太少，进度不可能太快。

下星期，省里同志还建议我们去大理看一个公社，还要给党校和大专院校经济系同志做一次报告。此外我们从成都出发，一路和四川省委政研室经济处一位处长共同一起进行考察访问的。到昆明后，云南省委又派他们的调研室主任陪同一起考察；所以我们必须在这里一起把几个专题考察报告初稿写好后再回京。我们回京日期大概在本月14日、15日左右。

敬礼！

孙冶方

---

* 写于1978年6月2日。标题为编者后加。

给陈文信*

陈文同志：

附上我给紫阳同志和省委的一封信，请代转。成都经济科学规划座谈会在省委的大力支持之外，又得到你的亲自参加指导。我在此再次向你们表示感谢！

座谈会结束后，你们派林凌同志陪同我们到乌丝河、西昌、昭觉、渡口等地参观。林凌同志本想到昆明后即返成都，是我又拉着他一同去西双版纳参观访问，并请他执笔撰写了几份参观访问报告，作为我们共同的学习心得。这样就延长了他在这里的停留时间，耽误了他的本职工作，特此向你表示歉意。

省委宣传部对于我在成都西昌等地的讲话搜集到什么批评意见，极希望来信告知。

孙冶方

1978 年 6 月 13 日

* 标题为编者后加。

就生产关系定义（内容）致胡乔木同志信*

乔木同志：

上星期列席了财贸书记汇报会，听了几位书记的发言，真是感慨万端：那些问题，例如价值规律问题、总产值问题、工商关系问题、扩大基层企业职权问题、利润问题，等等，都是我 22 年前、21 年前和 15 年前的文章和内部报告中早已提到过的，但是当时没有展开讨论。可见经济学界贯彻“双百”方针需要大大提倡。然而使我高兴的是，我现在正在写的一个问题，也是我这次西北、西南之行中，从兰州、成都、西昌、渡口、西双版纳到昆明，到处宣传的一个论点在这次财贸书记会议上得到了共鸣。那就是社会主义政治经济学必须像恩格斯那样把交换或流通作为生产关系的重要内容。恩格斯认为，生产关系包括生产、交换、分配三个项目；而杜林则认为交换仅仅是生产过程中的一个项目，不主张单独列出交换，受到恩格斯的严厉批评。可是斯大林的定义也没有交换这一项。斯大林的这个定义反映了苏联实际生活的情况（不承认有流通过程），也反过来影响了苏联以至中国国民经济的流通环节中的问题迟迟不得解决。当 1960 年我们按照：生产过程、流通过程和全社会的总生产过程这样一个程序，编写社会主义政治经济学教科书的时候，也曾经有同志表示反对，认为

---

* 标题是编者根据日记记录后加。

社会主义社会只有物资分配（实际是实物配给制），没有流通或交换。正在这时候苏联报刊上发表了列宁格勒贸易学院一位教授写的一篇文章才开始提出：社会主义社会似乎也存在流通过程。我们这次财贸书记会议上反映出来的种种问题，不能说与斯大林的定义和苏联的政治经济学否认流通环节的思想没有影响。我在1960年写的一篇专论社会主义社会有无流通过程的文章（编写小组的内部讨论稿）一时找不到，我现在把我正在编写中的《社会主义经济论》《导言》中关于生产关系一节（关于恩格斯和斯大林的定义）抄陈，请参考。

敬礼！

孙冶方　1978年6月28日

附　1978年6月21日财贸工作座谈会提出的33个问题

理论和实践的关系

1. 流通的重要性要从生产关系定义说起。恩格斯的定义和斯大林的定义。恩格斯对杜林的批判。

2. 概念混乱之一例：把“配给”说成是政治经济学上的“分配”——所谓“计划分配”。

3. 价值法则的解释。实体和形态。“利用 ”和“尊重”（或根据）。

4. 储蓄任务半年完成一年任务。商品积压。

5. 政治和业务。

6. 速度问题。

7. 生产在流通中的继续。

8. 是财贸一个口，还是“计统财”或“财经委员会”。

9. 一个所有制以后是否还有“财政”。

10. 单产越高，成本越高；增产不增收，工农产品比价问题。农民如何“增工资”（增收入）的问题。

11. 队为基础——如何尊重这个基础。

12. 经济措施和行政命令。

13. 工商关系（矛盾）实质上是国家计划安排与实际情况符合否的问题，是计划失调的问题。

14. 乱搞协作的问题。何谓正当协作，何谓不正当协作。

15. 队伍问题，清查“四人帮”问题及双打问题。老化问题。宿舍等生活问题（福利）。

16. 湖南农业总产增，征购增，口粮下降。“上面要，生产队叫”。

17. 现在质高价贵的商品大量积压——与追求产值有关。副食品供应紧张。低档烟积压。

18. 要改变计划方法，商业与工厂直接挂钩。

19. 大量临时工，占20%（?）[1]。

20. 行政区划和经济区划。

21. 商业银行现代化问题，用计算机代替算盘。

22. 贪盗以财贸、社办企业为多。要加强财贸部门政治工作。

23. 陕西有 x?[2] 百万人没饭吃，有讨饭的，工农业生产与财贸的关系的问题。要有一个落实农村经济政策的……。

24. 肃清“四人帮”在财贸部门流毒问题（具体内容?）[3]。

25. 恢复财贸十校。

26 潮柑 160 + 万担由于挖根结果只剩一万担。“四人帮”批三黄：黄烟……。

27. 财贸一盘棋的前提下如何因地制宜——集中与分散的

(1)(2)(3) 原稿如此。——编者注

关系。

28. “商业”不下乡，供销社不能进城的问题要改变：制度问题。

29. 租一个4吨卡车运3吨氨水，运费用了1000多元（包括旅馆费）。

30. 新会柑要绝种了。

31. 要学政治经济学，要办学。

32. 服务行业比重越来越大。蔬菜、水果专业化生产基地必要。要发展商品生产，“自然经济观”害死人。

33. 外贸上“以进（口）养出（口）”。

在南、罗经济问题座谈会上的讲话*

我和外界隔绝了12年（1964—1976年），对国内经济情况不太了解，对国际情况更不了解。最近听了从南斯拉夫考察回来的几位同志的报告，还看了一些有关南、罗经济问题的翻译材料和介绍文章，有兴趣想研究一下。现在南斯拉夫的经验是有些可取的地方。但有些问题，像社会所有制、奖金制、利润分成制、固定资产的折旧和设备更新制度等，没弄清楚。1963年我做了一个内部报告，讲固定资产折旧问题，实际讲的是体制问题，与南斯拉夫有个共同点，就是都强调企业权力，强调社会主义企业利润，但就在当时，我也没有赞成过南斯拉夫、利别尔曼的一切观点，我还是和他们划了界线的。后来批我是宣扬南斯拉夫的企业自治和利别尔曼的利润挂帅，我是不承认的。但因此我吃了不少苦头。现在南斯拉夫的经验很吃香了，但我还停留在1963年的水平上，南通社说我是最早的铁托分子，实在不敢当。关于南斯拉夫的一切，只是刚刚开始研究并学习。对国内的情况，也是刚刚开始了解。前几天列席了财贸会议的一次汇报会。在此以前，从四月初到六月中旬，我到西北、西南转了一圈。听到看到的东西，又新鲜又不新鲜。具体的事例对我是很新鲜的，但是问题并不新鲜，都是十几年、二十几年前就已经提出过的。不过现在问题变得更尖锐了。

---

* 写于1978年7月14日。

1956年我提出计划工作要建立在价值规律的基础上，很多人不同意这个提法。大概是1957年，在“统计工作通讯”上写了篇《论总产值》的文章，提出衡量企业成就，总产值不如净产值，净产值不如利润。马克思在《资本论》中，把社会总产品的价值构成分作三部分：C、V、M。用总产值考核企业，（旧价值的转移）越多，总产值越高，使企业不注意节约甚至故意浪费生产资料。用净产值考核企业，由于包括V（工资）在内，使企业不重视减少工人，阻碍现代化。香港一个养10万只鸡的养鸡场，只有7个人。我们是280人。C+V就是成本，成本总是越少越好。只有M才是越多越好。我同意斯大林在《苏联社会主义经济问题》中提出的意见，取消“必要产品”和“剩余产品”的概念，改称为“为自己的劳动”和“为社会的劳动”。“剩余产品”也是“必要”的，是企业职工为社会生产的产品。难道为社会生产的产品不是越多越好吗?！而这个为社会生产的产品的货币表现就叫利润，因此利润也应该是越多越好。问题在于我们的价格不合理，或是高于价值，或是低于价值，因此利润不正确反映企业职工为社会生产的产品价值。但这是价格不合理的问题，不是企业不应当多上缴利润的问题。

当然，总产值指标还有用。总产值指标（按可比价格计算的）是用来表示发展速度的。它比美国用生产指数来表示的发展速度，要准确得多。所以，计算发展速度，还要用总产值。正如资本家绝不会用生产指数来代替他们的财务会计，我们也不能用总产值指标来表示某一企业为国家为社会生产了多少财富。所以，在价格合理的前提下，在八项指标中，用来考核企业成就的指标，就是利润。抓住它，就是牵住了牛鼻子。当然，我再重复说一遍，利润要能代表企业经营的成果，商品价格必须符合价值。否则，就无法用利润来考核企业。这些年来，价格背离价值的情况很普通，很严重，这都是受了“价格不背离价值就不能发挥价格政策的作用”这种错误理论的影响。

20多年前我强调抓利润指标，是和利别尔曼、资本主义划了界限的。利别尔曼从利润中提取百分之十几到二十几搞奖金，我是不同意的。不久前我在给中央的一个报告中，谈到1963年我那个关于利润问题的内部研究报告我作了检查。但检查的不是“利润挂帅”的问题，而是检查了我的1963年报告中的“左”倾思想。我在那报告中完全否定了企业的奖金，甚至否定了企业利润留成。但是我在那报告中具体地说明了社会主义企业利润和资本主义利润的区别。我画了三个杠杠：本质不同，目的不同，方法不同。资本主义利润的本质是剥削，我们的利润是职工对社会对国家的贡献。资本主义生产的目的就是获取利润本身。而社会主企业生产的目的是物质财富本身，是使用价值本身，是为了满足人民的需要。资本家为了获得利润不惜用投机倒把的手段，社会主义企业则严格禁止投机倒把，要照国家计划生产，按照计划价格和上级规定的供产销协作关系销售产品和采购原材料。现在社会主义企业利润已经恢复了名誉。大庆人号召要理直气壮地抓利润。但是人们还是心有余悸不敢多谈利润。有时明明讲的是利润，然而讲讲就用“积累”或其他别的词来代替了。例如《人民日报》社论《要努力为国家增加积累》，它的全部内容讲的是要企业努力增加上缴利润。所以日本通讯社报道时把社论题目改做《要理直气壮抓利润》，恢复了问题的本来面貌。人们不敢多谈利润，是我惹的祸。因为批我，把社会主义利润批臭了。把利润说成“积累”，是不准确的。积累固然来自利润，然而我们企业上缴国家的利润（利润不包折旧费），能有1/4或1/3用于积累，即用于扩大再生产投资，那就很不错了；其余大部分是用于消费的，用于社会集体性消费和个人生活消费，即国防费，政务费，科学、文化、教育等事业的经费和一切公职脱产人员的工资。这些都是从企业上缴利润，即国家财政收入中开支的。现在有些文

章说：企业为国家上缴利润是光荣的，因为这是积累。照此推论，那么企业上缴的利润或国家财政收入中大部分用之于上述种种消费就都是不光荣的了。这种说法是不通的。

利润和成本是一对经济范畴，降低成本才能增加盈利（很多人敢于说努力降低成本，不敢说努力多赚利润）。积累和消费是一对经济范畴，在上缴利润总额既定的限度内增加积累就意味着降低消费基金的比重。因此积累固然来自利润，然而把利润说成就是积累，这是概念混淆。

关于财经管理体制问题，我在1963年夏的一个关于企业固定资金管理体制的内部研究报告中说过，关键问题不在于中央和地方的关系问题，而在于企业的职权问题。因为在中央和地方的关系上，矛盾最多、争执最大的问题，不在于新建企业的投资，而在于原有企业的更新和扩充，在于老企业的管理体制。现在我们的企业名为独立经济核算的企业，实际是不完备的经济核算。我们的企业实际上只核算流通资金，不核算固定资金。

第一，我们的企业多要了设备，并不相应地多承担上缴利润的责任。因此，大家争着要多投资，多买新设备，但对设备的利用率如何，却是没有一个综合的考核指标。我主张企业上缴利润的任务应该按它所占用的资金数量来定，就是说要采用资金利润率的原则，从而价格也要按资金利润率来定，而资金利润率以及按资金利润率定价格（即生产价格），过去都被认为是资本主义原则。这种说法的实质就是说，我们全国劳动人民血汗凝成的，真正的积累，即固定资产是不“算账”的。

第二，我们的企业对固定资产即设备的管理权是不完全的，具体地表现在固定资产折旧基金的管理办法上。现在的管理办法是把折旧基金分成三部分：最大的一部分是设备的更新基金上缴财政部门作为财政收入，用于新的基本建设投资，企业无权过问。其余的，在数量上较次的一部分用于大修理，这部分折旧费用归企业使用，但是动用时必须经上级层层批准。企业有全权使用的只有折旧费的第三部分，在数量上也是最小的一部分，这就是设备的维修费用。而且第二部分大修理费用和第三部分日常维修或小修理互相不能挪用的，我在攀钢考察时，参观了那里的三个发电厂之一，火门口发电厂，厂里的财务科长告诉我说，他们的大修理费有400万元，现在没有用。他们的小修理费有280万元，由于他们搞的技术革新多，维修费用大，所以已经用完。现在搞维修和革新没有钱，可是按财政制度他们无权动用那400万元大修理费。他们说：“合理的不合法；合法的不合理”。

我们现在实行的这一套固定资金管理制度，还是第一个五年计划时期从苏联搬来的。因此，据攀钢的同志说，现在的大修理制度还是遵守着过去的大修理“不变型不增值的原则”。我曾把这种大修理称之为“古董复制”，是冻结技术进步的一套管理制度。

我们在固定资产管理上的另一个问题是折旧年限过长。现在我们实行的也是第一个五年计划时期从苏联搬来的老章程。折旧年限是25年。这个规定就是意味着我们的技术设备的经济价值要经过25年之久才会完全丧失。

在19世纪，马克思时代，世界经济危机平均是10年左右一次，马克思分析说，这是意味着资本家的设备平均是10年更新一次。马克思认为经济危机的周期是与设备的更新期有关的。第二次世界大战以后，资本主义世界的经济危机周期由10年左右缩小到三四年一次了，这是因为现在技术进步更快，从而设备更新的速度也更快了。但是我们的固定资产制度仍是不变应万变，仍是假定现代设备的经济价值是要经历25年才能消失。

为这种折旧制度辩护的一个理由是说，我们国家穷，应该爱惜现有的设备，应该提倡修旧利废，其实相反，人为地延长折旧年限，降低每年的折旧费金额只能使企业管理人员发生错觉，认为那些现代化设备的经济价值消失很快，不能促使他们充分利用现有设备。而折旧年限短了，要他们在较短年限内把设备费用摊进产品价值，他们就得充分利用现有设备，在较短期间把设备价值赚回来。而且，折旧年限的短与修旧利废是两回事。折旧完以后的设备可以而且应该充分利用。就以修旧利废这个原则来说，也和一切真理一样，强调过头就会走到反面去。我在1963年那份内部报告中列举了许多事实说明，由于现在的财务制度对购置新设备卡得很紧，无条件地鼓励“修旧利废”，结果是“豆腐拌成肉价钱”，一台名为旧设备，实际上只保留一个空壳，里面的零部件完全换新了，而由于这种改装是用手工艺方式进行 的，旧设备变成了手工业工艺品，它的“改装修理费用”比买一台新设备还贵。

总之，现任的固定资产折旧制度或固定资产管理体制是与四个现代化相抵触的，是冻结技术进步的办法，而不是促进技术革新的办法。

我主张，固定资产的折旧年限要大大缩短（例如至少先缩短为10年)。原则上全部折旧基金应该下放给企业（不是省市)。如果某企业要收摊子了，或是不需要再扩大生产规模了（如上海的棉纺织工业)，那就可以把折旧基金全部或部分上缴。但是一般说，我们的企业应该让它发展，所以，原则上折旧基金应该全部留在企业，上级财政部门在财务制度上进行监督检查，上级业务部门从业务上对企业的设备维修更新进行监督检查。我们应该相信，对于企业中什么设备应该彻底更新，什么设备应该大修，如何修，什么设备只要进行小修等问题，企业的领导干部、技术人员和直接操纵那些设备的工人应该比上级计划机关、财政部门和业务部门知道得更清楚。

我的1963年的内部研究报告，主张在原有资金规模范围内，在上级指定的供产销关系范围内，物资供应和产品销售，由供产

销三方面根据合同协商解决。如出现差额才由上级解决。这叫差额平衡。可以减少上级计划部门的负担。可以避免被讽刺为骡马大会的物资分配会议和采购人员满天飞的现象了。

现在流行的说法，把当前由于物资供应紧张而实行的生产资料配给办法和生活消费品的凭证供应办法叫作计划分配或计划供应，好像生产增长，生产资料和生活消费品敞开供应了，就不是计划分配或计划供应了。恩格斯在《反杜林论》中批评杜林时早就说过，这种配给办法是任何一个被围城市的卫戍司令都会采用的。这不是政治经济学上所说的分配，更不是社会主义经济应有的现象。

攀钢的同志们说，如果攀钢的固定资产折旧基金全部留给攀钢，那么不仅攀钢的二期工程，他们早就安排好了，甚至攀钢的第二基地他们也可以包下来了。果然如此，那么国家计委、冶金部、财政部只保留一个监督、检查和批准的权力，担子不是轻松多了，不就可以多 致力于新的建设事业了吗？这有什么不好呢！

给何清容信*

清容同志(1)**：**

照片和来信都收到了。谢谢！来信给我的评价过高了。我的一切都不值得你那么高的表扬。我们在渡口参观学习时承你做向导，还到府上去打扰，是我们应谢谢你和陈熙同志(2)。

我那天在渡口给同志们做报告准备不好，拖长了半天时间，耽误了同志们的工作。但不知同志们对我讲的内容有什么反应？便中盼告知。

问候陈熙同志和你们的孩子。

祝你们健康幸福！

孙冶方

1978.7.20

---

* 此信写于1978年7月20日。标题为编者后加。

(1) 何清容同志毕业于中国人民大学经济系，因此当时被中共渡口市委派去接待孙冶方同志。

(2) 陈熙同志是何清容同志的爱人，与孙冶方同志同乡。

关于扩大热带植物人工群落试验工作的建议

方毅副总理、

安平生书记：

5 月 24 日、25 日方副总理和安书记在西双版纳视察中国科学院云南热带植物研究所时，肯定了他们的热带植物人工群落试验工作，并且提出了一个问题：为什么这种有价值的试验成果不能得到推广？当时热带植物所的同志没有作正面答复。在你们走后，我又就你们提出的问题同热带植物所的同志座谈了半天。他们更详细地解释了人工群落试验工作的成就和意见，认为他们的研究成果之所以不能得到推广，是由于管理橡胶种植的业务领导机关——农林部林垦局以及林垦局所属的景洪植物研究所的同志都不赞成推广。我原来计划在返回昆明途中再次访问景洪植物研究所，听听他们对这项试验的不同意见。但由于在景洪停留的时间短暂，没有去成。我回到昆明以后，就再次访问了中国科学院昆明植物研究所所长吴征镒同志。他虽然是热带植物所人工群落试验的倡议人和支持者，但他介绍的情况和意见看来是客观和符合实际的。

吴征镒同志介绍：关于人工群落试验，不仅在热带植物所外面有不同看法，就是在所内看法也不一致。反对或是不愿意搞人工群落试验工作的理由主要有两条，一是林垦局生产橡胶的任务很重，而生产南药、茶叶等热带作物不是他们的任务；二是试验人工群落种植办法行距要扩大，因此，橡胶的单位面积产量就要减少。但吴征镒同志说，实行人工群落种植法行距虽扩大，株距要缩小，而且据他们测定，人工群落种植法可以增加单株产胶量；橡胶的总产量不会减少，处理得好，还可能增产。

至于说林垦局的任务是增加橡胶生产而不是生产其他热带作物这种单纯任务观点，在我看来更立不住脚。在热带林作物中，除了重要性占第一位的橡胶以外，还有热带油料作物、热带纤维作物（龙舌兰、剑麻、蕉麻）、饮料（茶、可可、咖啡）、南药（金鸡纳、砂仁、罗夫木）、香料、水果、热带木材。以上各种产品现在或是要用外汇去进口，或者是可以出口换取外汇的（例如我们的热带水果在香港是供不应求的）。因此，我认为林垦局在重点抓橡胶的同时，也要发展以上这些热带作物，不应有所偏废。

据说：每100万吨钢需要1吨橡胶，如果我们要生产6000万吨钢，那就要有60万吨橡胶，如果钢产量要上到1亿吨，就要有100万吨橡胶，而现在我们的橡胶年产量只有5万吨，需要大量进口；而泰国的年产量却有30万吨。如何迅速发展橡胶，正是当务之急。橡胶树要生长六七年之后才能开割，投资收效慢。因此，发展橡胶要考虑提早收益并扩大收入的问题，改变现在橡胶园的单一种植而采取人工多层植物群落种植法就是途径之一。例如：和橡胶间作的茶叶第2年就可以打尖，每亩橡胶可采50斤茶叶；南药千里健也是3年就可以有收入；砂仁3年有收获，金鸡纳4—5年开始割皮。这样，在橡胶树开始出胶之前，其他林作物就可以陆续提供收入，扩大了胶园的投资效果。更重要的是可以充分发挥我们国家这一块南亚热带、热带土地的生产潜力。关于西双版纳这块热带作物宝地应该如何加以充分利用，我想另作专门报告。

至于人工群落种植办法对于防御南岛橡胶园的风灾以及对于

防御西双版纳、广西、福建等地区的橡胶园寒流袭击的好处，你们已经亲自听到过热带植物所同志的介绍，附件《关于扩大开展热带人工植物群落研究的初步意见》还有这方面的说明，我不重复了。

末了，我想谈谈橡胶园水土流失问题。关于西双版纳地区毁林开荒问题方副总理的报告和国务院国发（1978）124 号文件已有专门指示。安书记在景洪时也曾经当面指示地委负责同志要严加禁止。我不再重复。我在这里只指出，早在 1961 年周总理就向蔡希陶同志警告过：在西双版纳傣族自治州发展橡胶生产要防止沙漠化问题。我曾经请教过吴征镒同志：东南亚各国的橡胶园也是采用的橡胶单一作物种植法，那里是不是存在水土流失和沙漠化的问题。吴征镒同志说，那里也存在这个问题。因此，那里的种植场主用种草皮来覆盖橡胶园。覆盖草皮成本贵而毫无收益，完全是一种消极防御办法，而且对于水土保持的效果远远不如自然森林和人工群落法。我曾经在热带植物研究所的同志陪同下，到小腊公路 53 公里处陡坡上的原始森林自然保护区去踏勘过。那里的森林比热带植物研究所的试验林还要密，高矮不同的树木，除了那种叫作森林绞杀者的胶树以外，互不侵犯，生长都很茂盛。脚底下踏着厚厚一层湿漉漉的树叶，像是铺盖着几寸厚的一个床垫。显然这里是不会发生水土流失问题的。自然界的实况使我这个完全的外行人得出了一个结论：人工群落种植法不过是森林大自然的一种模拟，是符合自然界的客观规律的。但是对热带植物人工多层群落试验既然还有不同看法，这个问题对开发利用植物资源又很重要，我认为应该进一步进行扩大试验，也就是进行中间试验来研究解决这个问题。为此，我建议：

1. 在西双版纳自治州林垦局的 40 多万亩橡胶中划出 2000 亩左右做人工多层群落种植法的防寒效能试验，由省及州的林垦局负责组织领导，并配备专业队伍和技术骨干，由中国科学院云南

热带植物研究所协作。

2. 西双版纳州的农民是赞成热带植物所提倡的人工多层群落种植法的，因此不少生产队已经采取这种办法。希望州委有关部门有组织有领导地扩大这种试验，并总结经验。

3. 在广西和福建的橡园也划出一定面积作同样的人工多层群落防寒试验。

4. 在海南岛和雷州半岛的橡胶园中也各划出 2000 亩作人工群落防风试验。由广东农垦总局负责组织领导并配备专业队伍和技术骨干，由中国科学院热带植物研究所协作。

5. 据吴征镒所长告诉我，就在热带植物研究所所在的葫芦岛上还有两万亩左右荒地未开垦。建议云南省人委和科学院联合办一个人工群落中间试验场。

6. 以上试验，除特定的防风、御寒的观察记载以外，对橡胶和有关经济作物的生长发育都要进行精密的观察记载，对产胶量和其他经济作物的产值以及经营管理的开支都要有"一本账"。总之，从这些试验得出一个综合性的全面的科学评价，为进一步推广提供充分的科学依据。

以上所陈是否妥当，请批评指示。

敬礼！

孙治方

1978 年 8 月 30 日

就林至人来华访问一事致院部及所领导信*

德余同志并卜秘书并转

辅礽、绳武、尚清同志：

我接到菲律宾华侨林至人给滁新、国光和我的来信并附有伦敦大学现代中国研究所所长 C. Howe 和牛津大学应用经济学教授 G. A. C. Brown 的关于林至人的正式介绍信各一封。据刘国贤同志告诉我，刘国光同志也收到同样的信一封，因刘国光同志住在西郊宾馆开会，所以没拆开。我估计滁新同志一定也收到同样的来信请卜秘书检查一下。

据林至人信中说，他将于 9 月 18 日到京，10 月底 11 月初离开中国。据林至人来信所开考察访问题目均属理论性的。但 Brown 教授来信还非正式建议经济所、北大、人大和复旦的经济学者去英国访问。

估计林至人来北京时，滁新同志已回国。如果我们要接待林至人，我希望由国光同志陪同滁新去接见。我这个人拙于内交更不善于外交。我不想接谈。但以上来信内容必须早日上报院部请示。我已请我外孙将两封英文信内容译出。大意大概不会有大错。建议请人将译文校改誊清后，即报院部请示！

敬礼！

孙冶方

78. 9. 7

---

* 此信写于 1978 年 9 月 7 日。标题为编者后加。

要理直气壮地抓社会主义利润*

祸国殃民的王、张、江、姚“四人帮”，为了颠覆无产阶级专政，复辟资本主义，极力混淆是非界限，把社会主义企业实行经济核算、给国家提供利润，诬蔑成“为复辟资本主义制造物质基础”，是“利润挂帅”。他们散布“盈利有罪，亏损有理”的反动谬论，似乎盈利就是资本主义，赔钱才是社会主义。在“四人帮”的破坏下，搞得人人怕谈利润，一讲利润就像犯了什么罪似的。还在20世纪50年代末60年代初，政治骗子、阴谋家、野心家陈伯达和国民党特务张春桥就大刮“共产风”，否定社会主义时期商品、货币和价值规律的作用，否定按劳分配原则，以反对“利润挂帅”为借口，对社会主义企业上缴利润肆意抹黑。那时候，企业财务干部的日子真不好过。上海有一个先进企业的财务科长就对我说过：企业上缴利润这个任务是一个硬任务，少一个铜板也不行的。这个任务是一定要完成的。然而这是只能做不能说的。当时我听了他的话就感觉诧异：难道完成国家任务，竟成了亏心事了吗?！在这种情况下，一些企业的盈利水平下降，不少企业发生亏损，有的不得不长期依靠国家补贴过日子。这种不正常的状况在“四害”横行的时候愈演愈烈。

在“四人帮”被揪出的前夜，我国国民经济已经到了崩溃的边缘。就这样，“四人帮”还嫌不够，还喋喋不休地胡说什么

* 本文原载《经济研究》，1978（9）。

“利润挂帅”没有批透，真是荒谬之至！

从理论上说，他们给社会主义企业的利润抹黑，正如他们否定社会主义社会里还要有商品、货币、价值、按劳分配等范畴一样，是代表封建社会自给自足的自然经济思想。陈伯达的这种自然经济思想早在1959年就遭到过毛泽东同志的批判。

从政治上说，他们散布这种思想是为了蛊惑人心，破坏国民经济，然后嫁祸于人，实行篡党夺权。我们必须在揭批“四人帮”的斗争中，分清路线是非、思想是非和理论是非，揭穿他们的阴谋，发动群众，理直气壮地抓社会主义企业的利润。

1963年我针对陈伯达、张春桥等人的这种反动的自然经济谬论，写过一个内部研究报告《社会主义计划经济中的利润指标》（以下简称《利润》报告）。我的那份报告的中心思想是：应该分清社会主义企业利润和资本主义企业利润的界限；反对用对待资本主义利润的态度来对待社会主义企业利润；必须努力扭转亏损，增加利润，恢复社会主义利润指标的名誉。哪知这个报告竟先后被陈伯达、“四人帮”抓住大做文章，在全国性报刊上掀起了三次批判高潮，把它当作“利润挂帅”的活样板。在陈伯达、“四人帮”横行之时，我被剥夺了发言权，无法为自己的观点申辩，学术界当然也不可能对这个问题展开入情入理的讨论。今天，陈伯达、“四人帮”已经被扫进了历史的垃圾堆，党又一次号召我们要扭亏增盈。现在重读这篇《利润》报告，虽然觉得其中有缺点，甚至错误，但是我认为我这报告的基本思想，关于利润问题本身的观点还站得住脚（错误是在奖金问题上，关于这点将在最后一节谈）。在今天抓纲治国、大治天下之时，企业有利无利、利多利少是个大问题。再一次从理论上说清有关社会主义利润的一系列问题，看来是完全必要的。

一、何谓利润

为了弄清问题，先得谈谈什么是社会主义经济中的利润，利润在社会主义计划经济管理体制中应该起怎样的作用。

利润是物质生产部门职工生产的物质财富的一部分。生产部门职工生产的财富分为三个组成部分：第一部分是补偿生产过程中的物质消耗，即补偿固定资产的消耗和原材料的消耗，相当于马克思在《资本论》中的不变资本，即以德文字母 c 来表示的那部分产品价值。第二部分是支付给职工的工资，也就是社会分配给职工和他们的家属的生活资料，相当于马克思在《资本论》中称为可变资本，并且用德文字母 v 来表示的那部分产品价值。以上两部分合在一起就构成了一般所说的成本。剩下来的第三部分，相当于马克思在《资本论》中用 m 来表示并且称为剩余价值的那部分产品价值。在资本主义制度下，利润就是剩余价值的转化形态。斯大林主张把社会主义企业职工创造的物质财富的第二部分——工资部分（v）称为工人“为自己的劳动”创造的产品，而把第三部分——剩余价值（m），称为“为社会的劳动”创造的产品。斯大林的这个意见很对！所以在社会主义社会里，利润就是生产部门职工为社会生产的产品价值的货币表现。现在我们就来分析一下，在社会主义社会里，我们应该怎样来看待社会总产品中 c、v、m 这三个部分？

我们先从 c 说起。上面已经说过，这个 c 代表固定资产和原材料的消耗。随着现代科学技术的进步，固定资产即机器设备的价值越来越大，生产力的增长，原材料的消耗量，也越来越多，这就是马克思所说的有机构成不断提高的客观趋势。但是我们的主观努力总是应该通过增产节约的途径，争取 c 这部分尽量少些，争取以更少的物质消耗生产出更多的产品。

现在再来说产品价值的第二部分，即工资部分。随着生产力的发展，社会主义社会中人民的生活水平，其中包括物质生产部门职工的生活水平是应该不断提高的。但是，第一，物质生产部门职工的生活水平的提高只是表现在他们所消费的实物量增加了；但是这部分产品的价值量并不一定增加。因此，v在新创造价值（v+m）中的比重也不一定增加，而应该争取降低。第二，人民生活水平的提高，不仅表现为工业、农业、交通运输等物质生产部门的发展，而且更表现为脱离物质生产劳动，从事科学、文化、教育、卫生和其他种种服务行业的职工人数的增长，以及他们的生活水平的同样普遍地提高。脱离物质生产的服务行业人员（广义的服务行业）在总就业人口中比重的增加是现代社会生产力发展和生活富裕的一个重要标志。然而脱产人员是依靠物质生产部门职工所生产的生活资料来生活的，即他们是依靠物质生产部门职工所生产的产品价值中的m，或其货币表现利润来养活的。这就是说，第一部分（c）和第二部分（v）都应该争取减少，只有这样，第三部分（m）才能够增加。最后，为了进一步发展生产力，为了扩大再生产，还必须增加积累，而积累也来自第三部分（m）。因此，生产力的发展和人民生活水平的普遍提高，就是意味着物质生产部门职工“为自己的劳动”、也就是为自己生产的产品在社会总产品中所占的相对比重的减少，也就是v的比重的减少；同时，也就表现为，生产职工“为社会的劳动”、为社会生产的产品的增加，即是说m或其货币表现利润的比重增加了。

此外，在社会主义社会里，职工生活水平的提高，是通过两种途径来达到的，这就是增加工资和降低物价。而这两件事在我们国家，是由政府来统一处理而不是由每个企业自己决定的。对每一个企业来说，应该努力做到的是如何在改进经营管理、革新技术的基础上提高劳动生产率，相对地以至于绝对地减少活劳动的消耗，即减少 v 的比重。

总的说来，不论从全社会的总产品来说也好，或者以个别企业的总产品来说也好，其中 c 和 v 这两个部分，也就是一般所说的成本，总是越低越好；而成本低了，企业上缴的利润就多了，也就是说，企业职工为社会的劳动、为社会生产的产品多了。因此，我们既然赞成产品的成本越低越好，那么也就是说，我们应该赞成企业的利润越多越好；在价格不变等条件下，降低成本和增加利润完全是同义语。只准说降低成本，不准说增加利润，那是毫无意义的忌讳。我们应该理直气壮地抓社会主义企业的利润。降低成本（c + v），增加上缴利润，增加“为社会的劳动”、为社会生产的产品（m），应该是企业管理好坏的主要标志。

但是在陈伯达、“四人帮”一伙看来，社会主义企业争取降低成本，增加为社会生产的产品，增加利润，都成了罪行了，虽然他们一伙都是靠物质生产部门职工的利润养活的；而且他们除了正式的工资以外，还要非法侵占公款。王洪文在上海住 3 个多月挥霍公款 2 万数千元，江青在天津用大量公款缝制所谓的江青服送人。这些钱哪一个不来自国库、不来自社会主义企业上缴的利润呢？如果说从前的封建官僚文人口不言钱而称“阿堵物”，那不过是表示封建官僚文人的假清高，是为了显示他们的“雅”，以掩盖封建地主官僚们对人民的剥削，这仅仅是虚伪而已；那么陈伯达、“四人帮”一伙给社会主义企业利润抹黑，则如同前面已经说过的那样，是为了蛊惑人心，搞乱思想，破坏国民经济，然后嫁祸于人，实行篡党夺权。

二、评“一定的利润”

由于陈伯达、“四人帮”长期挥舞“利润挂帅”这顶“帽子”吓人，用这根“大棒”打人，于是“利润”成了禁区，从而

企业财务工作也成了“只能做、不能说”的一件“亏心事”，理论工作者也不敢理直气壮地为“利润”说话。然而这又是不能不做的一件十分重要的工作，从而有时又不能不谈到“利润”，甚至不能不为“社会主义企业利润”说几句话。因此，在很长一段时期里，有这样一种说法：“利润挂帅”“唯利是图”固然不好，但是社会主义企业谋取“一定的利润”或者“合理的利润”还是应该的。什么叫“一定的利润”或者“合理的利润”呢？是指利润的量，还是指利润的性质呢？如果说的是指利润的量，那么是指10%，还是20%，还是30%……？“一定的利润”，这是一种“安居中游”的折中主义的提法。

假定某一行业的利润率一般是20%，这20%就是本行业全体职工“为社会的劳动”、为社会生产的产品。难道这个行业中每个企业的职工不应当争取本企业以至于全行业在改进经营管理、大搞技术革新和技术革命、提高劳动生产率、降低成本的前提下，为社会多生产产品，为国家多上缴利润，多做贡献；而应当“安居中游”，满足于往常的20%的利润率吗？

再以全国来说，国营企业的上缴利润是国家财政收入的主要部分。难道我们的财政部门不应当在促进生产并且逐年提高全体人民生活水平的前提下，要求企业上缴利润从而使国家财政收入尽可能多些，而应当满足于“一定的利润”吗？应当让国家的财政收入水平永远停留在一个水平上吗？我想，大多数人会同意说，在上述前提下，企业上缴利润应当是越多越好，而不是相反。

“一定的利润”或“合理的利润”这种提法，不仅在文字上是含糊不清的，而且在实际工作中还是有害的。我在1963年的《利润》报告中写道：“我们没有办法在数量上规定企业每年赚了百分之几以内的利润就算在‘一定’范围以内，就算是社会主义的，超过百分之几就算越出了‘一定’的范围，就会变成修正主义或资本主义的了。在党的‘扭亏增盈’的号召之下，现在企业职工对于‘亏损企业’这顶帽子是头疼的，一般总是力求早日摘掉这顶帽子。但是等到亏损企业这顶帽子一摘掉，有了‘一定的’利润之后，心就定了，劲就松了。这也是社会主义企业只求‘一定的赢利’这种思想在实践中的反映。”

三、概念混乱

由于陈伯达和“四人帮”长期挥舞“利润挂帅”的大棒，乱扣帽子，把“利润”变成了“禁区”，许多理论研究工作者和实际工作者不敢接近这个“禁区”，不敢提“增加利润”，而只敢说“降低成本”，不敢说社会主义企业利润越多越好，只敢要求“一定的利润”。近来又流行了一种新的回避“利润”的说法，那就是把“利润”改称为“积累”。不直截了当地号召企业努力为国家增加上缴利润，而说“要努力为国家增加积累”，这又是一种概念混乱。如同上面所说过的那样，利润是和成本相对称的概念，降低成本就是增加利润，或者说要增加利润就得降低成本，因此只说降低成本而不说增加利润，那是在经济学上学着相声演员玩起歇后语来了。积累则是和消费相对称的概念。在生产水平不提高、利润不增加的前提下，要求职工为国家努力增加积累就是意味着降低人民的消费水平。这是违背社会主义的经济原则的，也是违背党和国家的政策的。把利润改称积累，用意是回避“利润”这个“禁区”，结果倒是变成了违背社会主义经济原则、违背党和国家政策的很不好的宣传。

有些文章的作者不敢直截了当地说努力为国家增加上缴利润就是光荣的，而只说努力为国家增加积累是光荣的。这句话表面看，好像是无害的。但是如果仔细想想，那么这句话的意思就是说企业上缴利润，也就是说国家的财政收入，如果用之于消费就是不光荣的了。然而对谁也不是秘密，我们国家的财政收入的大部分都是用之于消费的，就是说是用之于国防建设和国家机关的经常费用，用之于科学、文化、教育、卫生等事业经费，用之于一切非物质生产领域人员的工资开支；一句话说，财政收入的大部分是用之于上述种种社会公共消费和个人消费的；只有小部分是用之于积累的。如果说，只有积累是光荣的，而消费是不光荣的，那么，企业职工上缴给国家的利润的大部分都是不光荣的了。这是由于忌讳利润而改称积累，造成了概念混淆，从而做了不好的宣传的又一例。

四、社会主义企业利润和资本主义利润的三条界限

由于忌讳“利润”，不敢接触“利润”这个“禁区”，用“一定的利润”“积累”等概念来代替“利润”这个概念，是相当久以前就存在了。所以，我在1963年的《利润》报告中就提出，我们不应该用修辞学来代替经济学，不要徒劳地去另外创造一个词来代替“利润”这个词，而应当从本质上来划清社会主义企业利润和资本主义企业利润的界限。

我在1963年的《利润》报告中，对社会主义利润和资本主义利润的本质差别提出了三条界限。尽管陈伯达和“四人帮”在全国范围内把这个报告作为“利润挂帅”的典型来批判，然而他们始终没有敢提到我的这三条界限。这表示他们心虚。我现在把这三条界限摘引如下：

“第一，利润的阶级本质不同。资本主义利润表示资本家对工人的剥削，而社会主义企业利润则是生产企业职工为社会扩大再生产和社会公共需要而创造的财富。

“第二，生产的目的和手段不同。资本主义生产的目的就是为了追逐利润本身，资本家生产商品只是为了追逐利润而不得不采取的手段。社会主义生产的目的是创造物质财富本身，但是为了达到这个目的，必须善于使用自己的手段，提高劳动生产率，降低产品的成本，增加利润。

“第三，取得利润的方法不同。资本主义通过市场竞争、物价的自由涨落和投机倒把等办法来取得利润。社会主义利润则以贯彻执行中央规定的各项方针政策为前提，以计划生产、计划价格和固定的供、产、销协作关系为前提，严禁投机倒把。在这种条件下，只有通过老老实实地革新技术、改善经营管理、降低成本的途径才能取得利润。”

我认为上面这三条界限基本上已经分清了社会主义企业利润和资本主义利润的本质区别；至于这三条界限是不是表达得很精确，那是可以进一步探讨的，希望理论研究工作者和实际工作者批评指正，共同立出几条，作为社会主义财经工作者和理论研究工作者应当共同遵守的准则，促使大家理直气壮地抓社会主义企业利润，为增加企业上缴利润和国家财政收入而奋斗。

凡是我们的企业经营符合社会主义准则的，那么这样的企业所取得的利润就是正当的社会主义企业的利润，就应该理直气壮地抓。这样的利润就是越多越好。如果违背上述应当共同遵守的准则的，例如企业不按照国家计划规定来进行生产，用投机倒把的办法去牟取利润，这就不是社会主义利润了；而当这些利润又是被王洪文、江青一类人物窃取去挥霍掉了，那么这样的利润越多，只是表明人民所遭受的榨取越大。我们就应该号召企业职工收回被他们窃取的职权，不准他们继续榨取工人阶级的血汗。

陈伯达、“四人帮”一伙说我这个《利润》报告是宣扬“利润挂帅”，是“唯利是图”。我认为这是诬蔑，是为了对我搞政治陷害而制造借口。

五、关于价格形成的基础问题

但是在我们社会主义建设历史上，的确发生过“有利就干、无利不干，利大大干、利小小干”，这种不顾国家和人民的全局利益，搞资本主义式的追逐利润的事例。例如，在20世纪60年代初，曾经有过一个农机厂，当支农任务很紧迫、社队需要大批农业机械的时候，这个厂抛开了国家规定给它的任务，不生产农机而去生产小铁床；原因是农业机械定价低，利润少，甚至没有利润；而小铁床定价高，利润大。机械制造业中还曾经比较普遍地存在过一个现象，那就是乐意生产成套机器，而不愿意生产零配件；原因是成套机器有利可图，而零配件费工多，利润少。这些也就是批判“利润挂帅”、反对以利润多寡作为衡量企业经营好坏的人常常引证的事例。人们往往把这种现象仅仅归罪于思想教育工作没有做好，归罪于政治不挂帅。当然，这里有这方面的问题。但是为什么农机价格和铁床的价格，成套机器的价格和零配件的价格要高低不平，以至发生有利无利或利大利小的差别呢？如果价格定得更合理些，没有利大利小、有利无利的差别，没有不顾国家计划单纯追逐利润的物质基础，思想教育工作不是可以更有成效些吗？

既然支农是国民经济的重要政治任务；既然零配件生产费工多，而且往往因为一个零配件的缺乏而使整套机器“趴窝”；那么为什么一定要在定价上亏待农机而优待铁床，亏待零配件而优待全套机器呢？一般的解释是：农机是支农产品，定价不应该高；铁床是消费品，国家的“积累”主要来自日用品工业，因此定价可以高些。又说，在帝国主义统治时代，买了某一国家的机器，就得永远购买这个国家的零配件；因此帝国主义就用抬高零配件的价格来卡殖民地半殖民地国家；因此，我们社会主义国家就应该反其道而行之，把零配件价格定得特别低一些，等等。

总之，照这些解释，产品定价不是根据客观经济法则，不是根据价值，而是根据主观要求定的。这就是苏联老经济学家斯特鲁米林所说的那个理论：价格不背离价值就没有价格政策。然而事实恰恰说明，通过价格背离价值来实现政策，往往是客观事物发展的结果，走到主观愿望的反面去了。例如，主观愿望是重视农机生产和零配件生产，然而定价偏低的结果，反而使农机和零配件成了不受欢迎的生产任务。我认为，除烟、酒等类某些特殊商品之外，最好的价格政策应该就是要按产品价值来定价（下面我将说到，产品价格最后应按生产价格来定，但是这和按价值定价的原则是不违背的），就是说要按客观经济法则来定价，而不是按主观愿望来定价。

价格背离价值还有两个害处：第一，不利于经济核算。把贵的说成是便宜的，把便宜的说成贵的，就会使经济核算失去客观标准。第二，价格背离价值就会使国民经济各部门之间的比例关系丧失真相。20 世纪 70 年代初，《人民日报》发表过一篇署名蔡正的文章，讲的是农业在国民经济中的重要性，证据是：来自农业的收入在国家财政收入中的比重占到百分之十点几。在这篇文章发表的前后，报上还发表过一条新华社的电讯，报道一个生产大队由于重视经济核算而降低了成本，增加了收入。电讯最后也是归结到农业在国民经济中的重要性这个结论，理由是来自农业的收入要占到国家财政收入的百分之十点几。但是早在 20 世纪 50 年代末，毛主席就对来自农业的收入只占国家财政收入的百分之十点几这个数字的正确性提出过怀疑。毛主席在一次审查了国民经济建设计划草案以后，曾经向计划统计工作者提出过这样一个问题：近 2 亿左右农村整、半劳力对国家的贡献只有百分之十点几，而人数只有 1000 多万的工业、交通部门的职工对国家的贡献倒有百分之八十几，这笔账你们是怎么算出来的呢？原来这笔账就是被偏离了价值的价格所歪曲了的！由于农副产品作价偏低，所以按价格算的、农民直接对国家财政收入的贡献只有百分之十点几了（只算公粮部分）。农业在国家财政收入中尤其在国民收入中所占比重远远不止这百分之十点几。可是过了十几年了，文章作者还在用农业只占国家财政收入的百分之十点几这个数字来论证农业的重要性！这说明价格偏离了价值，就会完全混淆国民经济的比例关系，看不见事物真相，用一个只能证明农业在国民经济中所占比重很小的假象数字来证明农业的重要性。

解放以来，我国政府曾经多次提高农产品收购价格，目的是要缩小以至消灭帝国主义、国民党统治时期遗留下来的工农业产品价格“剪刀差”。因此有些人就认为，工农业产品价格“剪刀差”已经不存在了，谁再提这个问题就是给社会主义抹黑，是对党和国家的财政政策的攻击。现在，党中央提出了调整价格的问题，同时特别强调了要调整工农产品比价。这是非常英明的决定。这是促进农业生产，特别是促进粮食生产的一项具有决定性意义的经济措施。因为在粮价偏低的情况下，生产队在完成社员口粮和国家征购任务之后，他们对增产粮食作物的兴趣不高，而对能够解决用钱问题的（即能增加现金收入的）其他农作物，对搞副业，特别是对跑运输，有兴趣了。因此，在很长一段时间内，尽管强调思想政治教育，尽管不断地批判重副轻农、弃农经商、弃农搞运输等倾向，但是效果不大。原因就是因为经济措施没有跟上，就是因为没有解决社员的用钱问题。农业是国民经济的基础，粮食是宝中之宝，但搞农业、种粮食就是不能解决“用钱”的问题，这是合理的吗？

现在调整工农业产品比价、提高农产品价格，在原则上是确定了；但是还有一个如何落实的问题。调整工农产品价格的问题，实际上就是提高国家收购的农产品价格的问题。据估计，如果国家要按价值支付每年收购的农副产品的价格，那么国家增加的支出恐怕要接近每年用于扩大再生产的投资数。“羊毛出在羊身上”，国家的财政收入最后只有来自工业（包括交通运输业）和农业，如果调整工农业产品比价、提高农副产品的收购价格，要靠国库拨款来解决，那是不现实的，绝不可能的。因为：

第一，国家绝不能没有社会主义扩大再生产的投资。

第二，如果在农产品价格偏低的情况下，农业对国家财政的贡献只占百分之十点几，而工业占到百分之八十几是一种假象，因为这百分之十点几，只包括公粮，即来自农业税部分，不包括农产品收购部分，即不包括通过所谓价格杠杆取自农业的收入；那么在工农业产品价格完全按照价值来调整之后，通过“价格杠杆”取自农业的收入就没有了。于是农民对国家建设的贡献就只限于公粮部分了。如果这部分公粮的实物量不变，即使这部分公粮（包括公棉等其他直接农业税）因为价格调整而使它在国家财政收入中的比重从百分之十点几提到百分之十几了。然则这样的负担比例，就是说，百分之八九十的农业人口对国家的财政收入只贡献百分之十几；而人口只占百分之一二十的城市居民的就业人员中，大约只占半数的生产劳动者（其余一半左右的城市劳动者是非生产人员）要贡献国家财政收入的百分之八十几，这样的负担也是不合理的，因为农业对国家建设的贡献又太少了。

六、农民的负担方式问题

其实，早在20世纪50年代末，毛泽东同志就已经注意到这个问题，在那时候，他就提出要尊重价值规律，做出了工农产品交换要注意等价交换的原则等指示。这就是说，毛主席认为，工农业产品价格剪刀差是存在的，而且是需要解决的问题。但是为什么这个问题始终没有完全解决呢？那就是因为财政上从哪里取得这笔款来开支由于农产品涨价而增加的支出的问题没有完全解决。那么现在怎么办呢？如何来实现党中央提出的提高农副产品价格，调整工农产品比价这个任务呢？我认为要解决这个任务，不在于减少农民对国家财政的应有的负担（不是指最近报道的，像湖南湘乡那样由于违反党的政策强加于农民的非法负担，这种负担必须立即取消），而在于改变负担的形式。因此，在我设想的调整工农业产品比价、提高农产品收购价格的过程中必须做到：①国家不减少收入；②农民也不增加负担，但是除了由于“土政策”加给农民的非法负担以外，对国家的贡献不应当减少；③城市居民的生活也不受影响。

于是，一定有人会产生疑问：既然调整物价的结果，农民并没有减轻负担，国家也不增加收入，那么改变这种负担的形式岂不就是多此一举了吗？

不，这绝不是多此一举的事，而是关系到农业生产，尤其是粮食生产能不能上去的问题。下面我就来说明这个问题。

在工农业产品价格剪刀差即农产品价格偏低的情况下，这个差价的数额，实际上是农民对国家的一种负担，不过这种负担不是明的、直接的形式，而是间接的，是通过所谓价格杠杆取得的，是一种间接税的形式。这是一种很不好的形式，因为这种负担的数额是不固定的。农民向国家交售农副产品的数额越多，他们的负担（对国家的负担）也越多。这是打击农民生产积极性的一种负担形式。如果把现在通过工农业产品差价从农民取得的贡献，改变为直接税（公粮、公棉等）的形式，但是负担的数额由政府法律严格规定，在一定年限内固定不变。于是农民在缴纳完这个直接的农业税之后，多生产并且多向国家交售一斤农副产品，农民就能得到全部价值。如果各种农副产品之间的比价又是合理的，那么农民不论生产“粮、棉、油、麻、丝、茶、糖、菜、烟、果、药、杂”12类农产品中任何一种或生产任何一种副业产品，都能取得大致相等的利益。这样，国家下达的因地制宜的计划种植任务也容易落实了，生产积极性也上去了。农业生产上去之后，人民富了，财政收入也多了。这就是毛主席的藏富于民的思想。至于在农副产品价格提高之后，如何不影响城市居民的生活问题，我认为至少有两个解决办法可以供选择。第一就是城市农副产品（主要是粮食）销售价格不动，购销价格倒挂，即收购价格高于销售价格形成的亏损，由财政补贴。第二个办法是按职工粮食消费定额和涨价幅度对消费者给予补贴。不论采取何种办法，政府都要增加货币支出。但是，第一，由于农民向政府提供的物质财富并没有减少，仅仅是由于价格调整的结果，这些物质财富的货币表现，即价格是上涨了；第二，工人所得到的消费品的实际数量也没有增加，也只是这些消费品的货币表现即价格是上涨了。这两个上涨数是相等的（因为两个实物量和价值量没有变），因此政府就可以用前一个上涨数来开支后一个上涨数。这正是由于价格背离价值所造成的迷魂阵，是有些人在调整工农产品价格剪刀差的“大手术”面前踌躇的原因。

七、要为“资金利润率”恢复名誉

很久以来，在批判“利润挂帅”的借口之下，社会主义企业利润蒙受了不白之冤，遭到了不应有的攻击和批判。如果仔细分析一下，那么这种攻击或批判大概来自三种人。

第一种人就是林彪、陈伯达、“四人帮”一类别有用心的阴谋家、野心家的恶意攻击。对此，不值得多谈。

第二种人对所谓“利润挂帅”的批判是出于对社会主义财经工作的关心和爱护。然而，这些同志在理论上分不清社会主义利润和资本主义利润的差别；在思想上还受到一些封建社会的文人雅士们“口不言钱，而称阿堵物”的清高思想的影响。我对于这些同志的批评，在这篇文章的开头几节中已经做了答复。

第三种人对所谓“利润挂帅”的批判，是针对前面第五节所说的“有利就干，无利不干；利大大干，利小小干”那种资本主义的经营方式而发的。这种经营方式应该批判，这是对的。但是批判者只从思想意识或思想教育的角度提问题，而没有想到在社会主义社会里，一切生产部门都是为了满足社会公共需要和人民生活需要，为什么会发生有利、无利和利多、利少的差别，而且无利和少利的生产部门和产品，往往是当前最重要的生产部门和产品，最受社会和领导机关重视的生产部门和产品。难道生产这些产品的部门和职工，他们的劳动效率特别低，因此，他们为社会的劳动，为社会生产的产品特别少吗？当然不是的。显然这只有一个解释，那就是产品定价不合理。这种定价的不合理，或价格的高低不平，价格对价值的背离，实际上变成了国民收入的再分配，是把一种产品生产过程中所创造的价值，算到另一种产品的账上去了。正因为如此，所以我们在谈利润问题的时候，就必须谈价格构成的理论问题。在陈伯达、“四人帮”控制舆论工具的时期有一种怪论，认为价格政策不是经济学者的研究对象，而只是一个宣传题目，但为什么不研究如何去宣传呢？

现在中央已经正式提出了要提高农副产品价格，调整工农业产品的比价问题，经济学界就应该配合实际工作者，对这问题做全面深入的调查研究，以便实现党中央提出的这个任务。

我们主张产品价格应当按产品的价值量来规定，反对以价格背离价值作为定价的原则。然而这只是作为基本原则而言，并不是说每一种产品的价格要和价值量绝对相符。如果每一种产品的价格都和产品的价值量绝对相符，都按价值量出售，那么就会出现这样的现象：大、洋企业赚钱，小、土企业蚀本；而大、洋企业赚钱未必就是由于职工的主观努力多，小、土企业蚀本未必就是因为职工们主观努力不足。这里有客观条件在起着作用。这就是因为大、洋企业设备好，投资多，技术水平高，又是大规模生产，劳动生产率高，成本低，当然利润就多了。反之，小、土企业技术设备差，劳动生产率低，成本高，所以就不能赚钱甚至要蚀本了。这些都是建厂当初的投资计划和技术设计所决定了的，对现在的企业职工来说已经成了已定的事实。

此外，在采掘工业方面，矿山的矿层有厚薄深浅不同和品位高低不同，以及交通运输条件不同；在农业企业方面，有土地的肥沃程度不同，也有交通运输条件的不同，等等。这些都是不以人们主观意志为转移的客观条件决定了不同的劳动生产率和利润率。

以上这些，也就是不赞成按价值定价格的经济学家常常引来作为否定价值决定价格的理由。

但是从价值理论的角度来看，以上这些无非只是证明了，既然在社会主义社会里还存在价值规律，那就还必须从这基础出发，进一步承认资金利润率、生产价格和级差收益（也就是“级差地租”）的存在。马克思在《资本论》中早已证明资金利润率、生产价格和级差地租非但不与价值规律相矛盾，而且是从价值规律引出的必然结论。马克思早说过在土地私有制取消以后，绝对地租不存在了，但是级差地租或级差收益还会存在。不过这个“地租”或收益应该以税的形式上缴给国家，而不是交给地主了。然而许多经济学家虽然已经承认了价值规律的存在，但是还认为资金利润率、生产价格和级差收益都是资本主义的范畴，社会主义社会不应该再用这些范畴。对于级差收益的问题，马克思、列宁都有详细的说明，我们在这里不再谈它。我们在这里只是简略地谈一谈资金利润率和生产价格的问题。

资金利润率和成本利润率是两种不同的定价原则，也是决定企业上缴利润任务的两种不同原则。

根据资金利润率的原则，每个企业占用多少资金，就要按照当前全社会的平均资金利润率上缴利润。例如，某一企业占用资金1亿元，当前全社会的年平均资金利润率是20%，那么这个企业每年上缴利润任务就应该是2 000万元。如果年终实际的上缴利润不足此数，那就说明这个企业的经营管理不好，没有能够充分发挥国家投放在该企业的社会资金的作用，就应该寻找经营管理不好的原因。如果实际的上缴利润超过这个平均定额，那就说明这个企业经营管理得法，就要总结这个企业的好经验，并且加以推广。

根据资金利润率的原则，决定产品价格的方法就是：某一行业中某种产品的总成本，加上生产这些产品所占用的资金总额应该承担的、按平均资金利润率计算的利润总额，再用总产品的数量来除——这就是这种产品的单价。这样，从一个企业看，产品价值构成的m部分，同产品价格中利润部分，在量上是不一致的。但是，从全社会看，m的总和与利润的总和是相等的。

在采取资金利润率的时候，企业多占用社会资金，就要多承担上缴利润的任务，所以就会促使企业节约资金，特别是有助于固定资金的节约，促使企业职工注意提高设备的利用率。

但是我们过去不少部门所实行的不是资金利润率，而是第一个五年计划时期从苏联搬来的成本利润率制度。按照这个制度，全社会的平均利润率不是用社会总资金除社会总利润所得出的平均数（资金利润率），而是用社会总产品的总成本除全社会的利润总额所得出的平均数，这就是平均成本利润率。按照这个制度，产品价格的计算方法是由本行业中每种产品的平均成本再加上按平均成本利润率计算出来的利润；而企业的上缴利润任务归根到底就是由企业生产任务规定的总成本乘平均成本利润率得出的。

在成本利润率制度下，企业经济核算，实际上只核算了企业占用资金中的极小一部分，即流动资金加上固定资产的折旧部分。由于我们的折旧年限一般在25年甚至25年以上（由于技术进步的加速，设备更新速度加快，所以西方世界的折旧年限已经从19世纪的10年左右缩短到现在的四五年左右了），所以，实际上我们的折旧费是大大地缩小了的；我们是少算了成本，多算了利润。因此我们的固定资金只有1/25，甚至连1/25也不到的数量被纳入了企业经济核算范围，承担了向国家上缴利润的任务；固定资产的绝大部分没有纳入核算，对于企业来说，庞大的固定资金不承担向国家上缴利润的任务，等于是免费占用的。所以企业主管人员总是“宽打窄用”，设备要得多，设备利用率很低。20世纪60年代初，我曾经请教过许多很精明的企业领导人，问他们所主管的企业的流动资金有多少，他们总是对答如流，问他们的固定资金多少，没有一个回答得出，连财务科长也说，要查查账才能答复。不纳入经济核算的数字，也就是不用的数字，是没有人会记得的！

我们国家缺的是现代设备，然而我们沿用的核算制度就是不核算占国家总资产主要部分的固定资金。所以，把成本利润率制度改为资金利润率制度，应该是放到当前经济管理工作者和理论研究工作者的议事日程上来的时候了。

在按资金利润率原则规定企业上缴利润的任务之后，大、洋企业由于占用大、洋设备这些客观的优越条件而取得的在劳动生产率方面的优势，以及因此而多赚的利润，由于多占用资金必须多承担上缴利润（按资金利润率的原则）而抵销掉了。如果矿山和农场再把由于自然的优越条件所取得的级差收益以税的形式上缴给了国家，企业利润的多寡主要就是反映企业职工在经营管理和劳动积极性等方面的主观努力了，利润就能成为反映企业经营情况的最综合性指标。

八、答复资金利润率的批判者

然而，如上面已经说过的那样，过去由于政治经济学教科书

上的教条主义偏见的影响，资金利润率一向被看作是资本主义经济范畴而受到否定，受到批判。

在批判者的意见中，大概可以归纳为以下四种：

第一种批判意见是说，利润平均化是资本主义社会中，资本家们追逐利润互相竞争的产物，在社会主义社会中，各个企业和各个生产部门之间不允许为追逐利润而互相竞争，不可能有利润的平均化；因此也不能有平均资金利润率。这个批判意见既适用于资金利润率，也适用于成本利润率；因为成本利润率也是利润的平均化。不过资金利润率是按占用资金量计算的平均利润定额，而成本利润率是按成本计算的平均利润定额，二者都是平均利润。再推而广之，价值（社会平均必要劳动量）、价值规律，以及国民经济计划中一切定额都是平均数。因此这个理由如果能成立，那么不仅否定了资金利润率，而且也否定了这些批判者坚持的成本利润率，而且把价值、价值规律和一切定额都否定了。过去，很多经济学者把价值和价值规律也看作资本主义商品经济独有的范畴和规律，正因为价值和价值规律在资本主义商品经济社会里也是通过资本家追逐利润，通过自由竞争起作用的。在资本主义商品经济社会里，一切经济规律都是作为自发势力起作用的。因此，照资金利润率批判者的逻辑，当人们掌握了自己的命运，资本主义商品经济变成计划经济之后，什么范畴和规律都可以不存在了。

资金利润率批判者的第二种批判意见是说，价值是由劳动创造的，而不是由资金创造的，因此按资金来摊派利润是资产阶级观点。照此意见说来，只有工资利润率才合理（按 v 来分 m，即按活劳动中已支付的部分来分配未支付部分），而主张成本利润率反对资金利润率，不过是“五十步笑百步”而已。因为成本中不仅包括工资 v，而且还包括 c，即包括全部原材料消耗和一部分固定资金（折旧部分）。所以成本利润率只是不完全的资金利润率而已。

我们同意价值（包括利润在内）是由劳动创造的，而不是由资金创造的，这是马克思主义政治经济学的基本常识。但是同样也不能否认，多占用社会资金，从而配备有大、洋设备的企业，劳动生产率高于少占用社会资金，只配备小、土设备的企业的劳动生产率。因此，大、洋企业的产品成本和个别的劳动消耗低于平均成本和社会平均必要劳动量，因此，大、洋企业的利润，必然大于小、土企业，而这一部分额外利润是大、洋企业职工借助于更多的社会投资取得的。因此，应该归功于社会的额外投资，而不是由于企业职工的主观努力造成的。此外，我们不要忘记，社会主义社会的资金不是资本家从工人身上榨取去的剩余价值，而是工人阶级自己的过去的劳动积累。每个企业多占用工人阶级过去的劳动积累是不能不算账的。资金无偿占用的原则是不符合工人阶级利益的。

第三种批判意见是说，在同一行业内，同一种产品生产的劳动生产率或投资效果的比较，有了以社会平均必要劳动量为内容的价值规律就已经解决了。至于不同行业生产的不同产品，它们的使用价值是不可比的。对各部门的投资多寡是根据社会公共需要和人民生活需要决定的，不是由于投资效果决定的。某种产品的生产即使投资大，然而如果这是为满足社会公共需要或是人民生活需要所必需的，我们就要兴办这种生产品的生产。这些道理也是不错的。但是兴办任何一种事业，可以用各种各样的办法来办，可以用“大、洋”办法来办，也可用“小、土”办法来办，如有多用物化劳动少用活劳动的办法，也有少用物化劳动多用活劳动的办法，等等。因此，兴办任何事业的时候都要算算账。不同产品的使用价值是不可比的，但是间接地还是可以比的。例如，我们现在要建设甲乙两个生产两种不同使用价值（产品）的企业，如果要引进外国的最新设备，各需要10亿外汇。可是我们只有10亿外汇可以用来从外国引进最新的技术设备。而这两个企业又都是当前急需建设、不能延缓的。因此，我们这两个企业之中就只能有一个采用最新的洋设备，另一个只能用本国制造的设备。既然两个企业所生产的产品是不同的使用价值，是不可比的，那么两个企业中哪一个用引进的洋设备，哪一个用本国制造的设备，就得看引进的洋设备能够提高的效率如何了。假如甲企业用引进的洋设备能够提高效率2倍，而乙企业用引进的洋设备只能提高1倍，那么我们的决定就很明白，我们让甲企业用进口设备，让乙企业用本国制造的设备。两种不同的设备，生产的是不同的使用价值，是不可比的；但是在提高劳动生产率、节约资金（归根结底也就是节约劳动）这一点上就变成可比的了。

反对资金利润率的第四种意见是说，多占用固定资金的企业应该让它多贡献，多出钱，而主张资金利润率的人是反而多给它钱，这是背道而驰的。批判者的意思是说，在按资金利润率定价的时候，有机构成高的行业（大、洋企业多的行业），产品价格将高于价值，而有机构成低的行业（小、土企业多的行业），产品价格将低于价值；这等于是对前一种行业多给了钱，对后一种行业克扣了钱。但遗憾的是，我们的批判者忘记了我们的企业不是资本家的私营企业，而是国营企业。它们的利润不是落入任何私人手中，而是上缴给国家的。因此，生产价格恰恰是要大、洋企业多贡献、多上缴利润，而不是多给它们钱。我们的批判者是把账算颠倒了。有机构成高的行业，生产效率高，成本低，从而产品价值也低。反之，有机构成低的行业，生产效率低，成本高，价值也高。通过利润平均化，使前一种产品消费者稍为多负担一些，使后一种产品的消费者的负担减轻些，这也是很合理的。

以上就是我对批判者的答复。现在在实际工作者中间，在经济学理论研究工作者中间，主张资金利润率的人多起来了。我希

望通过进一步的讨论，促成资金利润率早日实行。

九、资金利润率和奖金

在价格背离价值以及按成本利润率定价的情况下，在矿山和农场不扣除级差收益税的情况下，按企业利润的多寡来发奖金，就会把国家投资和自然界的优越条件造成的超额利润归功于企业职工。这是“贪天之功”，是不合理的。但是在扣除级差收益按资金利润率计算利润的情况下，利润多寡就能够把客观条件和主观努力分开来，从而把奖金同超额利润量结合起来，就是合理的，也是符合按劳分配原则的，甚至是更好地贯彻按劳分配原则的一种形式，有利于调动职工积极性，有利于促进生产。企业职工为社会多出了力，应该给予一定的奖励。我的1963年的《利润》报告，在当时陈伯达、张春桥刮起的反对“物质刺激”、否定按劳分配原则的“共产风”影响之下，我一般地否定奖金制和企业留成，主张把利润一个不留，全部上缴，是错误的，是不利于促进生产的。我在这里附带地对我1963年《利润》报告中这种“左”倾思想，做以上的检查或自我批评。

就利润理论问题致王秉乾同志信*

王秉乾同志：

您9月9日来信及所附对《要理直气壮地抓社会主义企业利润》一文的几点看法已收到。

首先要感谢同志们的细心审阅并且提出了宝贵意见。可惜我收到来信时已经是9月12日，杂志已经在印刷中，来不及再修改。所幸看法中所提意见，有些已经在定稿时作了些修改，例如，初稿“绝大部分用之于消费……只有极少部分用之于积累”已经改为“……大部分……只有少部分……”。我和财经实际工作隔绝已久。很可能有些说法不符合实际情况。我很希望财政部有关同志写批评文章。我将建议《经济研究》编辑部尽量刊登。不同意见在刊物上刊登，不仅对活跃经济学理论研究大有好处，对实际工作的改进也有好处。对我的文章的批评，只要我认识到的，我将诚恳接受。而且在刊物上公开认错。例如，我在《要理直气壮地抓社会主义企业利润》一文就对1963年那份内部研究报告中反对奖金和企业留成的观点，主动作了检讨。虽然我的那份研究报告并没有公开发表过，至今也还没有人对此提出过批评。

不过财政部同志的《几点看法》把基本建设投资都算作积累是不对的；因为其中不少是属于原有固定资产的更新。不能作积

---

* 标题为编者后加。

累看。如果把折旧率过低的因素考虑在内，那么属于更新范围的基本建设远远超过财政收入中折旧费。关于设备更新问题，包括折旧费问题在内，我拟再写一篇文章同财政实际工作者和理论研究者商榷，写好后，将寄给你们，请批评指正。

敬礼！

孙冶方

1978 年 10 月 11 日

附　对《要理直气壮地抓社会主义企业利润》一文的几点看法

文章从理论上阐述社会主义企业利润问题，对当前清除林彪、“四人帮”流毒影响，分清路线是非、理论是非、动员群众为社会主义建设多积累资金是十分必要的。文章对社会主义企业利润、价格等问题提出的观点，读后很有启发。现就其中几个问题提出我们的看法，供参考。

一、关于“何谓利润”问题

文章第一节提到，降低成本就是增加利润，二者“完全是同义语”。就一件产品来讲，这样说是正确的，但从一个企业或者从全社会来说，这样说还不完整。利润是企业生产经营的一项综合性指标。影响利润的因素是多方面的，除了价格和税率变动等因素外，主要有两个方面：一是增加了生产，因而增加了利润；二是降低了产品成本，因而增加了利润。两者又是相互影响的。一个工厂增加了生产，必然会相对地降低固定费用（如折旧，管理费等)，因而使成本降低；而降低成本就意味着节约人力、物力、财力，也就可以把这部分节省下来的人力、物力、财力，用于增加生产。毛主席关于“增产与节约并重”的指示，最好地说明了增产与节约的辩证关系。实际情况也是如此，目前有些企业领导人只抓生产，不抓成本、利润，因此，强调降低成本的重要性是必要的。但绝不能忽视扩大再生产对增加利润的重要作用。

第一节中还讲到，随着科学技术的进步，“c”和“v”在产品价值中的比重越来越小。我们理解，科学技术的进步，生产力的发展，每个产品所消耗的劳动量会逐步减少，而劳动量的减少，就意味着价值的降低。“c”与“v”在产品价值中的比重不一定都是降低的也可能有提高的。马克思曾论证过：随着生产技术的发展，资本有机构成的不断提高，使平均利润率不断下降。利润率下降，就是“c”与“v”在价值中的比重提高，而不是降低。只有在产品价值减少而价格不变或者工资的增长低于生产增长的情况下，才能做到“c”“v”所占比重下降，“m”所占比重提高。

二、关于财政收入是否绝大部分用于消费的问题

文章第9页中提到“我们国家财政收入的绝大部分都是用之于消费的……只有极小部分是用之于积累的。”实际情况不是这样。我们每年财政收入的一半以上用于基本建设，增加企业流动资金、新产品试制和其他经济建设产业方面，属于生产性开支，其中大部分是扩大再生产的投资。因此，文章的说法要反映实际情况。

三、关于农民负担问题

文章第17页讲调整工农产品的比价问题时主张提高农产品价

格，“把现在通过农副产品差价从农民取得的贡献，改变为直接税（公粮、公棉等）的形式。”

农民负担问题是个重大的政策性问题。毛主席在《论十大关系》中曾经指出：“我们对农民的政策不是苏联的那种政策，而是兼顾国家和农民的利益。我们的农民税历来比较轻。工农业产品的交换，我们是采取缩小剪刀差，等价交换或者近乎等价交换的政策。”今后我们应当继续实行这个政策。就是随着生产的发展，用逐步提高农产品价格，降低工业品价格的办法来缩小剪刀差，使农民增加收入。不能一面提高农副产品的收购价，一面增加农民的农业税负担。

四、关于“资金利润率”问题

文章提出资金利润率问题，很值得重视，在目前流动资金占用多，设备利用率低的情况下，有现实意义。但有些提法需要斟酌：

（1）“我们目前所实行的是成本利润率制度”，“产品价格是由平均成本再加上按平均利润率计算出来的利润”。据我们了解，现行产品价格有许多不是这样计算出来的。如天然石油、电力的成本利润率高达百分之百以上，煤炭的成本利润率只有百分之十几，有些支农产品普遍亏损。文章的说法没有恰当地反映实际情况。

（2）“把现在实行的成本利润率制度改为资金利润率制度”。我们认为，成本和资金本质上都是从资金角度来衡量和考核企业的利润水平。前者是企业的生产费用，即一个生产周期所消耗的资金（包括耗用的原材料、燃料、动力、人工和固定资产折旧费等）；后者是全部资金的占用（流动资金和固定资金）。资金利润率可以全面反映资金占用、资金周转对利润的影响。如果要进一步衡量考核利润增减的原因，那么资金利润率和成本利润率各有各的作用，可以并用。不要在强调资金利润率时，否定成本利润率。

（3）文章第22页提到我们的折旧率低，“少算了成本，多算了利润”。折旧率的高低应当结合历史情况来进行研究。我国的工业基础比较薄弱，因技术改进而设备提前淘汰的情况很少。因此4%（25年）的平均折旧率还是适当的。今后要实现四个现代化，固定资产的更新速度将不断加快，无形损耗也会不断增多，更新的情况下，4%的折旧率是偏低了，应当考虑逐步调整。

千规律，万规律，价值规律第一条*

14年前，在一次关于政治经济学理论问题的激烈辩论中，由于我强调了价值和价值规律在社会主义经济建设中的作用，我的一个批判者责问道："那么，你认为国民经济综合平衡依据的是什么规律?"当时，我就脱口而出："千规律，万规律，价值规律第一条。"于是，他就得意地嘲笑道："嘻！恰恰相反，在国民经济综合平衡中，起作用的偏偏不是价值规律，而是使用价值规律!"后来，陈伯达、"四人帮"就把我的这句话当作修正主义政治经济学的"罪证"来批判。我这句话虽然是在激动中脱口而说出的，然而这是符合我多少年来长期坚持的思想的。因此，我至今不认为这句话有什么错误。

现在大家都在谈价值规律这个不以人们主观意志为转移的客观经济规律的重要性，所以，我觉得很有必要重新阐述一下，为什么在一切经济规律中，价值规律是最基础的或第一条规律。

我们还是要请马克思本人出来说话：

"以集体生产为前提，时间规定当然照旧保有其本质的意义。社会为生产小麦、家畜等等所需要的时间越少，它对于其他生产，不论是物质的生产或精神的生产所获得的时间便越多。和单一的个人一样，社会发展、社会享乐以及社会活动的全面性，都决定于时间节约。一切经济最后都归结为时间经济。正像单个的

---

* 本文原载《光明日报》1978年10月28日的"经济学"专栏，1978(63)。

人必须正确地分配他的时间，才能按照适当的比例获得知识或满足他的活动上的种种要求；同样，社会也必须合乎目的地分配它的时间，才能达到一种符合其全部需要的生产。因此，时间经济以及有计划地分配劳动时间于不同的生产部门，仍然是以集体为基础的社会首要的经济规律。甚至可以说这是程度极高的规律。”❶

读者可以看到，马克思在这里接连讲了三个规律，既肯定了“时间规定”或“节约时间的规律”；又讲到了“农业是基础的规律”；最后几句说的是“有计划按比例规律”以及对这三条规律的总评价：时间的节约是最基本的规律，是程度极高的规律（也有人译作“水平极高”的规律），是其他两条规律的基础，而且是和其他两条规律紧密不可分离的。

时间节约的规律就是社会平均必要劳动量的规律，也就是价值规律。资本主义社会依靠这条规律，战胜了封建社会。但是，在资本主义社会里，这条规律是以自发势力的形式出现的。它通过市场竞争，迫使落后的、浪费活劳动和物化劳动的企业归于淘汰；它鼓励先进的、节约活劳动和物化劳动的企业取得胜利；先进的企业如果不继续进步，就又会被别的更先进的企业所淘汰。这样，价值规律，或节约时间的规律，就促进了资本主义社会生产力的不断发展。

在社会主义社会里，我们不应该让价值规律以这种自发势力的形式来起作用。我们应该从“必然王国”进入“自由王国”，通过自觉地不断改进经营管理、革新技术的方法，来节约时间，使我们的各行各业（包括非物质生产部门在内），能够以最小的劳动消耗取得最大的经济效果，使我们的社会主义社会能够不断飞速前进。这就是说，我们应该主动地、自觉地按照节约时间的

❶ 马克思：《政治经济学批判大纲（草稿）》第1分册，第112页，北京，人民出版社，1975。

规律，即价值规律办事。但是，陈伯达、“四人帮”却把我们自觉地按照价值规律办事，争取以最小的劳动消耗取得最大的经济效果，说成是搞修正主义。在他们的干扰和破坏下，我们的国民经济到了崩溃的边缘。这个教训是多么深刻啊！

由于不少经济学者不认为时间节约的规律就是价值规律，所以我们有必要从马克思的《资本论》中再引证一段话来做说明：

“在资本主义生产方式消灭以后，但社会生产依然存在的情况下，**价值决定仍会在下述意义上起支配作用**：**劳动时间的调节和社会劳动在各类不同生产之间的分配**，**最后**，**与此有关的簿记**（马克思这里所说簿记是包括统计在内的一切计算工作——引者注），**将比以前任何时候都更重要**。”❶

马克思的这段话很明确地指出，他所说的时间节约，也就是指在共产主义社会的社会化生产中，仍然存在并且起着作用的“价值决定”或“价值规律”。

恩格斯的下面这两段话也说明了这一点：

“在私有制消灭之后……价值这个概念实际上就会愈来愈只用于解决生产的问题，而这也是它真正的活动范围。”❷

“在决定生产问题时……对效用和劳动花费的衡量，正是政治经济学的价值概念在共产主义社会中所能余留的全部东西，这一点我在1844年已经说过了（《德法年鉴》第95页）。但是，可以看到，这一见解的科学论证，只是由于马克思的《资本论》才成为可能。”❸

---

❶ 马克思：《资本论》第3卷，《马克思恩格斯全集》第25卷，北京，人民出版社，1974。着重号是引者加的。这段引文中的“价值决定”和前面引文中“时间规定”，其中“决定”和“规定”在原文是同一个词。

❷ 恩格斯：《政治经济学批判大纲》，《马克思恩格斯全集》第1卷第605页，北京，人民出版社，1956。

❸ 恩格斯：《反杜林论》，《马克思恩格斯选集》第3卷，第348、349页，北京，人民出版社，1972。

那么，当我的那个批判者得意地宣布“在国民经济综合平衡中起作用的偏偏不是价值规律，而是使用价值规律”的时候，他心目中的使用价值规律是指什么呢？（“使用价值规律”这个词倒的确是我的这个批判者的“创造”）他指的就是：例如，某年要上到1亿吨钢，那么一方面，相应地，煤、电、生铁以及其他生产钢所需要的生产资料部门的产量指标就要上到多少；另一方面，使用钢铁做生产资料的生产部门的产量就可以上到多少，等等。总之，他所指的就是技术定额。我的批判者，曾经因为我强调经济核算、节约劳动，等等，说我的经济学是技术经济学，是生产力经济学。但是，我们可以看到，我的这位批判者所说的使用价值规律学，倒是地地道道的技术经济学或技术定额学；而价值规律则是建立在产品或商品的二重性之上的，即建立在使用价值和劳动费用的关系之上的：所以是不排除使用价值的；而使用价值是可以没有价值的（如空气、阳光、雨水等）。

计划草案中的产品产量只是表明我们所希望达到的目标；而计划工作的主要任务是在于一方面如何根据我们所掌握的人力、物力，来确定这些产品的产量指标；另一方面在于用何种措施来达到这些目标，在于表明为了达到这些目标，需要在各部门之间如何最恰当地分配物化劳动和活劳动。

末了，我们必须记住：马克思的政治经济学只是对客观的经济过程做科学分析并指出这些过程中所客观存在的规律。在他的叙述方法中，从来不把客观经济过程中存在的诸种规律一条一条地、孤立地表述的，也不大给这些规律下定义，因此，也很少用“规律”这个词。虽则，他的著作是最明晰不过地分析并且描述了这些客观存在的规律的。上面手稿那段话中，直接讲到了“规律”，那真是极少的例外，而且他也不是给这规律下定义。规律不是分析研究的出发点，而是分析、研究的结果。

但是，如果要把现在经济学界议论最多的种种规律，都做一

番现象罗列，那么，按劳分配规律，讲的就是产品价值中 c、v、m 这三个组成部分的相互关系，特别是 v 和 m 的相互关系，而产品价值本身就是恩格斯上面所说的费用和效用的关系——以费用（劳动量）作分子、以效用（使用价值）作分母：$\frac{\text{劳动量}}{\text{使用价值量}}$把这百分数公式倒过来：$\frac{\text{使用价值量}}{\text{劳动量}}$，就是劳动生产率的公式，劳动生产率的增长也就是表现为不断使这公式中的分母（劳动量）缩小，让分子（使用价值量）增加。这在社会主义社会中，也就是斯大林所说的“社会主义社会的基本经济规律”：“用在高度技术基础上使社会主义生产不断增长和不断完善的办法，来保证最大限度地满足整个社会经常增长的物质和文化的需要。”这里需要补充说明的，就是：要使生产不断增长，就不仅需要不断改进技术，而且还需要不断改进上层建筑和生产关系。我们可以看到，如果把经济学一个一个规律分开来研究，就会变成孤立地来考察问题的形而上学方法。

毛主席早在抗日战争胜利前夕就说过：“中国一切政党的政策及其实践在中国人民中所表现的作用的好坏、大小，归根到底，看它对于中国人民的生产力的发展是否有帮助及其帮助之大小，看它是束缚生产力的，还是解放生产力的。”[1] 毛主席在这里说的是：“**归根到底**”为的是“**解放生产力**”，而解放生产力就是要以最小的劳动费用，获得最大的效用。这也就是恩格斯所说的“政治经济学的价值概念在共产主义社会中所能余留的全部东西”。但是到现在，不少经济学者一谈到“价值规律”，在他们心目中还是资本主义商品市场上那一套：通过价格的涨落来调节供求关系，也即是调节生产；所不同的仅仅在于：过去是靠市场的

[1] 毛泽东：《论联合政府》，《毛泽东选集》，1—4 卷合订本，第 980 页，北京，人民出版社，1966。

自发势力起作用，现在是靠我们主动地进行价格调整来起作用。然而，这只是在存在商品生产的情况下，在生产和消费、供应和需求不完全适应的情况下，调节个别商品的生产和销售，不得不采取的办法。这只能作为计划的补充。对整个社会主义生产来说，起决定作用的毕竟是“时间节约”意义上的那个价值规律。

就取消林里夫同志处分问题致经济所领导、总支信*

涤新同志并中共经济所总支：

在狄超白同志得到平反昭雪并且恢复党籍之后，我觉得林里夫同志1958年所受处分，也应当重新审议。我认为当时对他的处分是过重了。我建议取消对他的处分并且恢复他的党籍。我的意见是否妥当，请你们审议。

狄超白同志和林里夫同志的问题是在我到经济所之前，就已经定了案的，然而是在我到经济所以后宣布的；因此，我有责任向总支提出这个建议并且不必等我出国考察回来后审议。

敬礼！

孙冶方

1978年11月4日

---

* 标题为编者所加。

就《北京市实验话剧团》翻案文章一事给张高仁信*

张高仁同志：

来信以及你为《北京市实验话剧团》翻案的文章已经转给夏衍同志，他将转交有关领导处理。

我和夏衍同志都认为你翻案，翻得好！你为什么要认罪呢！你应该为自己做了这样一件正义的事情而自豪！因为北京实验话剧团不要国家津贴办成了一个剧团，演出那么多的好戏，受过原文化部和《北京日报》的表扬——凭这一点就应该为它在林彪、“四人帮”时代受到的打击迫害而翻案昭雪。请问是谁在今年五月份，在“四人帮”被揪出一年半之后还逼着你写认罪书的？请来信告知！

至于剧团以及一切文艺团体该不该讲究节约，剧团靠卖票维持经费开支并且有了盈余是不是就成了走资派，成了黑样板的问题，我引毛主席的话来答复你。毛主席说：“勤俭办工厂，勤俭办商店，勤俭办一切国营事业和合作事业，勤俭办一切其它事业，什么都应当执行勤俭的原则。这就是节约的原则，节约是社会主义经济的基本原则之一。”（《〈中国农村社会主义高潮〉的按语》《毛选》五卷，第249页）。

---

* 此信写于1978年11月17日。标题为编者后加。

所以，你所坚持的社会主义原则，是毛主席的思想；反对这个原则是反对毛主席思想。

我的意见就是如此。

敬礼！

孙治方

就借阅巴·贝斯拉奇著《经济改革（1965年）》一书给李文祥信*

李文祥同志：

您好！我们回国后先后曾到中联部和外交部借阅您所介绍的捷巴·贝斯拉奇著《经济改革（1965年）》一书的中译本（驻南使馆1965年11月13日《翻译资料》第四期）。但中联部和外交部都没有这本资料，据说是在“文革”中被销毁了，不知使馆还有存书几份，如有两份，可否寄一份给我们？如果你们只有一份，能否给我们影印一份？我们为了研究南解决农业过关问题经过，亟须参考这本书。

国内现在也正在研究如何调整农产品价格，问题很多，很需要参考南1965年经济改革时调整农产品价格的经验。务请大力协助！

敬礼！

孙冶方

79年3月5日

---

* 此信写于1979年3月5日。标题为编者后加。

在全国经济科学规划会议上的发言（节录）*

在这次全国经济科学规划会议上，我想把一年多来经常想到的几个值得研究的题目提出来，请大家批评、指教。

第一个问题是反对自然经济思想的问题。

这原来是个老问题，为什么现在又要重新拿出来研究呢？大约是两个星期以前，我早上听天津电台的广播，讲的是“四人帮”横行时，农村里有一种思想，就是“以粮为纲”，把“全面发展”丢掉了，特别是把一些能赚钱的副业都砍掉了，叫作“要把钱批臭”。当前农村中的大问题就是要把农业生产搞上去，这里有两个问题需要解决，一是要实行政治民主，把我们某些生产队长、大队长、公社主任的那种独断专行、“一言堂”的作风改变过来；二是要调整农产品价格，过去粮食价格太低了，农民种粮食不能解决花钱问题，因此就想去搞能够挣钱的副业。1964 年“四清”的时候我碰到过这样的问题：生产队长要去“拉脚”，就是跑运输。我说：“现在正是农忙，你地里的肥料都还没有送，你这个干部不在地里干活，去拉脚怎么行?”他说：“我拉脚不到别的地方去，就在我们这个集子里县办的砖瓦厂。我帮他们拉 3 个月砖瓦，可以挣一笔钱。你不让我出去，年底快到了，分配一个钱没有，怎么办?”那时，我已经被批倒了，这件事我做不了

* 写作时间为 1979 年 3 月 2 日。

主。于是，我请示我们组长，组长同意了，那个生产队长就去了。大车冬天不去运送肥料，拉3个月砖瓦，就是为了解决用钱嘛。为了对付农民，“四人帮”横行时推行一种极左政策，把粮食以外的都否定，不准搞，还有个口号，“要把钱批臭”。由此我就联想到，现在我们应该把商品、货币、八级工资制这个问题同旧社会的商品、货币、工资制相比，到底有一些什么区别，是差不多，还是相反？

经济学上的一切范畴、概念都是代表生产关系的。能不能说社会主义社会的商品、货币、八级工资制，同旧中国的商品、货币、工资制差不多？我认为，这个说法是错误的。如果1957年我孙冶方或其他经济学家说社会主义社会的商品关系、货币关系、工资关系同旧社会差不多，那还了得！但是，这个问题我们今天还弄不清。我认为这个提法应该澄清，到底差不多还是差别很大？至于说两种不同的社会制度的生产关系，还有货币问题，我们向来有很多不同的看法。比如我们经济研究所的骆耕漠同志就认为，社会主义社会的货币具有劳动券性质。这个问题可以讨论，在这个问题上我是同意耕漠同志的意见的。以生产关系来说，我们的货币已带有劳动券的性质了，不是旧社会的货币了。这个问题当然还要进一步研究。

“把钱批臭”的“左”倾思想不仅在我国农村里有，而且在国际上也有：据说前一个时候有的国家就取消了货币。这恐怕跟我们认为商品、货币、八级工资制同旧社会差不多，企图把这一切都取消的思想有关。对商品、货币以及八级工资制同旧社会的范畴、概念，如果我们不从本质上去研究它们的不同，那恐怕社会主义建设中的很多问题是说不清的，这是一方面。另一方面，我们总结过去，展望未来，应该怎样做？也必须把这个问题说清楚。还有将来第三世界向社会主义过渡的时候，我希望不要像某些国家那个样子，把货币也取消了。如果我们这个社会不要货币了，搞实物分配，那实际上是配给，不是什么分配。

我们经济学上很多概念都混乱了。马克思政治经济学上讲分配，是指产品中 c、v、m 这三大部分怎样分配。c 是物质消耗上的补偿，这方面好像没有问题，其实问题大得很。如折旧问题，折旧率的大小，也就是折旧上的管理制度。其次就是 v，是工人为自己的劳动。还有就是斯大林所说的“为社会的劳动”，马克思是用 m 这个符号来代表。还有 m 的重新分配，如工人拿了工资去购买劳务等。我们在座的同志都不是搞物质生产的，我们的工资都是从 m 里再分配来的。我们拿了工资要去理发，给 4 角钱理 1 次头发，这又一次分配，变成理发店的收入，其中一部分又变成理发员的工资。c、v、m 这三部分的分配以及 m 的再分配，这个就是马克思政治经济学意义上的分配。可是我们有人却把实物配给也说成是分配，这不是概念混乱吗？

恩格斯在《反杜林论》里批判杜林说：你那个分配，是任何一个被围困在城市里的卫戍司令都会干的。[1] 物质供应断绝了，外面的粮食日用品都运不进来了，把被围困的城市里所有能维持生活的必需品都集中起来配给。第一次世界大战，那时我们这一代人还是小孩子，就听到交战国欧洲洋大人那里吃面包都排队，而我们这样的殖民地半殖民地倒还没有实行配给，比他们还好呢，但到第二次世界大战都实行了。可是我们有的同志却把这个叫作“计划分配”。1975 年我第二次得到解放后，有一次从南京到上海，我在火车里听到有人（大概是两个采购员）在议论：一个说，我们那里还好，什么东西都还没有计划分配。另一个说，我们那里可糟了，什么东西都已计划分配了。我听了真是有点伤心。这哪里是分配？这明明是在物资缺乏的情况下实行的配给。生产发展了，供应充分了，不要凭票了，不要一个人一斤肉了，

---

[1] 恩格斯：《反杜林论》，《马克思恩格斯选集》，第 3 卷，第 229 页，北京，人民出版社，1972。

倒没有“计划分配”了！这类的概念混乱多得很。

关于八级工资制的问题，前两年“四人帮”揪出来以后，狠批张春桥的那篇臭文章时讲得还比较多一些。怎么能把我们实行按劳分配的工资同旧社会出卖劳动力的价格相提并论呢？商品交换关系以及商品的前途、货币本质这都是生产关系呀！怎么能说我们的生产关系和旧社会差不多呢？关于社会主义的商品、货币问题，1959 年在上海召开的理论讨论会上，我们都觉得讨论烦了。可是讨论了 20 年，却发现这个和旧社会差不多，而且“要把钱批臭”。为了探讨真理，不应搞什么“两个凡是”，只有实践才是检验真理的唯一标准，因此我认为这个问题必须澄清。

我建议研究的第二个问题是体制问题。所谓体制，或者说财政经济管理体制，详细一点说，就是企业管理体制、财政管理体制、物资管理体制。这个体制问题也研究 20 多年了。记得我在国家统计局工作的时候，那时还参加国家计委的工作会议、计委党组会议，李富春同志经常传达毛主席的话。富春同志有一次传达毛主席的指示时说，体制问题要考虑，不要管死了，要管活。这个指示是很对的。我们这套体制基本上是第一个五年计划期间从苏联搬来的。后来我们批苏联，也批过斯大林那一套。但是实际上对苏联那一套还是死死抱住不放，而没有听毛主席的话，去改变那一套。一直到现在，业务部门也好，理论研究工作也好，都是死死抱住不放。富春同志那时还讲过：体制问题是政治经济学的研究对象，经济研究所要研究。这话很合我的口味，我就大大地宣传了一下。可是后来，理论界发生了争论。有人说，怎么你政治经济学要研究体制问题呀？体制问题，这是法学研究的对象。说经济所研究体制问题是不务正业，听了这些我大不以为然。那时我说，这是富春同志讲的啊，政治经济学要研究这个问题是对的呀！

最近翻东西，翻到一篇谈体制问题的文稿，我就想到是听了富春同志那句话后写的东西。某经济研究机关一个刊物要创刊，计委也在研究体制问题，他们看到了这篇东西，认为有点参考价值，要给我转载一下，我当然很欢迎。我并不认为过去我写的东西都对，自己百分之百正确，天下没有这样一个完人。我那时提出对体制问题要研究，是针对当时社会主义经济建设中的现实问题提出来的。我完全拥护毛主席对我们的计划统计指标这一套把经济管死了的批评。后来，富春同志讲了，政治经济学应该研究体制，我举双手赞成。打个不恰当的比喻，我也是“拿着鸡毛当令箭”，我就打了一个给富春同志转中央的内部报告，说政治经济学要研究体制问题。可是那时，我还不敢拿到报纸上，拿到《经济研究》去登。因为这个问题很尖锐，特别是业务部门，认为第一个五年计划“进口”的那种计划方法、统计方法天经地义是社会主义的，谁有怀疑就是反对社会主义。现在对这些问题，我们要解放思想，都应该公开拿出来讨论。

什么是体制问题呢？从本质上说，就是我们对于国民经济的管理。中央到省、直辖市，条条到块块，企业同企业的关系，这都是直接生产过程中的关系，直接生产过程中的人与人的关系。还有物资管理体制。最近两三天，计委的同志找了北京地区部分经济学家座谈，主要是谈体制改革问题。现在，中央重新提出体制要改革，财政经济、物资管理体制有些什么问题，要大家重新提出来，我觉得我们经济学家要配合。

关于流通的问题。社会主义政治经济学有没有流通？20 世纪 50 年代末 60 年代初，中央提出要写我们自己的政治经济学教科书的时候，就有同志提出来，说我们除了消费资料同消费者个人的交换是流通过程的一环之外，没有别的流通过程了。把物资缺乏时的实物配给叫作分配，从而把流通也否定了。这就是我刚才说的概念混淆。后来我翻苏联的政治经济学教科书，也没有流通过程的问题。到底有没有流通过程？我是坚持有流通过程的。苏联列宁格勒商学院有一个教授，写了一篇文章，他忽然发现，说我们社会主义社会也有流通过程。他还说苏联有一种流行的经济思想，就是自然经济的思想、封建社会小农经济的自然经济的思想。我很赞成他的意见。我认为，那种没有交换观念，没有流通观念，要把货币批臭的思想，就是自然经济思想。我最近又大放厥词。在一个会上有个同志提出来，说我们老是把过去那个“左”倾思想，叫作封建社会的小农经济思想，它不能概括。我说，有什么不能概括？如果说不能概括，那就再加上一点：小农个体生产者的思想加上封建士大夫的、陶渊明的隐士清高思想，两个合在一起还是封建社会的自然经济思想。过去批判我，说我把某些人的社会主义经济思想说成自然经济思想，是抹黑。我看，说它是陶渊明思想、小农个体经济思想、封建士大夫思想，是很不错的，概括起来就是自然经济思想。桃花源，就是与外界不相往来的、自给自足的自然经济。

我们在过去几十年里吹牛皮吹得最多的是什么呢？就是我们现在讲的物资供应体制，供、产、销关系。供、产、销的协作关系，实际上就是物资的供应关系。这是什么问题呢？就是有计划按比例平衡的问题，综合平衡的问题。有人对斯大林的有计划按比例是不是一个规律有疑问了，我觉得他这个提法也不怎么完全。反正综合平衡，马克思所说的，第Ⅰ部类同第Ⅱ部类、第Ⅰ部类内部、第Ⅱ部类内部、各部门之间、各种产品之间的综合平衡关系，就是一个流通过程问题。供、产、销协作的问题也是一个体制问题。我们现在的千千万万种品种、规格的原材料、机器设备，通通归物资部统一分配，实际上就是统一配给。一方面是物资短缺，另一方面是积压浪费。越是物资缺乏、配给不足，越是造成浪费。1960 年我到上海调查，看到每一个工厂的工具箱里，工人的工具箱里，总要把最难取得的刀具、刃具或者其他卡具打几个埋伏，多储备几个在那里，越缺越积压。消费资料也是

一样，凡是配给的物资，不管需要与否，都要买，不买似乎就“浪费”了。其实不需要的东西买回来才是真正的浪费。我们所说的物资分配实际上是配给制，是大浪费，这是体制问题。

财政分成也是体制问题。可是在这个体制问题上，很多人总认为是中央和地方的问题。我从20世纪50年代末60年代初就讲，关键问题是企业的权限问题。1962年或者1963年，有一次曹荻秋同志到北京来，我专门访问了他。他主张把折旧下放给省、直辖市，我是跟他唱对台戏的，我主张下放给企业，原则上下放给企业，当然也不是绝对的。比如某个煤矿，它都挖空了，还把折旧给它干什么，那资金应该回收。我认为，如果要下放给省、直辖市，那还不如放在财政部，还能达到集中的好处。放到省、直辖市打乱平分，既不能使原有的企业不断更新旧设备，也不能使国家集中资金来开发内地、开发落后地区。这就叫作既没有集中，也没有给企业独立自主的权力。这是最不好的。在座的大多是省、直辖市里来的同志，你们对于省、直辖市的情况比我清楚，过去有人赞成曹荻秋同志的意见。对于荻秋同志我是很尊敬的，他各方面来讲能力很强，做地方工作很有经验。但在这一点上，我20年前就同他有不同意见，我还保留这个意见。可是荻秋同志由于“四人帮”的残酷迫害已经不在人世了，没有办法和他再唱对台戏了。

我这次去南斯拉夫考察，他们说，如果说经验，最大的经验，就是企业的权力、权限大，独立自主的权限大。体制问题，就是直接生产过程中的生产关系和流通过程的问题、分配过程的问题。譬如体制中有个财政分成的问题，那就是m，利润上缴给财政部。每个工人为社会生产的那一部分劳动，他所创造的价值，应该归地方还是归中央，这是分配中的问题。所以，所有体制问题，完全是生产关系的问题。可是在20世纪50年代末60年代初，以及经济所“四清”的时候，一直认为我研究体制问题是不务正业。我的确是个老顽固，我还坚持我原来的意见。体制问题，是政治经济学要研究的问题。第一个提出的不是我，创造权、发明权不在我，但我对这个问题倒是有兴趣研究，根本没有考虑它是不是政治经济学的对象，在我来说好像是不成问题的问题。

我不晓得这次会议怎么安排，我今天讲的只是我个人的意见。在我们的经济学规划里，对体制问题，我看值得好好重视一下。关于体制问题我过去发表过一些标新立异的意见，现在计委、经委都在讨论这个问题，希望我去放放，我也准备去放，引起争论。我觉得我们经济学界太寂寞了，批判得不是多了，而是少了。我说的批判不是“四人帮”的那个“批判”。我曾在一次会上说，我不需要什么“三不主义”，只要求有答辩权，允许我反批判。帽子总是要戴的，不是戴这顶，就是戴那顶，可是答辩权最重要。

怀念周恩来同志和李富春同志*

敬爱的周恩来同志离开我们已经3年多了。3年多来，全国形势发生了巨大的变化，党的十一届三中全会决定，从今年起，全党工作的着重点转移到社会主义现代化建设上来。这是对周总理的告慰。大家知道，周恩来同志为了社会主义事业，为了实现社会主义现代化，呕心沥血，鞠躬尽瘁，却受到林彪，“四人帮”的疯狂反对和诽谤，为了实现四个现代化，周恩来同志不但重视抓自然科学技术的建设，也非常重视哲学社会科学的建设。1957—1964年，我作为中国社会科学院经济研究所的行政负责人，亲身体会到周恩来同志对经济科学、对我们这个经济学基层研究单位和广大经济研究工作者的深切关怀，这段珍贵的往事，不仅当时曾激励着广大经济研究工作者奋勇前进，同时也指导着我们今天的战斗实践。

理论一定要联系实际

周恩来同志作为毛泽东同志的亲密战友和伟大的马克思主义者，一贯非常重视马克思主义的哲学社会科学事业的发展和队伍

---

* 原载《经济研究》，1985（1），第30—33页。本文是孙冶方同志在1979年为纪念周恩来同志诞辰81周年写的一篇回忆录，他生前未发表过。原标题为《周恩来同志和李富春同志的关怀永远鼓舞着经济研究工作者前进——纪念周总理81诞辰》。

的成长。他多次强调一定要培养理论联系实际的学风：“理论决不可以脱离实际，任何脱离实际的‘理论研究’是我们所必须反对的。”同时又一再指示：“必须为发展科学研究准备一切必要的条件。”根据周总理的指示精神，在1957年11月间，李富春同志向周恩来同志提出了一个关于加强经济研究工作的报告。周恩来同志看后，立即做了批示，“予以同意”。同时，还对如何落实经济研究所的方针任务、机构设置和干部配备等方面，都做了具体安排。

经济研究所的主要任务是什么呢？经周恩来同志批准的明文规定是：“要系统地研究国家社会主义建设中提出的各种重要经济问题，研究马克思列宁主义政治经济学原理，特别是社会主义经济运动的规律以及这些规律在我国实践中的运用，并对资产阶级经济学开展有力的批判，为国家经济建设工作和无产阶级对资产阶级进行思想斗争、政治斗争服务，中国科学院经济研究所应成为国家经济领导机关有力的助手，并逐步成为我国经济科学研究的中心。”

1957年下半年，党中央决定调配相当一批干部来加强理论和文教战线的工作。我也被分配到中国科学院经济研究所工作。当时我对领导上给的这个重担，深感力不胜任，诚惶诚恐，信心不足。但是，在周恩来同志亲自过问经济研究所工作的鼓舞下，我增加了信心和勇气。我深深感到，周恩来同志的关怀，体现了我们党决心加强经济理论的建设工作，培养一支坚强的经济理论队伍，使之更好地为社会主义建设服务。

我们遵循周恩来同志指示的上述经济研究工作的方针任务，围绕着理论联系实际的要求，走向社会，走向农村、工厂，从实际生活中提出一些研究课题，并配合经济领导机关做了一定的工作，在研究工作过程中，也遇到这样那样的一些问题。例如，有人轻视调查研究，认为要多读书，搞什么“纯理论”的研究；也有人轻视系统的理论研究，忽视理论建设方面的基本功；也有人把经济学研究机关看作是业务部门的资料室和秘书处，不需要当国家经济领导机关的什么“助手”；如此等等。总之，我们本着边干边学的精神，在摸索中前进，既要求研究人员学好外语、高等数学和经济理论等，打好基本功，又要求面向实际，研究现实问题。要正确摆好二者关系，也不是很容易的事，往往发生矛盾，遇到问题怎么办？我们坚持遵循周恩来同志批准的经济研究所的方针任务，努力研究，解决现实生活中出现的新情况和新问题。

为培育经济理论队伍创造一切必要的条件

确定了方针任务，只是为广大经济研究工作者指明了前进的方向，如何组织实现，还有待于在实践中采取各种措施，予以落实。

当时我们的经济理论队伍是十分弱小的，能独立进行研究工作的人并不多。周恩来同志从这个客观实际出发，做出了妥善安排。他指示：关于经济研究的“组织关系拟在国务院常委会议讨论一次；干部配备，请书记处讨论一次，并由安子文同志负责解决”。

这个指示本身，充分体现了周恩来同志代表党中央对经济理论工作的高度关怀，但其意义绝不仅仅限于对这个学科的特别关注。更重要的是，为了发展壮大理论队伍，为了关心知识分子的成长，通过这个学科做出的示范，以推动整个自然科学和社会科学研究工作的前进，早在 1956 年，周恩来同志在《关于知识分子问题的报告》中就提出：“我们必须为发展科学研究准备一切必要的条件。在这里，具有首要意义的是要使科学家得到必要的图书、档案资料、技术资料和其他工作条件。”他正是通过上述的具体事例，使这“有首要意义”的工作，一一落实。

当时这支弱小的经济理论研究队伍，在开展研究工作中遇到不少困难，他们不能及时了解党在解决国家当前重大经济问题中的方针政策和决策的依据，以及经济工作的动向，又取不到必要的经济资料和档案，因而难以开展对社会主义经济建设中实际问题的研究，从而感到苦闷。为了解决这个问题，周恩来同志提议采取“双重领导”的措施，经济研究所归中国科学院和国家计委双重领导，由国家计委代表国家经委、国家统计局等经济领导机关，领导经济研究所的研究工作。他提交国务院常务会议讨论，做出了双重领导的决定。在讨论时，中宣部、中组部、国家计委、中国科学院等领导同志都出席了会议。周恩来同志还语重心长地对到会的同志说：你们两边都要注意，说明白，存在什么问题，同意或不同意，都要具体讲清楚，不要弄到后来扯皮，要认真对待这个决定，凡是双重领导的单位，有时总会有一些矛盾，要好好研究一下，把它解决好，要认真落实，以利于经济研究工作的开展。通过实践，我们越来越体会到周恩来同志指示的预见性，从一开始就预料到会遇到困难和曲折，当时就敲了警钟。不仅如此，周恩来同志还深入细致地考虑如何克服工作中的具体困难。比如，办公室和职工宿舍怎么办；如何从制度上保证取得各种资料和开展研究工作的必要条件，干部如何调配；等等。这些问题，都委托有关单位，迅速顺利地一一得到解决。

李富春同志以大公无私的精神贯彻周恩来同志的指示和国务院的决定，为我们创造各种条件。他主张既然是双重领导，计委就不必另设研究和编辑机构，要合成一家，以便集中人力；指示计委要多派出一些干部，把当时计委从事经济研究、编辑和翻译人员都统统调给经济研究所。另外，还加派了一些骨干力量。仅这一批就充实了数十人。同时，在中组部关怀下又调进了若干高中级骨干力量，大大充实了经济研究所的力量。

为了接近经济领导机关，便于双重领导，经济研究所把办公室和宿舍都由中关村迁到三里河，不少高中级研究人员，有的直接参加了领导交办的任务，有的根据他们的研究课题，取得了必要的资料和条件，这就是说，在周恩来同志的亲自过问下，在短短半年内，从研究工作到后勤工作等方面，初步建立了工作秩序，打通了正常的从事研究现实经济问题的渠道和资料的源泉。我们多么怀念，多么感激啊！周恩来同志对经济研究工作的亲切关怀，他的高效能的工作效率，雷厉风行的工作作风，细致深入的工作方法，都使我们永铭难忘。

我们在这个时期内经常受到中央领导同志的教益。我在1962—1963年，陆续写了《关于全民所有制经济内部的财经体制问题》《固定资产管理制度和社会主义再生产问题》《社会主义经济计划管理体制中的利润指标》和关于积累率问题等报告。这些都是李富春、李先念、薄一波等几位副总理直接交办的任务，这里值得指出的，就是上述这些报告，虽然有的是我具名写出的，但是，在这些报告中，凝结着经济研究所广大研究人员的心血，他们付出了大量的辛勤劳动，我只不过是在他们的研究成果和资料积累的基础上，进行了一些加工。总之，在党的关怀下，促使广大经济研究人员打开了狭隘的眼界，更多地思考社会主义经济的现实问题。

尽管岁月在迅速地流逝，而我对这段珍贵往事的记忆却越来越深。忆往昔峥嵘岁月，在我们受到林彪、“四人帮”残酷迫害的日子里，广大干部怎能不反复思考，思绪万千。仅以我个人来说，在牢狱中面壁7年，清晰地回忆周恩来同志对经济理论研究工作的亲切关怀，想起这些，我就感到有无穷的力量。我深悔自己当年辜负了党和国家的委托，没有做好工作，引以为憾。过去，由于我自己没有抓紧时间，又兼自己能力太低，没有处理好上下左右的关系，使工作受到损失，使不少同志也跟着吃了苦头。但是我坚信我们遵循周恩来同志指示的精神从事严肃的经济科学研究并没有错，真理终将战胜邪恶，我们的经济理论研究工作者终将沿着周恩来同志指示的康庄大道阔步前进。

在曲折中前进

历史是没有直路的，总是在曲折中不断前进。通过几年的工作实践，经济研究所的工作比 1958 年以前大有起色。但是，正如周恩来同志所预见的，工作中出现了一些新的问题和曲折。针对这些情况，1962 年有一位研究人员曾再次写信给周恩来同志（通过李富春同志转交），反映经济研究工作中遇到的一些困难问题，并提出一些具体的建议，要求领导进一步落实。李富春同志看到这封信后，立即向周恩来同志写了报告，提出了解决的意见，并且着重指出，要“实践与理论结合，否则搞不出什么名堂。而计委也需要这种人才”。周恩来同志又亲自批示，“同意，退计委、科学院商办”。从而又进一步推动了经济研究工作的开展。

但是，前进的道路是不平坦的，我们确实也经历了一些风风雨雨，政治骗子、大野心家陈伯达和窃据“中央文革小组”领导权的那个“理论权威”❶ 处处对我们加以刁难和训斥；尤其在“文化大革命”中，林彪、“四人帮”更变本加厉，打击迫害，严重摧残了经济研究工作队伍。严酷的斗争使我们更加深了对周恩来同志的怀念，更加深了对他所规定的经济研究工作方针任务的理解，更加深了我们蕴藏在内心的对林彪、“四人帮”的深仇大恨。

当前，在三中全会路线的指引下，理论战线和其他战线一样，出现了空前活跃的大好形势，人们都在解放思想，开动脑

❶ 指康生。

筋，都在认真思考如何把工作中心转移到社会主义现代化建设方面来，如何按客观经济规律办事，以加速国民经济现代化建设的进程。十几年来，由于林彪、“四人帮”的干扰和破坏，我们的工作没有做好，欠债很多，今后一定要认真总结经验和教训，以马列主义、毛泽东思想为指导，以周恩来同志为榜样，在经济理论研究上做出应有的贡献。

关于政治经济学和经济管理问题*

最近，有很多同志提出：我们的理论水平为什么低？我想了一下。我觉得恐怕与20世纪40年代反教条主义整风学习以后发生的另一个轻视理论的偏向有关。40年代，反教条主义的整风学习，在我们党史上是一个重要的里程碑。我们在全面肯定40年代那次反教条主义整风学习的同时，现在看来，后来又发生了另一个轻视理论的偏向。特别是“文化大革命”中，把一切理论都根本否定了，不要学习。“四人帮”搞了一个愚民政策，怕群众学多了，知道得多了，更不听话。而经济学，恐怕被摧残得最厉害。我举两个典型例子。1978年我到西南、西北地区开经济科学规划座谈会。在这两个会上我才知道，西南、西北这两个地区的所有财经学院和大学的经济系都停办了。我问，是怎么回事呢？据说，当时四川的一位负责人有一句“名言”，他在处理什么问题时，发现中国的大学里有许多财经系，还有财经院校，于是就发表议论说：“做财经工作，打打算盘，算算账，还要办一个大专院校，专门研究经济学？这倒奇怪。”从此以后，四川的财经院、系都被取消了。后来回到北京听汇报时，知道全国各大区的财经院校大都取消了。如果说别的大专院校是暂时地部分停课，那么财经院校则是从原则上被取消了，连房子等一切东西都交给别的单位了。这个发明人是四川的某一个人，还是上面“四人

---

* 1979年3月9日在国家经委企业管理研究班的报告。

帮”“首长”，那就不知道了。这是一个典型的否定经济学理论的思想代表。另一个是北京大学经济系的一个工宣队员。在北京地区经济科学规划座谈会上，我听到北大的一个教授说，他们经济系的同志不听军代表“不要学习”“不要理论”那一套，他们在图书馆里啃《资本论》。有个工宣队员知道了，他说：你们还在大谈“马尾巴的功能”！用“马尾巴的功能”来比喻马克思的《资本论》，这是“天下奇谈”，也使我极为痛心！马克思一生中40多年主要就是研究政治经济学。《资本论》就是他40多年呕心沥血写成的著作。马克思有一次在病中给恩格斯写信，讲了一句伤心话，说：我死了也没有什么丢不下的，不过有两件事使我放心不下。一个是，没有给家里留下点钱，我死了，不知他们怎么生活；第二，我那个“讨嫌”的东西，至今没有把它搞完。（我记不得原话了，这意思是不错的）马克思没有说那时的第一国际解散后，国际工人运动组织还没有重新建立等。因为，他相信这些问题后人会解决的。但他认为这部书没有结果是终身遗憾，对后人也是终身遗憾。马克思的《资本论》第2、3卷原来是草稿，马克思死后，恩格斯花了10年多的时间，放下了自己的著作计划，专门帮马克思整理这个稿子。这就是《资本论》第2、3卷。第4卷是考茨基整理的，后来又经苏联经济学家重新整理，就是《剩余价值学说史》。我们看看，马克思、恩格斯对他们的理论著作，特别是《资本论》这么重视，而这位工宣队员却认为是“马尾巴的功能”。当然，更早对《资本论》诬蔑的是林彪。他说：《资本论》是外国人编的，是讲资本主义，马克思他没有看到社会主义，《资本论》对社会主义经济没有什么实际意义。后来发展成为一句等于一万句，用那个小本本就够了，等等。实际是愚民政策，叫大家什么都不懂。否定理论，否定马克思主义社会科学的理论，尤其是否定经济学，大概这10年是到了登峰造极的地步。

的确，我们经济学界工作没有做好。可是，这事由来已久。20世纪20年代，苏联新经济政策时代，关于社会主义社会要不要政治经济学，就开始有争论。布哈林认为：社会主义不要政治经济学。他在《过渡时期的经济》一书中说，政治经济学是研究资本主义经济的，资本主义经济是商品拜物教，人与人的关系被商品关系蒙蔽着，因此，研究生产关系一定要把商品拜物教揭开来，故需要政治经济学。到了社会主义社会，没有商品拜物教，人与人的关系，共产党可以自觉地进行安排。因此，就不需要什么经济科学了。列宁在看了布哈林的《过渡时期的经济》一书后，对他的这个观点做了批判。列宁说：不对！到共产主义社会还应该要政治经济学。还有第Ⅰ部类（生产资料生产）的v（必要劳动）+m（剩余劳动）同第Ⅱ部类（消费资料生产）的c（机器、原材料等消耗）的比例关系问题，还有积累和消费的比例关系问题要研究。这就是马克思的社会再生产原理，这一原理到将来还要研究。此外还有许多问题要研究。怎么不要政治经济学呢？这表明列宁当初理解得非常正确。列宁对布哈林这本书的批注，到了20世纪30年代苏联才发表，值得同志们一看。另一个问题就是关于价值规律和其他经济规律在社会主义社会还起不起作用的问题。当时有不少经济学者认为价值规律是资本主义的，社会主义不要价值规律。这些问题在1930年以前，曾经引起过经济学界的一场大争论。20世纪30年代《布尔什维克》杂志发表了一篇社论，把这次经济学讨论一概否定了，认为这都是烦琐哲学。后来就不谈这些东西了。所以30年代以后，经济科学长期处于衰落状态，不搞理论，只谈一些具体政策问题。一直到40年代以后，苏联又开始对一些基础理论问题重新研究。直到1952年斯大林的《苏联社会主义经济问题》一书出版后，大家又重新重视对政治经济学理论问题的研究。

对斯大林的这本书，应该一分为二地对待。首先应该承认这

本书对政治经济学的发展、对社会主义经济建设有很大的贡献。最重要的是它重新引起了经济学界注意对经济理论问题的研究。其次，这本书对经济工作者提出了要重视客观经济规律问题，特别是重视价值规律问题。价值规律曾经被认为是资本主义的经济规律，对价值规律的研究被认为是资产阶级的烦琐哲学。这种思想在统治了多少年以后，斯大林又重新把这个问题提出来了。他指出：要尊重客观经济规律，要尊重价值规律。这是这本书的最大贡献，也是这本书出版后好的方面的影响。但是，这本书也有不足之处，包括对价值规律的解说。认为价值规律之所以重要，是因为今天还有两种不同的所有制，还有商品交换，这种解说在今天的中国甚至国际上仍占统治地位。关于这个问题，我同国内经济学界很多同志是有分歧意见的。我是少数派。我认为：价值规律，资本主义社会、社会主义社会都存在。不同点不在于价值规律的本质、实体或规律的本身，而在于价值规律的表现形态。在资本主义社会，在无政府自发势力占统治的市场经济社会里，价值自身是无法表现的，归根结底，这个商品能不能和照什么价格卖出去是没有把握的，还要由市场的供求关系来决定。每个商品的价值要通过另一个商品来表现，通过两个商品的交换关系表现出来。所以，马克思在不少地方讲：他在《资本论》第一卷中讲的价值，其实是讲的交换价值。正确地说，是两个商品的交换关系。至于价值的实体，在资本主义社会是无法弄清的。但是，价值的实体本身，就是在社会主义社会也存在的。社会主义社会生产任何东西要不要计算物化劳动和活劳动？当然是要计算的。有的同志说：你那不叫价值规律，叫作节约劳动的规律。我说：这样说只是名词的争论，没有必要，我可以让步。但这又不完全是名词的争论，因为恩格斯讲过：什么叫价值？价值是生产费用同效用的关系。这是 1844 年恩格斯在《政治经济学批判大纲》那篇文章中说的。当时他只有 24 岁，这篇文章是马克思主义的第一篇经济学论文。苏联和中国的许多经济学家认为恩格斯那时还没有成熟。我完全不能同意这种说法。因为恩格斯在1877年批杜林时讲到将来用不到价值时，他马上又重新做了注解。他说：我在1844年的那篇文章中讲，价值是费用与效用的关系，在这个意义上的价值，到将来共产主义社会还有。此外，在《资本论》中，在马克思的经济学手稿中，有很多地方讲过这样的话，就是说，从另一个意义上讲，价值的实体将来还是有的。因此说，节约时间的规律，广义的价值规律（不是商品经济的价值规律）将来还是有的。这一点大多数经济学家已都承认，不过暂时变成了文字争论。到底叫不叫价值规律，这可以考虑。但我觉得既然马克思、恩格斯都说在这个意义上的价值规律将来还有，由此可见，价值规律这个词还可以用。因为节约时间这个词没有价值这个词确切。怎么计算经济效果？这是个大事。光叫“节约时间”，这话不能把“费用与效用的关系”这个意思表达得更完整，所以我主张保留价值这个词。这样就应该承认价值规律有两个意义：一个是资本主义经济的意义；一个是社会主义、共产主义经济的意义。

我说斯大林这本书（《苏联社会主义经济问题》）要一分为二。我特别不同意的是他对生产关系、生产力定义的解说。我要说明：斯大林这本书在初出版时，我根本没有看出毛病，只感到很好。到1956年以后，开始感到斯大林对价值规律的解说有些偏。一直到“文化大革命”中，在7年的监牢生活中，我有机会静下来想我的政治经济学观点；出来以后，看书比较自由，我发现斯大林对生产关系、生产力的解说同马克思、恩格斯的意见是相违背的。关于我对斯大林的生产关系、生产力的定义的不同看法，希望开展讨论。我认为这不是一个抠概念、定义的问题。这个问题实际上涉及我们当前经济工作中的很多具体问题。

最早指出斯大林这本书有缺点的是毛主席。如斯大林主张生

产资料不卖给农民。毛主席说：这是不信任农民。不过附带说一下，我们在这个问题上恐怕是走上了另一极端，就是完全不搞国营拖拉机站。恐怕还是要两结合。我们不要像斯大林那样完全不把机器卖给农民，也不是不搞国营拖拉机站。我看南斯拉夫、罗马尼亚比较活跃，有两种形式，集体也买，国家也办。毛主席虽然最早批评了斯大林这本书，但是关于生产关系、生产力的定义，他也接受了斯大林的观点。一直到最近，我们有些同志在讲这个问题时都是引用斯大林的定义。因此，我在兰州讲这个问题时放了一下，后来新疆有个同志写信，说我孙冶方名为批斯大林，实际是批到毛主席头上了。其理由是斯大林说生产力的因素是两个，即劳动力和劳动工具；毛主席（《毛泽东选集》五卷）也说生产力就是劳动力和劳动工具，是两因素论。而我主张劳动对象也是生产力的因素，是三因素论。其实这个争论在解放初就有，并且，《毛泽东选集》上的两因素论未必就是毛主席的真实思想。我们的老经济学家王学文同志就曾经同苏联专家争论过这个问题，苏联专家扣他反马克思主义的帽子。据中央党校的同志讲：当时中央党校，包括艾思奇同志在内，也批判过王学文同志。但后来毛主席在一次中央会议上讲过生产力包括三个因素，说这个观点是对的。艾思奇同志在党校曾经正式传达过毛主席的讲话，还在党校政治经济学教研室做了检查，说过去批王学文同志是批错了。党校政治经济学教研室很多老教员还保留着艾思奇同志这次传达的记录。可是，《毛泽东选集》第五卷上还是“两个因素”的观点。这是怎么回事，不清楚。我认为生产力包括三个要素。为什么？下面讲，现在先讲生产关系这个定义。

斯大林对生产关系的定义同马克思、恩格斯不一样。而正确的是马克思和恩格斯。斯大林说：他的定义虽然同恩格斯的定义不一样，但是，已把恩格斯的意见包括进去了。我说，斯大林的说法不对，不仅没有包括进去，而且斯大林的定义是集蒲鲁东和杜林定义的大成。我们当前经济工作中一连串的问题，包括政治生活中20多年来的阶级斗争扩大化，同这一定义有关。这不是无中生有。

现在先把马克思、恩格斯的定义说一说。恩格斯对政治经济学的定义是在《反杜林论》第2编第1章《政治经济学对象和方法》里讲的。恩格斯说："政治经济学，从最广的意义上说，是研究人类社会中支配物质生活资料的生产和交换的规律的科学。生产和交换是两种不同的职能。没有交换，生产也能进行；没有生产，交换……便不能发生。这两种社会职能的每一种都处于多半是特殊的外界作用的影响之下，所以都有多半是它自己的特殊的规律。但是另一方面，这两种职能在每一瞬间都互相制约，并且互相影响，以致它们可以叫做经济曲线的横座标和纵座标。""随着历史上一定社会的生产和交换的方式和方法的产生，随着这一社会的历史前提的产生，同时也产生了产品分配的方式和方法。"但是，随着分配上的差别的出现，也出现了**阶级差别**。社会分为享特权的和被损害的、剥削的和被剥削的、统治的和被统治的阶级。"可是分配并不仅仅是生产和交换的消极的产物；它反过来又同样地影响生产和交换。每一种新的生产方式或交换形式，在一开始的时候都不仅受到旧的形式以及与之相适应的政治设施的阻碍，而且也受到旧的分配方式的阻碍。新的生产方式和交换形式必须经过长期的斗争才能取得和自己相适应的分配。但是，某种生产方式和交换方式愈是活跃，愈是具有成长和发展的能力，分配也就愈快地达到超过它的母体的阶段，达到同到现在为止的生产方式和交换方式发生冲突的阶段。"（这句话的意思是说：如果生产和交换的方式愈是发展，必然逼着分配方式最后也要改变过来。我们的工资制问题很多，可是自从制定出来以后，20多年没有改变，这和我们的生产、交换还不活跃，恐怕是有关系的。——作者注）最后，恩格斯总结说，政治经济学是"一门

研究人类各种社会进行生产和交换并相应地进行产品分配的条件和形式的科学”❶。一句话，就是说生产关系（政治经济学研究的对象）应该包括生产、交换、分配三个方面。这是恩格斯的定义，同时也应是马克思的定义。因为，恩格斯在这本书的英文版序言中说过：他这本书，实际上是同马克思共同写的。特别是第二编《政治经济学》中间有一章是马克思亲自执笔的。恩格斯每写完一章后，都叫马克思提意见，他再修改。所以，这个定义我们应该肯定是马克思、恩格斯共同的定义。

现在再讲斯大林的定义。斯大林在《苏联社会主义经济问题》中《关于尔·德·雅罗申柯同志的错误》一文中说：“政治经济学的对象是人们的生产关系，即经济关系。这里包括：(1) 生产资料的所有制形式；(2) 由此产生的各种不同社会集团在生产中的地位以及他们的相互关系，或如马克思所说的，‘互相交换其活动’；(3) 完全以它们为转移的产品分配形式。这一切共同构成政治经济学的对象。”❷

斯大林的定义，生产关系就是所有制、不同社会集团在生产中的相互关系和分配这三项。而马克思的定义也是三项：生产关系（就是直接生产过程中的关系），交换关系，分配关系。斯大林的定义没有交换。斯大林接着说：“这个定义中没有用恩格斯定义中的‘交换’一词。所以没有用，是因为交换一词通常被许多人了解为商品交换，这种交换不是一切社会形态而只是某些社会形态所特有的现象，这有时就会引起误会，虽然恩格斯所说的‘交换’不仅是指商品交换。但是恩格斯用交换一词所指的东西，显然在上述定义中已作为其组成部分包括在内了。因而，政治经

❶ 恩格斯：《反杜林论》，《马克思恩格斯选集》，第3卷，第186—189页，北京，人民出版社，1972。

❷ 斯大林：《苏联社会主义经济问题》，第58页，北京，人民出版社，1961。

济学对象的这个定义，就其内容讲来，是和恩格斯的定义完全符合的。”这是斯大林对这个定义的解说。但是我认为斯大林没有把恩格斯定义中“交换”的内容包括进去。

斯大林对生产关系的定义同马克思、恩格斯的定义比较有两个特点。第一个特点是他突出了所有制，在生产、交换、分配以外来研究所有制。第二个特点是，他的定义中没有交换。现在我先讲斯大林的定义同马克思、恩格斯定义的第一个不同点，就是他在生产、交换和分配关系之外来研究所有制。这原是蒲鲁东的意见，是马克思批判过的。在中文本《马克思恩格斯选集》第4卷，马克思、恩格斯书信选辑第二封信马克思答复俄国经济学家安年科夫关于对蒲鲁东的《贫困的哲学》一书的看法时讲的。这里我又要先抠抠字眼了。我认为对经济学的概念不清，要谈经济学是谈不清楚的。所有制这个词，正确的翻译应该是财产。过去翻译都是这么翻的，不知道从什么时候改的。例如，恩格斯的《家庭、私有制和国家的起源》这本书，当初翻译的是《家庭、私有财产和国家的起源》。不知道什么时候改成了现在的译名。我认为家庭应改译为家族。因为那时家庭的概念，不是现在的小家庭，而是大家族。把私有财产改为私有制，我认为改得不大好。成老（成仿吾）也是极力反对的。他对编译局《共产党宣言》的译本有意见。他另外译了一本，把所有制改为财产，把私有制改为私有财产，我是赞成的。从俄文、德文的含义来看。所有制的含义有两个：一是财产，一是财产的所有制度。而在政治经济学里面讲的所有制问题是具体讲私有财产本身。我们看恩格斯《家庭、私有制和国家的起源》这本书，就是讲私有财产最初在原始社会末期是怎么形成的，就是讲具体的物质财富本身。把私有财产问题孤立地提出来研究，最早是蒲鲁东。他脱离了生产关系的变革来解决私有财产问题。马克思在这封信里说：蒲鲁东先生把财产问题的研究放在首位，离开了经济关系来研究，这不

仅是一个方法上的错误，而且是法学、形而上学的幻想。他在《论蒲鲁东》和《哲学的贫困》中又说：要把财产问题讲清楚，就得把生产、交换、分配整个生产关系从头说一遍。马克思不把财产问题列入政治经济学的研究对象，并不表示他不重视财产问题的研究。马克思在《共产党宣言》中讲过：共产党人对于一切改变所有制的革命都赞成。革命的中心问题就是改变财产问题。在《资本论》中他有一个注释，他说：古代罗马的历史秘密，归根结底是一个财产制度的变革问题。马克思所说的政治经济学的研究对象是生产、交换、分配，实际上都是一个财产问题。但是马克思不在生产、交换、分配三种关系之外，孤立地去研究财产问题（或所有制问题）。生产，研究什么呢？是研究劳动者用谁的生产资料，谁所有的生产资料来进行生产，生产出来的东西又归谁所有；交换，研究的是交换者是用谁生产、又归谁所有的产品来同谁交换；分配更是这样，分配的产品是谁生产的，归谁占有的，又分配给谁，所以都是一个财产问题。既然生产关系，生产、交换、分配讲的都是财产问题，那么，斯大林的定义把所有制突出来讲有什么不好呢？不好之处，就是马克思所说的会变成法学和形而上学的幻想（因为“财产”或“所有制”是一个法学概念），会变成离开生产关系来研究生产。再说，这还会给实践带来很大的危害。我们中国20多年的阶级斗争扩大化就与斯大林下的这个定义有关。20多年来我们经济上有很多问题，特别是合作化以后，专在所有制或者说财产形态的不断升级上来做文章。所有制的解决，是革命的中心问题，这是不错的。三大改造，是我们革命的一个中心内容。但是当大工业已经完全掌握在国家手里，另一部分私营工商业我们把它管住了，到1956年已改造过来了，再加上银行、信贷都在我们手里，有没有必要把农业的所有制问题那么急于解决？过去，我对这套做法没有怀疑过，看了马克思对生产关系的定义以后，我开始怀疑。我觉得我们在工商业改造方面是比较稳的，做得比较好。但是，对农业的改革，互助组时代做得不错，互助组变成初级社，做得也还不错。那时毛主席有过话，要通过典型示范，用实际例子来说服，使农民相信，集体生产比个体生产优越，经过三个五年，实现集体化、机械化。可是初级社马上变成高级社，在一年之间过渡了；而高级社到公社化，中间只有一二年。在所有制上不断地做文章，而对当时的生产力水平与生产关系究竟怎么样没有考虑，这就是马克思所说的离开了生产关系，单纯为了改变所有制而搞所有制。这中间就不断碰到问题，互助组改初级社还好，生产力好像没有多大破坏。初级社改高级社杀了一大批耕牛，尤其是高级社变公社，宰杀耕牛更是大批的。所以，三年困难以后，陈云同志起草了一个文件，我记得他讲经济恢复要三五年。他的根据就是耕牛的交配、怀孕、小牛长到可以耕作的年限要五年。我们觉得这是很科学的，是根据生产力的恢复来讲的。可是八届十中全会批右倾时，有的人提出，这右倾保守思想不是来自下面，而是来自中央、中央的文件。毛主席问是不是指陈云起草的文件？他说就是指这个文件。现在看，陈云同志关于五年恢复国民经济的意见还是对的。联系这些概念、范畴、定义，想想过去一二十年的历史，我觉得我们对马克思、恩格斯的有关概念、定义、理论范畴不是抠得太多，而是忘得太多了。由于不断地把所有制升级，就不断地违背了生产关系要适合生产力发展水平的客观规律，结果阻力愈来愈大，斗争愈来愈尖锐。记得“反右”时，有人说：农业集体化早了，受到了批判。现在看来，集体化时间不能说早了，而是过分快了。按原来毛主席的想法，按自愿的原则，三个五年计划完成，恐怕反对的意见不会那么多，彭德怀同志的“万言书”对当时公社化也提了意见。我对这个问题提得对不对？大家可以讨论。我认为所有制问题不断升级，同当初毛主席自己说的三个五年完成集体化也是违背的。这是造成当时党内

外很多人不同意见的重要原因之一。由于有不同意见，就发生了路线斗争，结果不断加强阶级斗争，引起阶级斗争扩大化。而这个阶级斗争是主观造成的。

斯大林对生产关系的定义不同于马克思、恩格斯定义的第二个特点是，没有流通，没有交换。斯大林说：他的定义已把恩格斯所说的交换的意思包括进去了。他还认为：不把交换单独列出来，是因为一般人把交换当作商品交换，怕引起误会。我认为这不成其为理由。例如，斯大林在《苏联社会主义经济问题》中讲价值规律，在他看来价值规律是商品经济的规律，可是他还是强调了。那么，为什么因为怕人家误会交换是商品交换，就不讲交换呢？而且他也承认至少在目前阶段还要商品，所以我认为他说的理由是不能成立的。实际上，马克思主义者对蒲鲁东有过评论，苏联经济学家卢森贝在他写的《政治经济学史》里边对蒲鲁东有这么一个评价，他说：蒲鲁东同别的空想社会主义者不同，如圣西门、傅立叶等人，他们强调改造资本主义社会私有制下面的生产过程；而蒲鲁东认为资本主义的一切祸害主要在流通过程中，所以他强调改造资本主义的流通过程，改造市场，否定流通，否定商品交换。苏联的经济学以及斯大林的定义，不把交换单独列出来作为生产中间的一个项目，恐怕真的思想根源是在这里。苏联过去几十年中以及我们第一个五年计划中接受来的这种交换的模式，这套制度，特别是生产资料供应办法，把千千万万种不同规格的原材料不通过供、产、销之间的商品交换或产品交换的办法，而是集中在物资管理局，用配给的办法来代替交换，就是反映了斯大林的否定商品交换、否定社会主义社会流通过程的思想。我认为：不仅今天存在集体所有制时要强调商品交换，就是将来到了共产主义社会，都是全民所有制了，按需分配了，消费品不用买卖的形式了，还是需要讲产品等价交换的。我想起了刘少奇同志讲等价交换所说的一段话。他说：不仅国家与农

民、工农业产品要讲等价交换，轻、重工业之间也要讲等价交换。他举了沈阳与上海的例子，轻、重工业产品价格高低不平，这样交换，重工业地区要吃亏，轻工业地区占便宜。这就涉及在共产主义社会里，在全民所有制内部，还要讲价值规律的理论问题。这还涉及列宁说的到了共产主义社会我们还要讲两大部类的交换（即生产资料生产部门的 v + m 和消费资料生产部门的 c 的比例关系问题）。如果价格不合理，这两大部类的比例关系怎么计算。这是从全国的再生产的比例关系来说的。从各个工厂来说，虽然都是国家的、社会的工厂，但是要不要核算成本？如果把轻工业产品的价格算得很高，重工业产品的价格算得很低，二者交换，怎么算成本？怎么独立经济核算？讲了几十年的价值规律，等价交换，归根结底，至少在今天来说就是一个价格问题。价格定得不合理对农民就是无偿剥夺。在将来，到了共产主义社会愈要讲节约劳动，在这意义上就愈要讲价值规律，如果对价值量估得不正确，就无法进行经济核算。我一直承认，今天我们强调价值规律，不仅是为了要注意国家和农民、全民和集体之间的交换，不要搞无偿剥夺（对农民）；而且是为了经济核算，为了生产资料生产与消费资料生产（包括农业）相互之间正确地计算它们的比例关系以及生产单位的经济核算。为了每个企业的经济核算、节约劳动、节约成本，也要讲企业之间的等价交换。所以，在这个意义上讲，叫作价值规律也好，叫作节约劳动规律也好，是**永远要尊重的**。而现在全民所有制企业内部的交换、物资配给，完全是集中的办法。我们是自上而下的，往往是上面订了计划逐级分下去的，不是像南斯拉夫那样自下而上综合平衡的。所以，往往计划会议、物资会议开得很长，结果还是留缺口。现在物资会议开得比过去少了一些，但采购人员满天飞。这都说明我们流通过程的关系存在许多值得研究的问题。在产品从一个企业到另一个企业之间，从生产者到最后消费者这中间经过的过程，都是流通过程，都是交换。而过去，全民所有制内部的物资配给不承认是交换而称作分配；所以斯大林的定义把这交换去掉了。斯大林认为：生产过程中间不同集团的相互关系，或“互相交换劳动”已经把交换这个意义包括进去了。根据恩格斯的观点，我认为：这个交换，同企业内部车间与车间、工段与工段、领导与被领导那种交换劳动是另外一种意义的交换，企业内部的“交换劳动”不是经过产品交换进行的。独立核算企业之间的交换同车间之间的交换劳动，分工合作，是不同的办法。企业之间是通过产品交换（今天有的还是商品交换）来进行的。即使由两种所有制变成单一的全民所有制以后，企业之间的交换还要讲等价原则。这就是我的观点。企业之间、部门之间、两大部类之间相互交换，如果不按等价交换，比例关系就说不清楚。记得第一个五年计划末期，毛主席看了计委的一个“草案”，“草案”中说全部财政收入中来自农业的占百分之十几，来自工业和其他部门的占百分之八十几。毛主席问富春同志：怎么我们一二亿农业的全部劳力对国家贡献只有百分之十几，而一千多万产业工人的贡献却那么多，这个账是怎么算的？富春同志就指定计委和国家统计局的几个人去研究这个问题。我因为1956年到苏联考察时，富春同志叫我去摸过这些问题，所以我说：这就是工农业产品的剪刀差或不等价交换的问题。农民对国家的贡献，苏联经济学家叫作通过价格杠杆变成重工业、轻工业部门的利润表现出来。那个“百分之十几”，我们仅仅是算的公粮部分，后来我们通过国际市场上几种主要工业品、农产品的比价以及抗战以前工农产品比价计算，农民的贡献至少占整个财政收入的30%～40%（但是国际市场以及抗战以前工农产品的比价本身就有“剪刀差”）。现在农、轻、重的比例也是不能真正反映实际情况的。这就是由于否定社会主义社会里存在一个流通过程的结果。20世纪50年代末60年代初，中央要各大专院校经济系和经济研究机关都写一本社会主义政治经济学教科书，在讨论如何写的时候，有人就提出我们全民所有制内部没有流通，我们的物资都是计划分配，是分配关系，不是流通关系。当时苏联的列宁格勒商学院有一教授发表了一篇文章，他说：从现在看来，我们社会主义社会也应该承认流通过程才好。由此可见，过去苏联的确也是没有流通这个概念的。所以，我回想起来斯大林这个定义把流通过程否定掉了，这对理论工作、实际工作的不良影响是很大的。他一直到逝世前写《苏联社会主义经济问题》这本书时，才承认有商品经济、商品价值规律，并提出要按客观经济规律办事；但是，还不彻底，还否定交换，否定流通过程，在历史上是反映蒲鲁东和杜林等小资产阶级分子的思想。关于这个问题，恩格斯对杜林是批得很厉害的。杜林说："在一切经济问题上，可以区分为两种过程，即生产过程和分配过程。""交换或流通只是生产的一个项目，使产品达到最后的和真正的消费者手中所必须经历的一切，都属于生产。"恩格斯说："杜林先生把生产和流通这两个虽然互相制约但是本质上不同的过程混为一谈，并且泰然自若地断言，排除这种混乱只能'产生混乱'，他这样做只不过是证明，他不知道或不懂得正是流通在最近50年来所经历的巨大发展。"❶ 恩格斯认为：在他写《反杜林论》前50年中间，变化最大的，不是生产过程，而是流通过程。因此，杜林把流通过程否定掉，就没法懂得资本主义社会的经济。我们社会主义社会现在也不能没有流通过程。我们从资本主义私有制改变为全民、集体两种公有制以后，流通中间的问题更多了。零售商业，表面上看对象是几亿工农个人消费者，但是这方面问题不人，如果说有问题，是生产上的问题，生产不足，所以要凭证供应。还有服务态度问题，那不属于政治经济学对象。可是国营企业之间工、工关系和工、商关系，问题

❶ 恩格斯：《反杜林论》，《马克思恩格斯选集》，第3卷，第192、193页，北京，人民出版社，1972。

很多。现在用一个物资供应局把成千上万种产品统一分配，这就是否定流通过程的一种做法。还有全民同集体的交换，在交换中把农民的负担，通过价格杠杆、“剪刀差”来取得，我认为这办法是不好的。我有个设想，除了由财政掏腰包，减轻一部分农民的负担、解决一部分“剪刀差”问题以外，可否通过一方面对农产品提价，另一方面把农民应该负担的那部分变成公粮。就是说把农民的负担由通过价格杠杆的暗拿办法，变成明拿（直接税）的办法。但是要把公粮的负担额固定下来若干年不变动。这样做的好处是在缴足公粮、留足口粮之后，每多生产一斤粮食，农民就可以收回全部价值。农民增产粮食的积极性就提高了。

我强调社会主义应该要流通过程。否定流通，不仅是两种所有制之间搞不等价交换，而且弄得农民要花钱就必须走别的路，而一走别的路就挨批：“弃农经商”。乱扣帽子，把流通否定掉了，我们自己把自己搞死了。这个流通过程，涉及体制问题，改变起来牵涉面很广；但是这个问题必须解决。

上面讲了我对斯大林关于生产关系定义的两点意见。现在再讲讲我对斯大林关于生产力定义的意见。斯大林在《联共党史》的《辩证唯物主义与历史唯物主义》一节中，认为生产力只有两个要素，即劳动力、劳动工具，没有劳动对象。我认为这同马克思的观点是不符的。这也是经济学中的一个争论问题。否定劳动对象是生产力的一个要素，这涉及今天我们实现四个现代化的一个实际问题。马克思在《资本论》里讲：劳动过程的简单要素是：有目的的活动或者说劳动本身（就是劳动力），劳动对象，劳动资料。[1] 而斯大林的定义没有劳动对象。解放初，苏联专家（人民大学的教员）和王学文同志对这问题曾有过争论。苏联专家说：马克思讲的是劳动过程三要素，不是讲的生产力三要素。

---

[1] 马克思：《资本论》，第1卷，第202页，北京，人民出版社，1975。

我认为这是没有理由的。因为生产力是从劳动过程中出来的，不劳动哪有生产力呢？因此，劳动过程的要素应该就是生产力的要素。现在大家仍然沿用斯大林的定义。即使毛主席在有的地方讲生产力两要素，没有讲劳动对象，但毛主席在很多地方也讲到了。如讲我国人口众多，地大物博。地大物博就是劳动对象。马克思说：土地，在经济学上，包括水利资源在内，就是劳动对象，最初提供人类吃的东西的就是土地。我们把它作为我们最初的劳动对象，打猎、捕鱼，后来搞农业，这不仅是一个概念，今天来说，在我们实际工作者、自然科学工作者面前都提出一个问题，那就是原材料的革命。当有人讲石油危机时，自然科学家否定会发生能源危机，认为油和煤没有了，还有太阳能、原子能、水力等能源。我当时在监牢里也相信能源不会没有。可是，我又想，如果金属矿挖光了，怎么办？后来见到报纸上讲用合成材料代替金属，用合成材料做的齿轮耐磨程度超过金属齿轮。我想出路有了。后来我又请教一位化学家。我问为什么苏联钢铁产量超美国，而整个生产水平没超过美国。他告诉我，美国的合成材料工业超过苏联。美国的合成材料产量：1973 年 1253 万吨，1974 年 1233 万吨，1975 年 1100 万吨；而苏联 1974 年只有 250 万吨，1975 年只有 280 万吨。1 吨合成材料可代替 6 吨钢材用，美国以平均年产 1200 万吨合成材料计，可代替钢材 7000 万吨使用量，再加上钢产量美国可达 2 亿吨，而苏联只有 1.7 亿吨。我对这位化学家说：现在合成材料可代替钢材，那么生产力三要素的问题不仅是经济学的问题，而且是当前经济建设中的现实问题，也是化学工程师如何发展合成材料代替金属材料的科技研究课题了。我认为这是劳动对象的一场技术革命，即原材料的一场技术革命。现在的自然科学家讲四个现代化，讲的都是劳动工具革命，讲的都是原子能、电子计算机自动控制等，这都是劳动工具问题，而合成材料的出现属于劳动对象、原材料的革命。因此，现

在的生产力“三因素”和“二因素”的争论是涉及现实的经济建设问题，自然科学研究的课题。这位化学家很同意我的意见。他说：我对经济学不懂，但是，化学现在的确面临着一个新的革命。他给我看了1976年英国化学学会年会上学会主席鲁滨逊的开幕词，题目就是《化学和新的工业革命》。他说，钢铁产量到21世纪中期将要逐渐下降。因此，现在化学家正在研究如何用陶瓷产品或合成材料来代替金属材料。他认为合成材料前途很大，可以代替金属材料，而且化学家正在研究制造合成材料的原材料的革命。现在制造合成材料的原材料是天然气、石油气、煤气。西方的化学家正在研究用快速生长的微生物，把它放在一定条件下让它繁殖，同太阳能合成一种木质素，用木质素来做合成材料的原料。因为现在化学家考虑到将来天然气、石油气终有枯竭的一天，因此现在就要考虑在天然气、煤、石油等枯竭以后，用什么东西来代替它们，作为制造合成材料的原材料。这就是说制造金属材料的代用品——合成材料的劳动对象，又在考虑进一步的革命。在轻工业方面用合成纤维代替天然纤维也是劳动对象的革命。这问题，经济工作者、自然科学家都要重视研究。在金属用完后，恐怕就是要靠化学了。我们应该一方面尽量推广合成材料，节约现有金属的使用；另一方面做将来全部代替金属的准备。自然科学家应该研究这个问题。劳动对象是生产力的一个要素的问题，我在攀枝花钢厂参观也得到了启发。这个厂在分离钒、钛铁矿时，由于钒、钛分离不出来，浪费了钒、钛，污染了环境。可是坏事也变成了好事。由于钢铁里面含有这种元素变成了合金钢，用它做车床比一般钢铁做的车床耐磨程度似乎要提高10%。这也是提高生产力。因为这种含钒钛的钢，1吨可以抵1.1吨用了，不也就是等于提高了10%的钢铁生产能力吗！这怎么能说劳动对象不是生产力的要素呢？总之，我对斯大林生产力两要素的定义是不同意的。请同志们考虑。这个问题应放到议事日程上来。特别把合成材料的材料作为自然科学的研究题目，不要让英国化学家独占了这个题目。我们也应该做专题研究，这问题应在全国经济学界、自然科学家中间反复宣传。我认为苏联原材料品种规格不如先进的资本主义国家，这与斯大林的定义否定劳动对象是生产力的要素之一是有关系的。

我讲了这几个定义、概念，又有些抠定义、抠概念的味道。然而概念不清或概念混淆是搞不好经济学的。事实上我们现行的这一套管理体制、计划统计报表的指导思想，都是 20 世纪 50 年代从苏联来的，都是在斯大林的突出所有制，否定流通过程（自然经济观），只重视劳动工具的革新而不重视劳动对象（原材料）革命的思想指导下形成的。或者反过来说也一样，斯大林的生产关系和生产力的定义也正是苏联当时的经济模式的理论概括。斯大林的这些定义、概念对我们有很大的影响，你不管它，它管着你。所以，我们在南斯拉夫、罗马尼亚考察时，曾经得出一个结论，把 20 世纪 40 年代、50 年代从苏联搬来的这套模式，丢得愈早，愈彻底，发展就愈快。当然不是把有用的也丢掉。过去我们批别人，把一些有用的也批掉了。三年“大跃进”，来了个“共产风”，唯意志论，这十年“文化大革命”唯意志论又大泛滥，结果把一些有用的东西丢掉了，应该丢掉的倒没有丢掉。所以我们对过去这一套不是来一个全面否定，而是来一个一分为二，有些保留，有些否定，包括对斯大林这本书在内。

过去有一个哲学概念，叫作平衡是相对的，不平衡是绝对的。这把比例关系根本否定了，这是不对的。到底要不要平衡，平衡好，还是不平衡好，这问题要弄明白。我们应尽量争取平衡，不能留缺口。留缺口，毛主席在第一个五年计划期间是批评过的。毛主席是强调要留有余地，可是后来一直没有这么做，一直留有缺口。我觉得这就涉及体制问题。过去的这种体制不改是不行的。

（因时间关系，体制问题没讲完。但我在讲话时说过一句话："体制改革的中心问题是取消物资局。"这句话可能会引起误会，认为取消了物资局，体制问题就解决了。相反，取消物资局是体制改革的结果，而不是体制改革的开始。我认为体制改革的中心问题，是建立企业的产、供、销平衡的合同制，并且在基层单位的合同制基础上建立自下而上的全国的综合平衡计划。只有企业产、供、销平衡的合同制建立起来以后，物资局才能取消。否则就会把事情搞乱。——作者附注）

关于固定资产管理体制改革的一点看法*

不久前，我有机会到西北和西南地区的一些工厂作了点调查，感到有不少经济理论问题和实际工作问题需要研究讨论。现就有关财经管理体制的改革问题，谈一点看法。

毛泽东同志曾反复讲过要发挥中央和地方两个积极性；大权独揽，小权分散。这个问题如何具体实行，比较复杂，但确实很重要。我曾在1963年写过一个内部研究报告，主张在原有资金范围内，即马克思所说的简单再生产范围以内，把设备更新的权力下放给企业，加强和扩大企业的经济核算责任。现在我们的企业，名为独立经济核算，实际上只在一定程度上核算流动资金占用，不核算固定资金。这样就会带来一些问题。

1. 我们的企业多要了设备，并不相应地多承担上缴利润的责任。因此，大多数工矿企业争着多投资，多买新设备，而对设备的利用率如何，却没有一个综合的考核指标，我主张企业上缴利润的任务应该按他们占用的资金数量来定，从而价格也要按资金利润率（生产价格）来定。我的主张过去被认为是资本主义原则，这实质上是说，我们国家全体劳动人民血汗凝成的真正的积累包括固定资产是不能“算账”的。

2. 我们的企业对固定资产即设备的管理权是不完全的，具体

* 本文原载《文汇报》，1979年4月11日。

表现在固定资产折旧基金的管理办法上。现在的管理办法是把折旧基金分为三部分：最大一部分是设备的更新基金，其中很大一部分上缴中央和地方财政部门作为财政收入，用于新的基本建设投资，企业无权过问。其余的，一部分用于大修理，归企业使用，但是动用时必须上级层层批准。企业有全权使用的只有折旧费的一小部分，也就是设备的日常维修费用。而且第二部分大修理费和第三部分小修理费是不能互相挪用的。我在攀钢考察时，参观了一个发电厂，厂的财务科长告诉我说，他们的大修理费有四百万元，现在没有用；小修理费 280 万元，由于技术革新多，维修费用大，已经用完。现在搞设备维修和技术革新没有钱，又无权动用大修理费。他们说："合理的不合法，合法的不合理"。

3. 固定资产管理上的另一个问题是折旧年限过长（25 年）。19 世纪，资本主义国家设备更新一般是 10 年，经济危机周期也是 10 年一次。到了 20 世纪，特别是第二次世界大战后，经济危机每隔三五年发生一次，设备更新的时间更短了。按照我们规定的折旧年限就是意味着我们的技术设备的经济价值要经过 25 年之后才会完全丧失。为这种折旧制度辩护的一个理由是我们国家穷，应该爱惜现有的设备，提倡修旧利废。提倡修旧利废无疑是对的，但不能过分强调一面，必须统筹安排。一台名为旧设备，实际上只保留一个空壳，里边的零部件完全换了。由于这种改装是用手工艺方式进行的，旧设备变成了手工业工艺品，它的"改装修理费用"比买一台新设备还贵，真是"豆腐拌成了肉价钱"。而且还得大大增加维修工人。所以这种勤俭办厂，实际是勤而不俭。

我们现在实行的这一套固定资产管理制度，还是第一个五年计划时期从苏联搬来的。据攀钢的同志说，现在的修理还是遵守着"不变型不增值的原则"，我认为这是冻结技术进步的小生产管理办法，是与加快四化步伐相抵触的。

我主张，固定资产的折旧时间要大大缩短（例如至少先缩短为十年），原则上全部折旧基金应该下放给企业（不是省市），同时企业也承担经济责任。如果某企业要收摊子，或是不需要再扩大生产规模了，那就可以把折旧基金全部或部分上缴。我们应当相信，对于企业中什么设备应彻底更新，什么设备应该大修，什么设备只要进行小修等问题，企业的领导干部、技术人员和工人应当说比上级的计划机关、财政部门和业务主管部门知道得更清楚。因此，设备更新的责任下放给企业为好。当然，上级财务部门和业务部门应分别从财务和业务的角度进行监督检查。

在无锡全国价值规律理论研讨会闭幕式上的发言提纲*

（一）1959年上海经济学理论讨论会到1979年无锡经济学讨论会，20年间经济学界的变化：

1. 队伍
2. 理论水平
3. 学风

各方面有显著变化，这次会议的显著特点就是有大批实际工作部门的同志参加，理论工作者和实际工作者共聚一堂，有互相学习，交流意见的机会。今后，我们财经实际工作者和理论工作者必须共同携手、密切结合，搞好经济学理论研究工作，把这次会议的优良会风坚持下去（理论结合实际的作风）。

（二）我作为一个理论研究工作者完全拥护薛暮桥同志关于理论研究要联系实际的重要性。

我个人切身体会到理论脱离实际工作的干巴巴的教条主义坏影响，1925—1930年在莫斯科留学时养成本本主义，教条主义的不良学风。40年代毛主席发起的，反教条主义，反党八股的整风学习运动，第一次给我敲起了警钟。

---

* 1979年4月16日至29日，中国社科院经济所、国家计委经济所、江苏哲学社会科学研究所联合召开的“全国价值规律理论讨论会”在无锡举行。此系4月29日在闭幕会上的发言提纲。

从1945年抗日战争胜利后我转入财经工作岗位，1957年到经济学研究机关做研究工作以后，仍未离开计划统计部门（一直到1964年受批判为止），更深切感到从本本出发搞研究工作是没有出息的，是不行的。

（三）面对当前革命和建设的任务，经济学自己的担子、任务很重。必须继续坚持理论联系实际的优良学风，毛主席提倡的学风。为建立结合中国实际的马克思主义的社会主义经济学，写出几本书。

刚才暮桥同志讲了理论必须结合实际的问题。我想侧重讲讲实际工作结合理论的问题。

（四）首先我们的经济学理论水平很低（务虚会的意见）。为什么呢？当然理论工作者首先应作自我检查。但也不能完全归罪于理论工作者的主观责任。也不能把一切归罪于林彪、“四人帮”的破坏。

我觉得自从40年代的反教条主义整风学习运动以后，在反对教条主义、党八股的不良学风之后，出现了另一种偏向——忽视学习、忽视理论的偏向。这是违背毛主席号召的。毛主席早告诉我们（“实践论”引斯大林语录）……列宁的话：“没有革命理论，就不会有革命的运动”。

毛主席号召我们学点哲学……经济学，……学点历史学。

可惜这指示没有被贯彻。

（五）林彪、“四人帮”时代更对理论研究，尤其是对经济学研究大肆摧残：

谬论有：

林彪：马克思离我们远，他不知道社会主义。

迟群（北大军代表）的爪牙：把《资本论》学习说成是研究“马尾巴功能”。

刘兴元："打打算盘，还要办大专院校。"

（六）除了糟蹋马克思的政治经济学外，林彪、陈伯达、"四人帮"还有他们的那个顾问，还散布了不少谬论，如"唯生产论""业务挂帅""利润挂帅"等。在企业管理，反对所谓"管、卡、压"等。因此当前经济调整工作比之1962年时提出八字方针时，多一个繁重任务，那就是澄清思想，尤其是经济思想的任务。因此，我们的理论工作者和实际工作者必须联合起来完成这个任务。

为"澄清思想"，首先必须大力研究并宣传马列主义政治经济学，宣传《资本论》。为此，需要理论工作者和实际工作者双方共同克服缺点。

（七）当前理论脱离实际和实际轻视理论两种偏向，到底哪一种偏向更多些呢，很难说。

至少有一点可以肯定：理论脱离实际，理论工作者自己要负责——学风不好；但另一方面，实际部门对理论工作的封锁也有责任。没有统计数字，有了还要保密。除此以外，还怕"嚷嚷"，求得"耳朵根"清净。

理论工作者要深入下层，做典型调查，但国民经济的复杂现象，要什么典型就有什么。理论工作……

（八）不重视政治经济学是要受惩罚的；不要以为抠定义、概念、范畴是理论工作者的事，甚至认为是教条主义。你不关心定义、范畴、概念，定义、范畴、概念会牵着你的鼻子走——斯大林否定流通、交换的定义，自然经济的思想牵着你们的鼻子走。希望业务工作者要把经济理论工作当作自己的事，给予理论研究工作者以大力支持。

有些人嫌政治经济学抽象，偏重具体（部门经济学）经济学，请读1888年10月15日马克思致丹尼尔逊的信。

（九）此次会议如果说还有缺点，美中不足，那就是争鸣不够，继续百家争鸣、百花齐放。感谢会议同志对我个人的帮助意见，由于 ① 的确我的论点错了；② 至少没有说透、说全面。

（十）号召给《经济研究》《中国社会科学》写稿。

在南斯拉夫和罗马尼亚考察时对几个经济学问题的体会*

我们这次经济学理论讨论会所提出的某些讨论题目，正好是我在南斯拉夫和罗马尼亚考察时所接触到的问题。现在我把我对这些问题的体会简要介绍一下，请批评指正！

企业管理体制问题

南斯拉夫和罗马尼亚两国的企业管理体制，特别是南斯拉夫的企业管理体制，曾经多次改变过，它们都是在实践中不断完善的。两国同志做过许多工作，积累了不少有益的经验。他们在企业管理方面的成就给我们留下了深刻印象。

根据南斯拉夫的社会主义自治原则，他们的企业管理体制，包括计划体制和物资管理体制，是在协商一致的原则下，自下而上逐级协调或逐级平衡的联合劳动组织。根据1974年制定的新宪法规定，联合劳动组织的最基层是“联合劳动基层组织”。它是“独立的商品生产者”。“联合劳动基层组织”最小的可以是一个工段，也可以是一个车间或分厂。例如，我们参观的造船厂的内燃机制造车间的8个工段，就分为8个“联合劳动基层组织”。

---

* 这是作者1979年4月在无锡市举行的关于社会主义经济中价值规律作用问题讨论会上的书面发言。此文写于1979年3月，原标题为《在南斯拉夫和罗马尼亚考察时对几个经济学问题的一些个人体会》。

"联合劳动基层组织"是一个独立核算单位。它除了主要是为本企业的最终产品服务或制造零部件外，还可以和别的企业发生直接经济往来，为别的企业提供服务或零部件。每一个"联合劳动基层组织"作为一个独立核算单位，它所需要的原材料或零部件，除来自本企业的其他联合劳动基层组织以外，也可以直接从别的企业取得。这样的联合劳动基层组织在南斯拉夫共有25 294个。

南斯拉夫的基层核算单位（联合劳动基层组织）划分得尽可能小，这样做的目的是加强工人群众的核算观念，发动大家来节约开支，增加收入。许多基层组织为了加强经济核算观念，企业内部对每一个零部件，甚至每一道工序都定下了价格，称作"内部价格"。（在1959—1960年，我们上海电力公司的南市发电厂就实行过按工段、车间进行独立核算的良好制度。厂内还发行了一种内部核算用的流动券。但是后来不曾得到推广。我们在今年2月23日《人民日报》上看到北京内燃机总厂也实行了这种按车间进行独立核算制度，希望这次能够得到普遍推广。）

联合劳动基层组织的上一级组织就是劳动组织（等于我们的独立核算企业），在全国共有2581个。

劳动组织的上一级叫联合劳动复合组织，相当于我们的公司。这样的联合劳动复合组织在南斯拉夫全国有162个。由于在南斯拉夫，每个行业中有好几个联合劳动复合组织（公司），所以这些联合劳动复合组织又按行业组成各共和国（自治省）和全联邦的同业公会（Удружение）。南斯拉夫总共有32个联邦一级的同业公会。同业公会又联合组成了各共和国（自治省）和全南斯拉夫联邦的科莫拉（комора——有人译作"经济总会"，也有人译作"经济联合会"）。南斯拉夫联邦共和国的科莫拉参加总部设在瑞士的国际工商联合会。

南斯拉夫的经济计划就是建立在这种从联合劳动基层组织起

自下而上逐级协调（或逐级平衡）的供、产、销合同关系的基础上的。例如，先在联合劳动基层组织相互之间通过协调，订立供、产、销三方面的合同。在这合同的基础上再订立上一级（劳动组织），即独立核算企业和公司一级的合同。这种合同具有法律效力。如一方不履行合同，另一方就有权要求对方赔偿经济损失，否则就可以到经济法院起诉。由于从基层起，供、产、销三方面就已经通过协调得到平衡，所以，在南斯拉夫没有自上而下配给生产资料的物资局。我们驻南斯拉夫大使馆为了接洽我国物资局访南事，曾经向南方有关机关提出，你们没有物资局，如果工厂缺乏动力和原材料由谁来解决问题呢？南方回答说，如果这个工厂连动力和原材料供应还没有解决，那么这个工厂就不应该办。任何一个工厂在开办的时候就应该先解决动力和原材料的供应问题，并订立好供、产、销三方面的合同。

收入或净产值

在南斯拉夫，考核企业的经营管理好坏，主要是看它的“收入”多少。这“收入”也就是净产值，包括工资、奖金、税收和利润在内。

罗马尼亚实行的是自上而下比较集中的企业管理体制。罗马尼亚在 1967 年也实行过经济管理体制改革，主要表现在减少了行政管理的中间环节，撤销了州和区两级行政组织，全国设立了 39 个县和布加勒斯特直辖市。罗马尼亚同志称他们 1977 年的改革为经济财务体制改革，主要是把考核企业经营管理的指标从总产值改为净产值。其次就是加强了企业的独立经济核算，实行企业自治、自负盈亏、财务自理的制度，实行了工人从利润中提取奖金的分红制度。

我们在罗马尼亚考察时，不论在中央一级的业务管理机关，

经济学研究中心，或是县级机关和企业里，特别询问了企业改用净产值指标作为考核企业管理有些什么好处？改革中遇到什么困难没有？改革实行以后有没有发现新的问题？

他们说：在开始讨论时人们顾虑的是净产值在计算方法上的困难，但是后来在实践中证明，计算上的困难是有的，然而是容易解决的。真正的困难是人们头脑中的因循守旧的保守思想（他们的这个回答同我们在第一个五年计划时统计部门讨论采用净产值指标考核企业成就时所遇到的情况正好相同，但是我们当时这个讨论未能展开，从而也没有采用）。罗马尼亚同志在讲到净产值指标时，也特别指出，采用净产值指标考核企业的经营成就，并不是不要总产值指标了。这不仅因为计算净产值必须先计算总产值，而且计算国民经济发展速度，编制国民经济综合平衡表等，都是少不了总产值指标的。

罗马尼亚同志告诉我们，采用净产值指标考核企业成绩并且实行利润分红制度之后，不仅节约了原材料消耗，而且还减少了仓库中的积压，减少了运输费用，一句话说，实行新经济体制改革之后，工人群众对于一切能够降低成本、增加利润的措施，都积极关心起来了。

我们问罗马尼亚同志，实行新经济体制改革之后，出现了什么新的问题或困难没有呢？他们回答说那就是原材料供应问题。

我们说，据我们在考察中所得到的材料，原材料供应的问题，在经济体制改革以前就存在的，在经济体制改革中，物资供应工作已有改进，为什么反而成了问题呢？罗马尼亚同志回答说，在实行新经济体制改革之前，如果发生原材料供应不上、工厂停工待料的情况，工人是漠不关心的；可是现在要影响到工人的分红，所以群众就要向领导提意见了。

原来，罗马尼亚的物资供应制度也像我国一样，是解放初期从苏联搬来的自上而下统一配给的制度。看来，在实行经济体制改革之后，这套制度已经不相适应，势必也要像南斯拉夫一样，实行自下而上的供、产、销合同制，才能解决问题。

计划和市场

从20世纪70年代初开始，在南斯拉夫经济学界，计划和市场的关系问题，曾经是一个有激烈争论的问题。从南共联盟几次代表大会的文件和经济学家的著作中都可以看出，这不仅是两种经济学思想的争论，而且是两种不同的经济政策的争论：一种思想比较强调市场的作用，把计划的作用降低到最低限度；另一种思想强调计划的作用，把市场的作用降低到最低限度。但是两种意见都承认计划与市场必须共存。现在越来越多的人主张，在社会主义社会必须承认市场的作用，然而这是在计划指导下的市场。

过去在我国经济学界一向是把“计划”和“市场”作为两个对立的概念来提的，认为“市场”就是意味着无计划和自发势力，一谈到“市场”就联想到“自由市场”。

因此，这次南斯拉夫一位经济学家辛迪奇院士同我们谈话时，特别向我们强调说，“我们南斯拉夫的市场是没有自发势力的市场”。我们开始听到“没有自发势力的市场”这句话觉得很新鲜，甚至有些不习惯，后来我们在参观和谈话中就经常琢磨辛迪奇的这句话。南斯拉夫同志所说的“没有自发势力的市场”意味着什么呢？我们的体会是：意味着在计划控制下的商品交换，意味着为消费而生产，生产者要有为消费者服务的观点，也就是我们所说的以销（市场）定产，而不是以产定销。在这种思想指导下，南斯拉夫强调供、产、销三方的合同关系，允许一定限度的竞争和自由选择，并且在一定幅度内允许有价格的涨落（但是合同签订之后，双方都必须严格遵守）。

关于计划经济问题，我们还听到南斯拉夫同志的另一个在我们看来也是新的观点：那就是他们不认为计划是社会主义经济的主要特点。因为，不仅每一资本主义企业内部有它的供、产、销计划，而且现代资本主义国家的政府根据凯恩斯学说的指导，对全国国民经济也进行一定的干预和影响。不过资本主义国家对私人企业的干预和影响不如社会主义国家的计划那么全面、直接而已。南斯拉夫同志认为直接生产者的自治制度，即工农群众当家做主才是社会主义的主要特点。

“用经济办法管理经济”或“按照客观经济规律办事”

“用经济办法管理经济”，“不要用行政办法管理经济”！——这句话早在20世纪50年代末60年代初，在我国3年经济困难时期就有人提出过。最近，这个口号更是流行。对此问题，我们曾经请教了南斯拉夫的两位经济学家，一位是塞尔维亚科学艺术院经济学院士马克西莫维奇，一位是南共中央委员、贝尔格莱德大学经济学教授、经济学博士柯拉奇。我们觉得他们两位对这问题的提法是很能说明问题的。

我们先就这问题请教马克西莫维奇院士。他的回答很简单，他说：“用经济办法管理经济就是：市场、商品、货币、价格、价值，照顾落后地区的利益，按劳分配。”我们说，那么，“用经济办法管理经济”岂不就是按客观经济规律办事的另一种说法！他说，一点不错。第二天，我们又访问了柯拉奇教授。我们以同一个问题请教了他。他先说：“你们出了一个很难回答的题目！”但是他沉默了一会儿以后又说：“用经济办法管理经济就是利益协调；如果各方面的利益都照顾到了，那就不必用行政手段，就不必用强制办法了。”柯拉奇的答复同马克西莫维奇的答复表面看来是不相同的；但是实际上这是同一个意思的不同的表达方式而已。因为，所说“市场、商品、价格、价值”，无非就是等价交换，就是交换双方（不论是商品交换或产品交换）的利害关系；至于落后地区和先进地区的利益协调和按劳分配，直接就是讲利害关系。于是，我们又问柯拉奇：西方资产阶级经济学者把社会主义计划经济说成是“用行政方法管理经济”，或“按长官意志管理经济”；把资本主义经济说成是“用经济办法管理经济”，把经济办法和行政办法完全对立起来，难道资本主义跨国公司，或一国范围以内的大托拉斯、大康采恩一类的资本主义垄断企业，在它们所控制管辖的范围以内，能完全不用任何行政手段吗！再说，到了共产主义社会，实行按需分配了，地区之间的经济和文化的发展水平基本上也拉平了，难道也不要任何行政措施了吗？例如，开会讨论，通过决议，下达通知，根据群众通过的意见，做出种种安排——这样的行政措施，难道可以完全不要吗？我们交换意见的结果，大家同意把“用经济办法管理经济”同“用行政办法管理经济”对立起来的提法并不科学。而光说“用经济办法管理经济”又无异是“同义语反复”。“要用经济办法管理经济，不要用行政办法管理经济”的提法，带有否定一切行政措施的意思；而我们所反对的只是违背客观经济规律，只反映“长官”意志的主观主义的行政措施，而不是反对一切行政措施。因此，建议我们今后报刊文章不要用或少用“用经济办法管理经济”的提法，而用“按客观经济规律办事”这种比较科学的提法。经济规律是客观存在的，所以说“按客观经济规律”也有些“同义重复”的味道，但是为了强调经济规律的客观性，这样的重复似乎还是可以的！

在无锡给洪克平信*

克平：

今晚吃晚饭时突然遇到闻天同志夫人刘瑛同志。原来她和她的孩子们还有国家机关事务局的一些负责干部是来无锡迎接闻天同志的骨灰的。闻天同志的追悼会定于本月25日在京举行。这次追悼会将由中央主持，很隆重。因此我决定22日和他们一起回京，25日我去参加追悼会，27日由京直飞上海。一则我已答应上海社会科学院去做三次报告；二则来接你一同回京。所以上海还是要来的。

可惜室内钥匙被你带走了，只好去钓鱼台暂住几天了。

祝好！

冶方　匆匆

1979年5月20日夜

---

* 1979年4月参加无锡“全国价值规律理论研讨会”后，在无锡写作期间（5月20日）写给在上海的洪克平同志的信。标题为编者后加。

南斯拉夫和罗马尼亚的经济考察*

我们这次对南斯拉夫和罗马尼亚两国的访问共历时约两个月。考察团在南斯拉夫逗留了36天，遍访了六个共和国和两个自治省。在罗马尼亚，我们除在首都布加勒斯特进行了访问以外，还去外地访问了三个县，历时24天。

我们这次有机会同南、罗两国各级政府主管经济的领导干部、经济学院士、教授以及企业的经理等进行了广泛的接触、讨论和交换意见。在我们同这些同志的接触过程中，他们不仅满腔热情，以真诚的朋友相待，而且都无保留地就他们经济建设中的成就和缺点、他们的经济研究和教学活动以及经济学界的不同观点，向我们作了很好的介绍，使我们对南、罗两国经济情况有了更进一步的了解。

我们在访问过程中，深深地为这两个国家取得的成就所感动。长期来，他们的经济发展速度都很高。1947—1977年间，南斯拉夫的工业平均每年增长9%左右，农业增长3.3%；1948—1978年，罗马尼亚工业平均每年增长12%以上，农业增长4.8%。30年来，按人口平均的国民收入，南由100多美元增加到约2000美元，罗由80美元增加到1100美元。南、罗两国经济

* 本文原载《世界经济》，1979（7）。本文是作者1979年5月30日在上海社会科学院所做的报告。

的发展和人民生活水平的提高，主要是从50年代末开始的，这两个国家的主要工业设施也是从这个时期开始兴建的。

现根据我们访问期间所了解到的情况，就南、罗两国的经济发展谈几点看法。

一、努力解决以农业为基础的问题

南、罗两国对农业生产都非常重视，采取各种适合于本国的措施来加强农业的发展。经过20多年来扎扎实实的工作，无论是在农业的社会主义改造方面，还是在农业机械化方面都取得了很显著的成就。目前，两国的粮食都能充分满足国内需要，畜产品尚有出口。可以说，这两个国家的农业、畜牧业都已基本上过了关。

南、罗两国在农业社会主义改造过程中，在早期都曾经有过一些操之过急的做法，但很快就纠正了。南政府对于自愿组织起来的农业社或由国家经办的社会所有制农场，从技术、资金和干部力量上给予支持，并采取社会所有制农场同农民合作的办法，加强引导个体农民走社会主义道路。目前这些农场一般都发展成为相当现代化的农工联合企业，在农业生产中起着越来越大的作用。虽然社会所有制农业占南耕地面积只有16%，但因其劳动生产率高，却能为全国提供60%以上的商品粮。由于社会所有制农业起到很好的示范作用，个体农户都积极要求加入或和它进行合作生产。这种通过社会所有制农业同个体农户进行合作而对农业进行社会主义改造的道路，看起来慢，但实际上是农民乐于接受的，这是很值得我们深入研究的问题。

罗马尼亚的农业社会主义改造是采用农民自愿参加的农业生产合作社的形式，耐心地经过13年（1949—1962年）的时间才完成了农业生产合作化运动，而且主要在平原地区。目前，还有

一部分山区农村仍然保留着个体所有制。罗还采用国营拖拉机站的形式，由国家集中管理农业机械，并与农业生产合作社协作，这对于农业机械的有效利用和促进农业生产机械化起到一定的保证作用。

南、罗两国为了促进农业生产都废除了义务交售制，改而实行农产品收购制，同时提高农产品收购价格，缩小工农产品价格剪刀差。结果农民收入有了提高，生活有了改善，这对经济发展无疑起到促进的作用。两国对农业的基本建设都很重视，目前罗基本建设投资中，农业的投资占15%—20%；南农业投资也占到总投资的10%左右。这两个国家都已经建立起自己的农业机械工业，各种农业机械除满足本国需要外，还有部分出口。两国的农业机器保有量，也有了很大的提高，到1977年底止，罗拥有拖拉机14万台，平均每1000亩地有一台拖拉机。1976年南拥有拖拉机26万台；1949年南每台拖拉机平均耕地面积为2.2万多亩，而到1977年为430多亩。这两国化肥和农药的生产也有很大发展，1977年罗平均每亩耕地施用化肥为75市斤，南施用化肥量还要高些。据南斯拉夫同志讲，他们单位面积的化肥施用量已达到农业发达国家的水平。

南、罗两国经济发展较快的原因之一，就是由于它们较好地解决了农业问题，巩固了国民经济的这个基础。

二、不断完善企业管理体制

南、罗两国的企业管理体制，历经多次改革，在实践中不断地得到了完善。南、罗两国的同志在这方面做过许多工作，积累了不少有益的经验。他们在企业管理方面的成就给我们留下了深刻印象。

南在实行自治制度的初期，企业的权限还是有限的。那时，

扩大再生产甚至折旧都由国家控制，60 年代以后，企业逐步拥有扩大再生产的权限。自 70 年代以来，南又进一步实行联合劳动原则，由基层生产组织经过协商进行资金和劳动的联合。1974 年制定的新宪法规定，联合劳动组织的最基层是“联合劳动基层组织”，它是独立的商品生产者。联合劳动基层组织最小的可以是一个工段，也可以是一个车间或分厂。例如我们参观的“5 月 3 日造船厂”的内燃机制造车间的八个工段，就分为八个联合劳动基层组织。每个联合劳动基层组织是一个独立核算单位。它除了主要为本企业的最终产品服务或制造零部件外、还可以和别的企业发生直接经济往来，为别的企业提供服务或零部件。目前南联合劳动基层组织共有 25294 个。

联合劳动基层组织为了加强经济核算，对每一个零部件，甚至每一道工序的在制品都定下了价格，称作“内部价格”。1959—1960 年，我们上海电力公司的南市发电厂就实行过按工段、车间进行独立核算的良好制度。厂内还发行了一种内部核算用的“流动券”。但是后来没有推广。

联合劳动基层组织的上一级组织就是联合劳动组织（相当于我们的独立核算企业），目前南全国共有 2581 个。联合劳动组织的上一级叫联合劳动复合组织（相当于我们的公司），南全国有 162 个。南还有按行业分的同业公会，同业公会又组织成经济联合会。它们在拟定社会计划、协调生产方面都起到很好的作用。

南经济计划是通过从联合劳动基层组织起，自下而上逐级协调（或逐级平衡）制定的，并建立在供、产、销合同关系的基础上。例如先在联合劳动基层组织相互之间通过协调，订立供、产、销三方面的合同。在这合同的基础上再逐级进行协商，签订合同。这种合同具有法律效力。如一方不履行合同，另一方就有权要求对方赔偿经济损失，否则就可以到经济法院起诉。由于从基层开始，供、产、销三方面就已经通过协调得到平衡。所以，南没有自上而下配给生产资料的物资局。

20世纪60年代以来，罗马尼亚也不断对经济管理体制进行改革，撤销了州和区两级行政组织，全国设立了39个县和布加勒斯特直辖市。建立了工业中心，取消了一长制，实行工人参加管理制度，等等。但是罗在改革中所遵循的原则，是在保持中央统一计划和统一管理的前提下扩大企业的权限，这与南斯拉夫把权力几乎完全下放给基层生产组织是不同的。

南、罗两国非常重视对企业经营好坏的考核。南斯拉夫考核企业经营管理的主要指标是"收入"。近年来，罗在经济管理体制的改革中，除了加强企业的独立经济核算、自负盈亏、财务自理和工人从利润中提取奖金的分红制度外，主要就是把考核企业经营管理的指标从总产值改为净产值。我们在罗考察时不论是在中央一级的业务管理机关，经济学研究中心，或是在县级机关和企业里，都特别询问了改用净产值指标来考核企业管理有些什么好处？改革中遇到了什么困难没有？改革实行以后有没有发现新的问题？

他们说，在开始讨论时人们顾虑的是净产值在计算方法上的困难，但是后来实践证明，计算上的困难是有的，然而是容易解决的，真正的困难是人们头脑中的因循守旧的保守思想（他们的这个回答，同我们在第一个五年计划时统计部门讨论采用净产值指标考核企业成就时，所遇的情况正好相同。但是当时我们这个讨论未能展开，从而也没有采用净产值指标）。罗马尼亚同志在讲到净产值指标时，也特别指出，采用净产值指标考核企业的经营成就，并不是不要总产值指标了。这不仅因为计算净产值必须先计算总产值，而且计算国民经济发展速度，编制国民经济综合平衡表等等，都是少不了总产值指标的。

罗马尼亚同志告诉我们采用净产值指标考核企业成绩并且实行利润分红制度之后，不仅节约了原材料消耗，而且还减少了仓库中的积压，减少了运输费用，一句话说，实行新经济体制改革之后，工人群众对于一切能够降低成本、增加利润的措施，都积极关心起来了。

南、罗两国都先后把基本建设投资中的国家拨款改为银行信贷的方式，这对于加强基建单位本身的经济核算有好处，但是由于企业和地方存在着官僚主义和本位主义倾向，也出现基本建设战线过长的问题。据南公布的材料，去年 9 月份，南正在进行的大小基建工程达 3.1 万个，总值 8400 多亿第纳尔（合 460 多亿美元）。对此，铁托总统在南共联盟十一大的报告中特别指出："我们还在大量投资，这很好，不过不好的是还有一些无盈利的投资，……往往会出现建设项目毫无道理的重叠以及其他不合理的重叠。"看来，基建投资不论是由国家拨款，还是用银行信贷方式，都有可能出现基建战线过长的问题。认为改国家拨款为银行信贷的方式就可以完全解决基建战线过长的问题，是不现实的，如何才能彻底解决这个问题，还需要经济理论工作者和实际工作者进行深入研究。

三、正确处理计划和市场的关系

在南经济学界，计划和市场的关系长期来是一个争论得很激烈的问题，从南共联盟几次代表大会的文件和经济学家的著作中，都可以看出。一种思想是比较强调市场的作用，把计划的作用降低到最低限度，另一种思想是强调计划的作用，把市场的作用降低到最低限度。但是，在南斯拉夫现实经济生活中，这两种较为偏激的思想都未曾占据主导地位。塞尔维亚共和国社会计划局局长辛吉奇在同我们谈话中指出："我们经常要同用计划来代替一切进行斗争，另一方面又要同资本主义自由化进行斗争。"在南经济学界较为普遍的看法是，在社会主义制度下，必须承认市场的作用，承认计划应与市场共存，但这是在计划指导下的市场，而不是放任自流的市场。

前面谈到，南基层生产组织都是商品生产者自己决定供、产、销的问题。这就决定了南的市场规模大，并且几乎是无所不包的。那么计划与市场的关系如何处理，又如何理解在计划指导下的市场呢？我们在参观和谈话过程中，经常琢磨这个问题。我们的体会是：这就是意味着在计划控制下的商品交换，也意味着为消费而生产，生产者要为消费者服务的观点，就是我们所说的以销（市场）定产，而不是以产定销。在这种思想指导下，南非常强调供、产、销三方面的合同关系，在签订合同时，一方面要允许一定限度的竞争和自由选择，并且在一定限度内允许有价格的涨落。但是，这种供、产、销合同又是根据市场的供求、国家的需要（特别是关系到全国性的生产）经过反复的协商并以协议的方式确定下来的；而且，协议一经签订，各方都必须严格遵守执行，这实际上就是意味着供、产、销的活动是有计划地进行的，只不过不是自上而下地由国家来下达计划罢了。

自实行自治制度以来，南在计划与市场的关系上虽然也有过摇摆，但总的来说是探索出不少有益的经验的。过去在我国经济学界一向是把“计划”和“市场”作为两个对立的概念来提的，认为“市场”就是意味着无计划和自发势力，一谈到“市场”就联想到“自由市场”，其实，只要我们把供、产、销的问题合理解决了，这个问题也就基本解决了。

四、高积累、高消费、高速度

南、罗两国在国民经济高速度发展和劳动生产率提高的基础上，积累率都很高，而且人民的生活水平也不断提高。同时，高积累和高消费又进一步促进了国民经济的高速度发展。

战前南斯拉夫的积累率只有5%，而1957—1976年的20年间，积累率逐步上升，平均达到25%左右，有几年则在30%以上。罗马尼亚的积累率也是逐步提高的。1956—1960年的积累率为16%，1961—1965年增加到24.3%，而到1971—1975年又增加到34.1%。此五年计划积累率规定为33.5%。据罗马尼亚同志说，今后预备适当降低一些积累率，以便更多地增加消费基金。所以1981—1985年的积累率初步规定为30%—31%。

南、罗两国的积累率很高，但是两国人民的消费水平也是逐步提高的。解放前，两国人民的生活水平很低，在欧洲算是落后国家，但是现在两国人民的生活水平已经大大提高。1978年11月南职工平均每月收入为5531第那尔（合人民币约553元），每人平均住房15平方米；罗马尼亚1978年职工平均月工资收入2000多列伊（合人民币330多元），每人平均住房13平方米。贝尔格莱德市平均每4人一辆小汽车，布加勒斯特市平均每9人一辆小汽车。

积累基金和消费基金是社会净产品的二个组成部分（这里舍去后备基金和外援基金），两者之间存在着互相消长的关系。为了要保证扩大再生产的必要规模，又要保证人民生活的改善，我们必须正确规定积累和消费的比例关系。积累率即积累在净产品中的比重可以达到多高，没有一个一成不变的公式，而要取决于劳动生产率的水平。在劳动生产率水平较低的情况下，积累率不能过高，否则就会影响人民生活的改善。但在劳动生产率有较大提高的情况下，既可以有高积累率又可以有高的消费水平。南、罗的情况就是这样。由于中国目前劳动生产率水平较低，所以不能照搬南、罗的经验，不能把积累率定得过高，以免影响人民消费水平的适当提高。

五、重视经济科学的研究和经济管理干部的培养

在我们同南、罗两国经济学界的同行进行座谈和交换意见的过程中，了解到南、罗两国对经济科学的研究、两国政府对经济学家的意见以及对经济管理人员的培养等都给予了极大的重视。

罗的经济研究工作基本上是集中进行的。由罗中央直接管辖的有7个经济研究所。它们是：社会主义经济研究所，工业经济研究所，农业经济研究所，财政、货币和流通研究所，计划与预测研究所，商业和旅游业研究所，世界经济研究所。这些经济研究所的专职研究人员共有600人，此外还有约1000名高等院校的经济教学人员参加研究工作。罗政府规定，高等学校的教学人员每年要用1/3的时间在各个研究所内进行科研和学术活动。

这7个经济研究所统一归罗经济和社会发展最高委员会的直属机构中央经济研究所领导。而最高委员会的主要任务是规划、拟定罗经济发展的目标，这些规划送经党中央讨论审定，并经罗大国民议会通过后，就成为法律。中央经济研究所根据中央所通过的决定，再向7个经济所落实研究任务，所以，罗经济研究所的工作主要是为党和国家的经济建设任务提供论据和收集资料。此外，他们还为解决国民经济建设中的具体问题进行研究。如农业经济研究所研究的专题中就有：国营农场、拖拉机和农业机械站的问题，个体农民的经济问题，农业生产收支问题，发展农业的物质基础、刺激农业生产的杠杆和农业生产成本问题，等等。

除去上述7个经济研究所外，罗还有4个地区性的经济研究所，分别研究罗马尼亚的各个地区性经济问题。此外，中央各专业部还有自己的经济研究机构。

南经济研究工作主要是分散在各个共和国内进行的。各共和国和自治省都设有科学艺术院。在南斯拉夫科研工作中经济研究

工作占有很突出的地位，在全国500个研究所中，经济研究所有200个，研究经济问题的人员数，占全南科研人数的1/3。

南经济研究工作者不仅对经济理论问题的研究感兴趣，而且对具体的经济问题也进行了大量研究。例如，克罗地亚共和国科学艺术院所属的经济研究所成立于1952年，长期以来，这个所对南斯拉夫的经济制度、经济发展、如何开发落后地区等重大问题进行了研究，并提出他们的看法和意见。据不完全的统计，仅1970—1976年，这个研究所的集体和个人公开发表的有关经济著作就有100多部，对推动南斯拉夫的经济发展做出了一定的贡献。南经济研究工作开展得是相当生动活泼的。我们在访问过程中所遇到的经济学家，都是自由地各抒己见，还存在着不同的流派，他们发表自己的著作，维护自己的观点。南之所以会出现这种生动活泼的局面，是因为南领导人认为这些不同意见反映了经济生活的复杂性，是有好处的，是允许的，因此对这种争论不是横加干预，而是鼓励。同时南各级政府对经济学家的意见也很尊重。例如，黑山共和国政府主动要求经济学家们对该共和国的经济发展提出自己的看法，在这种情况下，黑山的经济学家们对黑山的经济发展进行了大量的研究。黑山共和国是一个不大的共和国，面积只有1.3万平方公里，人口57万多人。但是经济学家们对黑山共和国的经济研究得很细，他们研究的专题有：黑山的社会改造，黑山沿海一带旅游业的发展，山区发展的条件和方法，黑山共和国的综合发展，黑山的劳动就业，黑山的农业、畜牧业和林业的发展等问题。此外，他们还为黑山共和国制定10—15年的发展设想，充分发挥了他们的积极性。据他们说：单是关于黑山劳动力的问题，就有27人参加调查研究，研究的时间长达三四年之久，其研究成果的价值为460万第纳尔。

南、罗两国对国民经济管理人才的培养也十分重视。首先，他们不断培训和提高在职干部的工作水平。罗规定在职干部5年

内必须轮训一遍，并为此而创造有利的学习条件。如前两年罗扩建了社会政治科学学院，该学院规模很大，并配备有电子计算机和电化教育所需的各种现代设备。轮训的人员包括中央、市、县、乡的各级领导干部；学习时间有的一年，有的长达5年；学习的内容主要是业务知识。课程有：政治学、政治经济学、世界经济、外文、数学、情报学等。学员毕业前要交出毕业论文，如果学习得不好，学校有权建议学员的所在单位调换其工作岗位。值得一提的是罗社会政治科学学院还专门为培训企业的经理、总工程师、总会计师、工业中心的领导人设置了一个学院。学院内设工业、农业、计划、财贸、银行、国内外贸易等系。由于重视在职人员的培训，南、罗两国各级领导人一般都精通业务，经济管理水平和经济理论修养都比较高。如南共联盟主席团成员、现任塞尔维亚总理弗拉什卡里奇，现年56岁，1943年参加南斯拉夫人民解放运动，是一位老战士。解放后，他进入大学经济系学习，目前不仅是担任要职的精通业务的经济专家，而且还从事经济理论的研究工作，并著有《政治经济学》《南斯拉夫经济政策的基础》等专门著作不下20余种。像弗拉什卡里奇这样的例子在南、罗两国还是比较普遍的。

南、罗两国对青年一代经济工作者的培养也很重视，这两个国家的高等学校的文科专业中，经济系的学生人数最多，培养了大批经济工作者。以贝尔格莱德大学的经济系而言，战后以来，经济系的毕业生共有1.3万多人，近几年来还培养了500名经济学硕士。自1955年以来，这个系共出版了56卷《经济文献》，在这些文献里收集了这个系的研究人员、大学生和教授的大量著作。

由于重视经济科学的研究，重视经济管理干部的培养和提高，这两个国家在经济发展中存在的问题和缺点，也就能及时地发现和解决，收到集思广益的效果。这对南、罗两国经济的高速发展和少走弯路，无疑是起了一定的促进作用的。

对采访简历的谈话记录

访问者：陆志仁、蔡北华、张义渔

访问时期：1979 **年** 6 **月** 12 **日上午**

访问地点：（上海）衡山饭店 48 **号**

1923 年我在无锡一个中学读书时，加入共产主义青年团。1924 年，国民党第一次全国代表大会以后，我们党决定在各地帮助国民党建立县、区组织，我也由团员转为党员。我真的名字叫薛萼果。1924 年，无锡成立了中国共产党支部，我是支部书记。我为什么会担任支书呢？因为我年纪最小（只有 16 岁），没有家累，其他都有家属，有顾虑，不便出面，现在还有一位叫杨小雷（音）在无锡。南京一个历史档案馆还有关于无锡建党情况的材料。

1925 年，我去莫斯科，1930 年回到上海。一次在路上见到一位同志和黄包车工人坐在一起聊天，后来知道他是党员，在做黄包车工人的工作。和他接上了关系，又遇到周铁龙（音），3 人合在一起。1930 年，我回来先搞黄包车罢工，成立人力车夫罢工筹备委员会，搞赤色工会，后来我又到沪东区，成立沪东区工联筹备委员会。没有多久，沪东区委、工会因为出了叛徒而被破坏。李初黎同志就是在这次破坏后被捕的。

1931 年初六届四中全会以后，王明上了台，我们在莫斯科留学时，吃过他的苦头，这次王明拿了第三国际尚方宝剑，组织上我们服从他的领导，心里有看法，认为王明做不成大事。

通过黄包车罢工活动，我提出要下厂，从基层搞起，得到上级的同意。可是不久，组织被破坏我也被捕了，我找陈翰笙请他设法营救，陈翰笙找钱俊瑞，钱俊瑞设法找铺保把我保了出来，敌人也终于没有拿到我什么证据，把我释放了，我在巡捕房关了七天。

陈翰笙同志是1924年入党的，在共产国际搞统战工作，我起先并不知道，还是在解放战争期间，康生告诉我才知道的。陈翰笙先在中央研究院工作，傅斯年是院长。1929年，陈曾在保定搞调查。1934年因受傅斯年的排挤，离开了研究院。以后，陈从孙科那儿搞到一笔钱，和岭南大学合作，搞广东农民调查。我、王寅生都在广东搞调查，每月工资60元，我基本上积下来了。1933年11月，十九路军发动福建事变，陈翰笙受牵连，要到日本去，我是苏联留学生，也会受牵连，因此也到日本去。王寅生没有受到牵连还是留在广东。我在日本住了一年零三个月，钱也用得差不多，就在这时，钱俊瑞来信，说现在国内空气有好转，要办《中国农村》，叫我回来，1935年秋，我就回来了。

《中国农村》由吴觉农、孙晓村和我几个人负责出版。吴觉农是茶叶出口公司经理，茶叶专家，我们利用他的社会地位请他参加《中国农村》的工作。《中国农村》本来打算由生活书店出版，可是，邹韬奋不同意，他认为不要集中在一家出版。这样就办起新知书店负责出版《中国农村》。

当时中国农村研究会、经济情报研究所和新知书店三个单位有一个核心小组叫X，这个核心小组是大家和托派斗争发展起来的。地下党好多都是同乡、亲戚关系逐渐发展起来的。骆耕漠是薛暮桥介绍的，薛暮桥是张锡昌介绍的，薛暮桥、张锡昌、钱俊瑞、王寅生是无锡同乡，同学师生关系。钱俊瑞是王寅生的学生，张锡昌是王寅生的同学。王寅生又是陈翰笙的学生。先是无锡人，后发展到浙江人。他们这些同志都是在党中央被破坏以后，在文委留下来的。他们和冯雪峰接上关系，后来冯回延安了。当时还有一个姓高的同志是潘汉年情报系统的。一起参加工作的还有史永同志，史永和沙文汉是亲兄弟。沙文汉是老大，老二是烈士，被敌人杀害。史永是老四，是情报系统的，一直没有断。史永有一个莫斯科留学时的同学，叫胡世杰，也是我留苏时的同学。胡有中央关系。我刚从苏联回来时，党的组织关系接不上，王明不要我，说我是第三党。后来，通过胡世杰接上关系。胡世杰把史永介绍给我，史永知道陈翰笙下面有一批人是进步的。后来，沙文汉也到日本，我和沙文汉见了面，沙文汉和沙的爱人陈修良当时都没有党的关系。沙文汉后来了解到，在东京除了陈翰笙外，还有吴先青、刘丁（为了工作需要，刘丁曾经和胡世杰假结婚）。吴先青是第三国际情报员，到莫斯科后被康生杀害。关于中国农村研究会等三个团体的核心组织“X”，我没有参加，因为沙文汉曾对我说过，“X”不是正式的党组织，里面的一些人，情况很复杂。当骆耕漠和薛暮桥叫我参加时，我就说：在莫斯科时，感到情况很复杂，将来有正式的组织，我再参加。

刘晓同志到上海后，成立了江苏省委，我的学生运动工作由王翰来接。后来，胡乔木、王翰和乔木的妹妹（曾在暨南大学教书）到延安去了。

“八一三”后，调我到文委工作，任文委书记，曹荻秋也参加文委，管文委下党的支部工作。夏衍是老党员，社会地位也比我高。钱俊瑞党龄不长，但是社会地位高，他们都是文委成员。那么为什么叫我担任文委书记呢？因为，我是最秘密的，容易隐蔽，坚持下来。曹荻秋当时也不能出面，因为他从反省院刚出来。曹荻秋是潘汉年交给我的，是八路军办事处转来的。当时组织上希望曹荻秋和我一起在上海坚持下来。但不久他还是走了，文委下的党支部就交给我了。1939 年，我离开了。以后参加过文

委的同志有唐守愚、梅益、王任叔、姜君辰、林淡秋、于玲、杨帆。顾准和刘长胜闹翻后，于1939年9月从职委调到文委，和我相处一年多，我是书记，他是副书记。还有一个姓戴的，广东潮州人，也是文化人，后到新四军一师去工作，跳河自杀了。还有颜正一、许忠仪、倪海曙也在文委系统工作。倪海曙参加过党，据说在我手里开除的，我不知道了。文委下面有两条线，于玲抓戏剧，搞上层工作。杨帆是抓学生、工人、职员、业余文艺团体。杨帆是张道藩学生，新四军曾经把他关起来，说他是特务，其实这些情况，地下党是都知道的。杨帆在向新四军报告工作时，得到项英的欣赏，留在新四军工作了。于玲和杨帆都受我的领导。文委是双重领导，一面受江苏省委领导，一面受刘少文八路军办事处领导。陈同生关系也是我接的，陈从湖南，通过宁波逃到上海后，他写信到重庆，又通过刘少文，刘叫我到青年会去接他的关系。当时还有一个“中国民族武装自卫委员会”，宋庆龄写了一个宣言。据宋庆龄著《为新中国奋斗》一书中称，当时有一个“世界反对帝国主义战争委员会”。宋庆龄以该会远东会议上海筹备委员会主席名义，在1933年8月6日《中国论坛》杂志发表《反对帝国主义战争》一文。史沫特莱搞了一份 *China Forum*，《中国论坛》杂志。

对斯大林同志关于生产力和生产关系论点的不同看法*

（6 月5 日，孙冶方同志应上海社会科学院和上海市社联的邀请，在科学会堂做了题为《要宣传政治经济学》的报告。报告对斯大林同志关于生产关系和生产力的论点提出了不同的看法。本文根据记录整理，未经报告人审阅。）

有关政治经济学的重要性还要宣传，有关生产力和生产关系的论点，还要进一步明确。《资本论》基本上是分析资本主义社会。但是马克思在《资本论》的许多章节中，也讲到资本主义社会以前的社会的一些生产关系的演变，也讲到资本主义社会被推翻以后，未来社会的基本结构应该是怎么样，这个社会有哪些规律。林彪、“四人帮”时期，有人骂《资本论》是“马尾巴的功能!”“四人帮”破坏政治经济学，把《资本论》糟蹋成什么样子?!

我个人不要“三不主义”，帽子和棍子挨过太多了，也不在乎了，我愿意受批判，但我要求有答辩权。我提倡争论，我们搞理论工作的同志应该有勇气，接受批判，欢迎批判。但是，我们要保留反批判的权利。要讨论，要辩论，真理愈辩愈明。马恩就有“对批判的批判所做的批判”。所以，不怕批判，就怕没有理

* 本文原载《文汇报》内刊，1979 年7 月。

论学术民主。

对于斯大林的《苏联社会主义经济问题》，要一分为二，它有积极的一面，在五十年代，它曾起过积极作用，它的积极贡献是：宣传了政治经济学的作用，宣传了按经济规律办事，强调了价值规律的作用，批判了唯意志论。

这本书的缺点是：

1. 强调价值规律只限于商品。对全民所有制内部以至到将来的共产主义社会，还有产品的价值规律问题，他就没有论述。我认为，我们研究价值规律，应先从全民所有制的内容开始，现在我们有不少全民所有制企业，不讲究经济核算，约有百分之四十的单位靠财政部的补贴，而集体所有制单位几乎没有亏本的，这恐怕是由于这一理论影响的结果。

2. 斯大林那本书的最大一个缺点是关于生产关系的定义不妥。他的定义和马克思、恩格斯的定义不同。马克思、恩格斯在《反杜林论》中说，政治经济学是“一门研究人类各种社会进行生产和交换并相应地进行产品分配的条件和形式的科学”，这个定义简单明了，生产关系包括三个方面：一是生产；二是交换；三是分配，政治经济学是讲生产、交换和分配的各种条件和形式的科学，而斯大林的定义中却没有流通，他把生产关系分为三个部分：一是生产资料所有制的形式；二是人们在社会生产中的地位和相互关系；三是产品的分配形式，并特别强调生产资料所有制形式的作用。近30年来，我们一直是引用斯大林的这个定义，斯大林讲的生产关系，就是没有交换，多了个所有制。这里附带说一下“所有制”这个词，在德文、俄文中都有两个意思，在英文中，有“财产”的意思，有“所有制”“制度”“法制”的意思，有“社会经济制度”这个意思，过去很多书都是翻译为“财产”的，如《家庭、私有制和国家的起源》，这本书，在30年代，“私有制”就是译成“私有财产”的。照马克思的说法，财产关系是生产关系的法律用语，这已经是上层建筑方面的问题。不是生产关系本身，斯大林对于恩格斯这个定义的修改，把财产问题或者所有制问题脱离经济关系来研究。前人曾经尝试过，一个是蒲鲁东，一个是杜林，对于这个尝试，马克思批判过，恩格斯也批判过，斯大林关于生产关系的定义，可能是集蒲鲁东、杜林之大成。

关于经济规律问题，顺便说一下，现在有人经常说“运用客观规律”，这不对，经济规律是客观存在的，它不像大观园里的老妈子、小丫头，可以顺意使唤。对于经济规律，科学用语应该说“根据”“依据”，不能讲“运用”，讲“运用”，这是唯意志论的表现，这说明经济学界的主观意志特别强。

我国在土改后搞合作化就是改变所有制，毛主席原来设想用三个五年计划的时间来完成整个农业合作化运动，但结果呢？1956年一年就完成了。以后，很快又实现了公社化。互助组变为合作社时，较稳定，没有破坏生产力。初级社到高级社时，有些波动，杀了一些牲口。到了人民公社时，出现砍树和大量屠杀耕牛、牲口。经历三年困难时期，农业发展就很困难，发展很慢。这是我们强调在生产关系上大做文章，离开了当时的生产力水平，离开了商品生产，离开了交换，孤立地发展所有制，这是错误的。结果，破坏了生产力，吃了很大的亏。

否定流通，这是自然经济论。苏联教科书认为在全民所有制企业内部没有流通，只有分配，实际上这不是分配，只是配给而已。1959年，我写了篇《流通概论》，强调在全民所有制内部没有流通是不行的，流通的中心问题，我认为，我们的物资部门应该关门。我们当初实行配给办法是起了作用的，但现在就不适应了，可是我们又不能马上就关门，因为整个体制还没有改变，马上关门就会搞得天下大乱。由于斯大林根本不承认流通，这样就把企业限死了。我们讲改革，就一定要把企业搞活，让企业内部的产、供、销，可以自己去订合同，出现了问题，上级再来平衡。

过去研究政治经济学，研究生产关系，不联系生产力水平。毛主席曾在读书笔记中说过，要联系上层建筑和生产力来研究生产关系，脱离了生产力去谈所有制，去谈生产关系，这正是三年困难时期瞎指挥、浮夸风的思想舆论表现。其实，在1959年，生产力已遭到了很大的破坏，但仍在那里空洞地谈所有制。当时，李平心同志敢于大胆提出不同意见，大声疾呼要研究生产力问题，这是很了不起的。研究生产关系要联系生产力来研究，这是不容易的。三年困难时期，是用生产力去适应生产关系。李平心同志的基本观点我认为还是正确的。

3. 关于生产力的要素问题论述也有不同观点。马克思认为，劳动过程有三个要素：一是劳动者本身——人；二是劳动对象——原材料；三是劳动工具。斯大林只承认生产工具和人两个因素。在解放初期发生过一场争论，一方是中国人民大学苏联专家，一方是老经济学家王学文同志。王学文同志就曾孤家寡人地和苏联专家以及一些中国学者开展了争论，跟在苏联专家背后跑的是大名鼎鼎的陈伯达。我是同意王学文观点的，斯大林只承认二要素，即人和劳动工具，认为劳动对象（如原材料等）是由人和劳动工具这两个要素创造的，这样理解是不对的。劳动工具不也是由人和劳动对象这两个要素创造的吗？是不是也可以不要呢？过去毛主席也曾引用过两要素论，但后来已改变了观点，并多次提到土地、资源等问题，这有《毛泽东选集》五卷可以作证。我认为，坚持生产力三要素对实现四个现代化有很大关系。现在有些国家搞的合成材料，用途比钢还大，一种合成材料，可以代替5—7吨钢铁，这就是劳动对象的革命。所以原材料是生产力的一个因素，过去，我重复马克思的话，被批判，难道还有反马克思的马克思主义？

我们在科学规划中，八个重点项目，其中就有一项是原材料革命，所以原材料的改革对我们实现四个现代化关系极大。过去，我们一直轻视原材料，光重视劳动工具，就是受了斯大林那个两要素定义的影响，需要澄清思想。

给陈修良的三封信（1979年）*

阿纳并阿贝、中和：

久不给你写信，先报告一下我的近况。我于4月4日奉命去兰州和成都召开西北、西南地区的两个经济科学规划座谈会。在成都的座谈会开完之后，我就在4月30日出发沿成昆路到乌丝河站及附近的一线天石拱桥和老昌沟大隧道参观，是这条路上的两处最大的工程。然后访问了西昌、昭觉（大凉山彝族自治州首府）、渡口、昆明、西双版纳。于7月13日回到了北京。回来后，一大堆公私事务等着我处理，还有一连串的会议要我参加，因此没有给你们写信，但你们一家是常在我们想念之中的。

上次于伶来京，也把你的问候口信带到。老想给你们写几句，可是老没上劲。现在我有几个问题请下次来信告诉我们：

1. 你们的生活情况，工作顺利吗？机关有些新气象了吗？孩子们放暑假了，大考成绩好吗？

2. 阿贝的德文谅已可以自由阅读了，我虽未停止学习（旅途中不免有时耽误），但进步不快。

3. 阿纳的事，我看还是不要心急，瓜熟蒂落，水到渠成，反正现在帽子已经摘掉，那些政治是非、理论是非迟早也要明朗的。总的结论做出后个人的结论就好办。

---

* 原载沙尚之编：《记孙冶方》，上海文艺出版社，2001，第206—226页。原标题为《孙冶方给陈修良的信（1977—1982）》，收入《孙冶方文集》时按时间编排。信中注释为原编者所注。标题为编者后加。

4. 据阿汉[1]说，老汤[2]来过北京，现在去山东，以后还要来北京看我。他的事总算恢复原有的结论了，但敏之[3]的问题，听说仍未做结论，何故？见面时请代问好，并问老太太[4]好。

5. 听不见叶进明消息，见面时盼致意，并请将他的近况告知。

希望我能在秋前搬一处较宽敞的房子，那时欢迎你来住，看看阔别二十年的北京。

敬礼！

冶方　7月22日

说来凑巧，我刚写到这里，还想给蔚昕、阅昕写几句，就接到邻居送来敏之的来信，我就另写一页请你转交吧。蔚昕、阅昕：你们放了暑假了，有工夫给我们写封信报报你们的学习成绩身体情况吧。我想现在你们都长大了，兄妹一定不再吵架了，是不是？

阿纳：

我还告诉你一件事：昨夜正在看电视，忽然来了一位陌生人，他自我介绍是莫斯科同学，叫李敬永[5]，他说同你同一年级，且较熟。他讲起是1934年中央机关被破坏后失去组织关系，后来在武汉办事处，延安均未恢复组织关系，解放后在教育部工作，后调河南教书。

你记得此人吗？他过去在莫斯科时是王、博的人抑或对立面

---

(1) 阿汉，徐雪寒。

(2) 老汤，汤季宏。

(3) 敏之，陈敏之，顾准的弟弟。

(4) 老太太，陈敏之的老母亲。

(5) 根据陈修良的回忆，李敬永是1925年进莫斯科中山大学的。参见《莫斯科中山大学里的斗争》——《陈修良文选》第235页，上海社会科学院出版社1999年10月出版。

的人，他说他在莫斯科也是翻译政治经济学课的。

敬礼！

孙冶方　7月4日

修良：

27日来信收到。我原来预备去秦皇岛写作。但一到那里就感冒发烧，住了三夜就回京。但回京时已退烧，仅感觉弯腰转身时常有短时间的头晕，所以就来首都医院（原协和）检查，先确诊是颈椎骨质增生，压迫血管，致使脑供血不足。因此，做了很长时间的蜡疗。后来又发现食道裂孔疝（过去认为胃病），最后发现肝胆附近有黑影。医生断定有内出血现象，于是决定动手术。手术后，证实了医生的诊断：原来在胆囊附近长了一个囊肿，而且已破裂，所以腹腔内已有血。医生在开刀前在我腰部扎了一针，抽出好几CC淤血，证实了医生的诊断。开刀后割去了囊肿。同时，全面检查了内脏，发现我有二十八年肝炎史的肝脏竟还很软。

总之，这次头晕病住院倒使我割除了一个隐患。否则，不知病情要恶化到什么程度才会发现。我于8月20日住院，9月27日动手术，10月6日拆线，一切很顺利，没有感到任何痛楚。倒是胶布过敏，引起几个小疮口，热水袋漏水烫痛了脚，至今疮口未愈，除敷药外，今天起又在照紫外线。

承你和阿贝、中和等关心，很感谢！两个小朋友好吗？还有阿黄姐好吗？均请代问候。

为阿三写的那个报告[1]是我口述叫人记录的，不料他的文笔不行要大改。我因上午忙治疗（因胃口不好，每餐吃一两粮食还

（1）孙冶方身体终因长期受到摧残而垮下来，其实当时他已被诊断为患有癌症，并非一般的囊肿。但他在病中仍把沙文汉的冤案平反作为自己的一件重大责任，手术后即给陈修良写了此信。他克服了许多困难，同年12月，在病床上亲自向党中央写出了这个重要的报告。

吃不完，所以给我输液，要费去两个小时左右，还要打针、理疗，忙极了）。下午来探视的客人多，无法工作。所以那报告仍未改起来。

还告诉你：手术室的护士长叫方茂敏是您的侄媳妇。阿四来看我时带她和她的丈夫一同来过，她常来看我。

匆匆草此，请谅（这是我手术后初次执笔）。

敬礼！

冶方　10月30日

就干部失职危害群众利益一事致《人民日报》编辑部、中央纪律检查委员会信*

《人民日报》编辑部并请转

中央纪律检查委员会：

读了1979年7月27日《人民日报》发表的新华社通讯《毁瓜的风波说明了什么?》，不仅如《人民日报》评论员所说的那样，“使人很不平静”，而且简直是令人气愤到了极点。据报道，南庄大队由于毁掉了这30多亩即将成熟的西瓜，全大队遭受损失近万元，平均每个农户减少收入75元。这对于社员来说是多么大的物质损失？身为农村干部的张五普、郭维忠是不会不知道的。然而他们竟然下这么大的狠心。这说明他们二人不仅是目无党纪国法，而且是对群众疾苦毫不关心的官僚恶霸。据报载，中共正定县委仅仅要张五普和郭维忠作了两次检讨了事，未免太轻了。※正定县委通报第二条说：“追究毁瓜者造成的经济责任……”，——读到这里，我以为要让张五普、郭维忠个人赔偿经济损失了；但是下半句却是“……由公社给南庄大队酌情赔偿损失”。我认为由公社酌情补偿大队经济损失是必需的。因为估计要由张五普、郭维忠个人赔偿这笔物质损失是不可能的，但公社不是毁瓜者，毁瓜者是张五普、郭维忠这两个官僚干部。他们二

* 标题为编者后加。

人的独断专行给大队群众造成这么大的物质损失，不能仅仅检讨两次就算了事。据通讯报道，“六月十六日，公社党委书记张五普气冲冲地来到瓜地，恶语中伤大队聘请来的瓜把式……，派人立即把他押送回原大队写检讨，并指令生产队扣发工资，停发口粮”。——这是张五普处分干部的办法。我建议比张五普处分瓜把式的办法稍稍轻一些，不是“扣发工资，停发口粮”，而是口粮照发，降级使用，工资也相应降低！

我建议中央纪委及国家立法部门考虑定立一条法律，凡因干部失职造成国家、社会和群众严重物质损失者必须降职降薪。对于不关心国家、社会和群众物质利益的人，必须给一点物质刺激，即物质处分。我这意见是否妥当，请中央纪律检查委员会考虑！

敬礼！

孙冶方

1979 年 7 月 31 日

※我听到这么三句顺口溜！“搞一幢好房子，检讨一下子，享受一辈子。”——值得我们深思！

贯彻“双百”方针 开展经济科学研究工作*

今天，《经济研究》编辑部和《经济学动态》编辑部请同志们座谈新中国成立30年来我国经济科学的成就，我代表《经济研究》主编许涤新同志，代表两个编辑部向到会同志表示谢意。

中华人民共和国成立30年来，经济学界的成绩是很大的。五十年代初，我在做统计工作中遇到的问题使我认识到，统计工作离不开政治经济学。以后到苏联考察，李富春同志指示我们，对苏联那套统计报表制度不要生搬硬套，而是要追根究底。从此之后，更引起了我对经济学的重视。1956年，我写了把计划和统计放在价值规律基础上的文章。从那时起到1959年，在这个问题上我一直是少数派。我还提出关于按生产价格定价的理论，被认为是大逆不道。经过这么多年的实践考验，我那一套虽然不一定正确，但至少有许多问题是值得研究的。比如，制定计划要考虑到价值规律，具体如何提法，可能有不同意见，但在要重视价值规律的作用方面，是趋于一致的；关于生产价格问题，现在至少大家认为要考虑资金的有效利用，这也就涉及平均利润、生产价格问题。在这之前，还有过生产力是二要素还是三要素的争论。这几点争论，当然还有一些别的争论，经过30年的曲折，经过对“四人帮”的批判，现在，许多观点不是愈来愈分歧，愈来愈混

---

* 本文是孙冶方1979年8月8日的发言，原载《经济学动态》，1979(10)。

乱，而是愈来愈接近了。

虽然对这些问题还要进行深入研究，进一步开展百家争鸣。但是，就现有成绩来说，也是来之不易的。

斯大林在《苏联社会主义经济问题》中，提出要尊重客观经济规律，包括价值规律等问题，对社会主义政治经济学的研究工作具有重要意义，这是应该肯定的。当然，这本书也有一些被实践证明是不妥当的观点。

回想30年来，如果我们能更好地坚持“双百”方针，坚持不戴帽子，不打棍子，不抓辫子的“三不主义”，如果没有林彪、陈伯达、康生和“四人帮”的捣乱、破坏，我们的成绩可能更大一点，步子可能更快一点。但事物的发展是曲折的。真理是愈辩愈明的。希望今后真正地贯彻毛泽东同志提出的“双百”方针和“三不主义”。同时，我认为，作为经济理论战线工作的同志，要有五不怕的精神，就是不怕撤职，不怕开除党籍，不怕坐牢，不怕杀头，不怕离婚，坚持真理，修正错误，进一步推进政治经济学的研究工作的开展。现在，社会主义的政治经济学还没有一部比较系统的，大家公认比较好的教科书。我寄希望于今后，不要再用30年，希望再用10年或者更短的时间能够写出一部基本上为大家公认是比较好的教科书或讲义来。希望经济理论界的同志们共同努力。

就耀华玻璃厂一事致张劲夫、汪道涵、于光远等同志信*

张劲夫、汪道涵、于光远同志并报
姚依林、邓力群、马洪同志：

我于8月16日下午到了秦皇岛，原来是预备去写我的《社会主义经济论》的；不料到了那里就感冒发烧，于19日即返京，现在感冒虽然已经好了，因为又发现有别的病症，仍然留首都医院治疗并做全身检查。

我们在到达秦皇岛的那天，就听说秦皇岛耀华玻璃厂摆脱了财务部门规定的原有奖金制度的旧框框，取得了提前8天完成玻璃窑冷修工程的大胜利。因此，我请和我同去秦皇岛的霍俊超、林泉水二同志于第二天即去秦皇岛做了半天走马看花式的调查。由于我病了，霍俊超、林泉水二同志要护送我回京，未能于第二天继续下厂作深入调查；但是就以现在所得材料看来，耀华的先进事迹对于我们的体制改革，也是很有启发的。现在将霍、林二同志的调查报告打印送上，供参考。

现在体制组和中财委组织的其他调研小组下基层去做调研工作的计划，已经具体化没有？我和《社会主义经济论》写作小组的林青松、霍俊超、林泉水、冒天启四同志决定等我病好后即去厦门大学，一面从事写书、讲学，一面即和当地同志合作，组织

* 标题为编者后加。

调查研究，为期3个月到半年。由于我有写作和讲学任务，所以只能分出一部分时间做调查研究。因此，我们5个人将作为体制、引进和理论方法组领导下的一个小集体单独行动。我们的调查题目以体制问题为主，也涉及侨汇和引进问题，当然也离不开理论方法的研究。如引进小组能派人和我们合作（如道涵同志以前和我面谈的那样）那就更好了！

以上计划，请你们批准！

敬礼！

孙冶方

1979年8月30日

抄报：乔木同志并院党组、

经济所许、徐、董、孙、刘正副所长

附　从耀华玻璃厂在冷修玻璃窑时采取嘉奖措施看扩大企业权限的必要性*

调查者：中国社会科学院经济研究所　霍俊超　林泉水

秦皇岛耀华玻璃厂是全国大型玻璃厂之一，其主要产品是平板玻璃和作为玻璃纤维原料的玻璃球。

按照常规，液化玻璃原料的窑在连续使用30个月之后，必须停产冷修。所谓冷修，就是放出窑中的玻璃液。待窑温降低之后进行大修。根据国家计划规定，耀华厂一号窑冷修一次需要有

* 本文写于1979年8月27日。

1500多工人工作45天。在以往，一号窑的冷修，不仅一般不能提前完成任务，而且为了按时完工，往往还不得不在正常工作时间之外，加班加点。仅加班费一项支出就要5万多元。

可是，在今年七八月，这个一号窑的冷修却打破了历史常规而创造了多快好省的奇迹——在保质、保安全的前提下，提前8天完成了冷修任务，也就是提前8天投入了生产。据估计，提前8天投产，就能为国家多生产4万多标准箱玻璃（一标准箱为二毫米厚的10平方米玻璃），其价值大约为46万元。其次，由于冷修期缩短一天，实际上也就等于国家少花一天的冷修工资。因此，冷修提前8天完成，也就为国家节省了2万多元的工资。另外，与过去比，由于这次冷修没有组织加班加点，所以也就为国家节省了加班费约5万多元。仅两项节省合计就达7万元。

耀华厂这次冷修之所以能打破常规，创造奇迹，带来这样可观的经济效果，除了加强领导、改善劳动组织，发扬民主和发动职工群策群力以外，主要是因为这个厂的领导解放了思想。他们在冷修前认真地算了经济账。认为只要能提前完成冷修，那么在国家财政制度规定的按每个月基本工资总额12%提取奖金给职工发奖的基础上，冷修工程每提前一天完成再给每个职工加奖2元，那也是合算的。这样做，有利于国家，又有利于职工。为此，他们就把这个奖励办法在冷修开始时，公开向职工宣布，并保证执行。由于这一决定得到了职工的拥护，所以，就大大地调动了职工的积极性，从而，也就取得了冷修战斗的节节胜利，到最后，提前8天完成冷修任务，也就提前8天投入生产，夺得了可喜的经济效果。

按照提前一天完成冷修，给每个职工再加奖金2元计算，总共要花去国家大约24 000元的额外奖金。但是由于提前8天投入生产，就能够多产4万多箱玻璃，约46万元，节约工资和加班费10万元。所以，这笔额外奖金和增产节约的数字比较起来是微不足道的。职工为社会多出了力，多创造了财富，国家多给他们一些奖励，这是符合按劳分配原则的。

然而，耀华玻璃厂所采取的这个合情合理的奖励措施，按照我们现行的财务制度，却是一种不合法的措施；因为这笔奖金超过了上述月工资总额12%的规定。正因为如此，所以我们去调查时，这个厂的领导和职工群众正在担心他们的上级主管局即河北省建材局会不会同意、批准他们那样做。银行会不会给他们付款。据耀华厂的有关负责同志谈，如果上级不批准，银行不给钱，那他们就不得不以加班加点的名义，再向上级打报告，要求拨款。

反正加给职工的奖金必须发，不然就会失信于群众，打击群众的生产积极性，秦皇岛市委领导同志支持了耀华厂的加奖措施，但决定权是在河北省建材局。

从耀华玻璃厂这次冷修玻璃窑的例子中可以看到，我们现在企业管理的许多条条框框的确是过细、过死，束缚了基层干部和群众的手脚；在此次体制问题的调查中，必须逐项研究，加以解决。像奖金制度这类问题，中央只需规定一些政策原则（例如必须贯彻按劳分配原则，反对平均主义；必须以增产节约为前提，等等），至于具体条例办法，应该下放给企业自己去解决。

论作为政治经济学对象的生产关系*

这是我正在写作的《社会主义经济论》第1章“导言”中的两节（初稿），主要是对流行了20多年的斯大林在《苏联社会主义经济问题》一书中关于政治经济学对象即生产关系所包括的内容，提出了不同意见。我觉得斯大林的定义是对恩格斯在《反杜林论》中关于政治经济学对象的正确定义的修改，这种修改是不妥当的，给社会主义建设实践已经带来了不良后果。我认为，斯大林把流通排斥在政治经济学对象之外，把生产资料所有制形式独立出来，作为政治经济学对象的生产关系的三个方面之一，都是有问题的，大有讨论的余地。

我的上述看法，曾在好些地区和单位做报告的时候讲过。现应《经济研究》编辑部之约，先把这两节发表出来，使我有机会更广泛地听取意见，以便将来做进一步的补充和修改。

生产关系包括哪些组成部分

恩格斯在《反杜林论》第2编《政治经济学》第1章“对象和方法”中，一开头就说：“政治经济学，从最广的意义上说，

* 本文原载《经济研究》，1979（8）。

是研究人类社会中支配物质生活资料的生产和交换的规律的科学。生产和交换是两种不同的职能。没有交换，生产也能进行；没有生产，交换——正因为它一开始就是产品的交换——便不能发生。这两种社会职能的每一种都处于多半是特殊的外界作用的影响之下，所以都有多半是它自己的特殊的规律。但是另一方面，这两种职能在每一瞬间都互相制约，并且互相影响，以致它们可以叫做经济曲线的横坐标和纵坐标。”

“随着历史上一定社会的生产和交换的方式和方法的产生，随着这一社会的历史前提的产生，同时也产生了产品分配的方式和方法。”

然后，恩格斯又具体地描绘了历史上各种不同的生产和交换的方式和方法对于产品分配的方式和方法的决定作用；继而以氏族公社的瓦解和阶级的产生为例，说明了生产关系对于阶级关系的决定作用以及作为阶级的暴力工具的国家的产生和本质。接着恩格斯着重指出：

“可是分配并不仅仅是生产和交换的消极的产物；它反过来又同样地影响生产和交换。每一种新的生产方式或交换形式，在一开始的时候都不仅受到旧的形式以及与之相适应的政治设施的阻碍，而且也受到旧的分配方式的阻碍。新的生产方式和交换形式必须经过长期的斗争才能取得和自己相适应的分配。但是，某种生产方式和交换方式愈是活跃，愈是具有成长和发展的能力，分配也就愈快地达到超过它的母体的阶段，达到同到现在为止的生产方式和交换方式发生冲突的阶段。”

最后，恩格斯给政治经济学——也就是他所说的还有待于创造的广义政治经济学下了一个完整的定义：政治经济学是“一门研究人类各种社会进行生产和交换并相应地进行产品分配的条件

和形式的科学”❶。这就是说，恩格斯认为：政治经济学所研究的生产关系应该包括生产（即直接生产过程中的生产关系）、交换和分配三个方面。这是由于从全社会的总生产过程来说，即从社会再生产的角度来说，交换和分配都只是社会再生产过程这个整体中的一个环节，所以，交换和分配过程中的人与人之间的关系又与直接生产过程中人与人之间的关系相并立，统称为生产关系。

现在，我们再来听听斯大林对于这个问题的意见。斯大林在《苏联社会主义经济问题》这本书的《关于尔·德·雅罗申柯同志的错误》一节中说：“政治经济学的对象是人们的生产关系，即经济关系。这里包括：（1）生产资料的所有制形式；（2）由此产生的各种不同社会集团在生产中的地位以及他们的相互关系，或如马克思所说的，‘互相交换其活动’；（3）完全以它们为转移的产品分配形式。这一切共同构成政治经济学的对象。”❷（附带说明：“所有制形式”一语，俄文原文是“Формасобственности”，这个词译作财产形式较好。因现在所有马列主义文献中 Собственность 此词已一律译为“所有制”，所以我这里仍沿用旧译。这个词译作“所有制”并不确切，这在恩格斯《家庭、私有制和国家的起源》一书的译名中就可以看得出来。望文生义，我们以为既然说的是“私有制”，那么一定是说的关于私有财产的法制问题了。然而打开此书，从头到尾读完了它，才知道恩格斯说的主要是指最初的剩余产品如何为氏族酋长或部落的首领私人占有这一客观存在的事物，因此，这里说的“Eigentum”即俄文的“Собственность”，与其说是

---

❶ 恩格斯：《反杜林论》，《马克思恩格斯选集》，第 3 卷，第 186、187、188、189 页，北京，人民出版社，1972。

❷ 斯大林：《苏联社会主义经济问题》，第 58 页，北京，人民出版社，1961。

指法制，指上层建筑，毋宁说是指客观存在的物质财富或财产。）

显然，斯大林的这个定义和恩格斯的定义是不同的。恩格斯说，作为政治经济学研究对象的生产关系，包括三部分：（1）生产（即直接生产过程中人与人之间的关系）；（2）交换（即交换过程中人与人之间的关系）；（3）分配（即分配过程中人与人之间的关系）。斯大林说，政治经济学研究的对象是：（1）所有制；（2）不同社会集团在生产中的地位以及他们的相互关系；（3）产品分配的形式。这两个定义有两个不同点：第一个不同点是，恩格斯的定义中没有“所有制”；第二个不同点是，斯大林的定义中没有“交换”。斯大林对于他的定义中为什么加上“所有制”这一项，在他上述著作中没有说明，但是对于为什么没有“交换”这一项，他是有说明的。

他说：“这个定义（指他自己的定义——孙冶方注）中没有用恩格斯定义中的‘交换’一词。所以没有用，是因为‘交换’一词通常被许多人了解为商品交换，这种交换不是一切社会形态而只是某些社会形态所特有的现象，这有时就会引起误会，虽然恩格斯所说的‘交换’不仅是指商品交换。但是，恩格斯用‘交换’一词所指的东西，显然在上述定义中（指斯大林自己的定义）已作为其组成部分包括在内了。因而，政治经济学对象的这个定义，就其内容讲来，是和恩格斯的定义完全符合的。”[1]

事实并非如此。问题主要不在于对恩格斯的定义能不能改动，而在于斯大林同志对恩格斯的这个定义的改动是否正确。我认为，斯大林同志对恩格斯关于政治经济学研究对象的定义、对于生产关系所包含的内容（或组成部分）的改动，是不正确的。它不仅不是发展了恩格斯的定义，反而，恕我套用斯大林同志本

[1] 斯大林：《苏联社会主义经济问题》，第58页，北京，人民出版社，1961。

人的话说，是从恩格斯的定义后退了。由于斯大林同志的《苏联社会主义经济问题》发表以后，经济学家们都改用他的这个定义；[1] 而这个定义，如像我们在下面将要说到的那样，不论是对于说明历史问题，抑或是对于说明当前的现实问题都是错误的，而且对于我们社会主义革命和社会主义建设的实践都带来了极坏的影响；所以，很有必要对这个问题展开认真的讨论。

在讨论之前，先要简单地谈一下我对于斯大林同志的《苏联社会主义经济问题》这本书的看法。我认为，对斯大林同志这本书既不应当全盘肯定，认为一切都好，也不应当全盘否定，认为一切都坏。我们应当实事求是，也就是说应当采取一分为二的态度来对待这本书。首先我们应当肯定，这本书不仅对于马克思主义政治经济学的发展，而且对于社会主义经济建设都有着不可磨灭的贡献。这种贡献，最重要的一点是，它一反苏联20世纪20年代以来，由于布哈林否认理论政治经济学在社会主义社会中的必要性而带来的忽视或轻视经济理论的偏向，重新引起了经济学界对经济理论问题和经济理论研究工作的注意和重视。同时，这本书严厉地批判了经济学界否认价值规律和其他经济规律在社会主义社会中的作用的错误观点，重新向经济理论工作者和实际经济工作者提出：要重视客观经济规律，特别是要重视价值规律。价值规律曾经被宣判死刑，这个多年沉冤，就是在斯大林同志的这本书里得到了昭雪。斯大林同志的这个伟大贡献无论是在理论上，还是在实践中都有着非常重大的意义。但是，我们也应当看

[1] 例如，1972年《红旗》第7期第39页，方海写的《学一点政治经济学》中说：“生产关系包括三个方面，即生产资料所有制的形式；人们在生产过程中的相互关系；产品的分配形式。”1975年2月号《北京师范大学学报》第20页称：“生产关系包括三个方面：生产资料所有制形式；人们在生产过程中的地位和相互关系；产品的分配形式。”上海师范大学政教系等编的《学习社会主义政治经济学》第7页称：“生产关系包括三个方面：（1）生产资料所有制形式；（2）人们在生产中的地位和他们的相互关系；（3）产品的分配形式。”

到，斯大林同志的这本书也存在着一些在我看来是重大的理论错误。由于这本书的一些错误观点曾一度被人们当作马克思主义的“天经地义”，并且直至今天仍然严重地束缚着人们的头脑，以至于在社会主义的实践中造成了不小的危害，因此，重新讨论一下这些观点是十分必要的。斯大林同志对于生产力的定义或生产力的要素问题、对于价值规律问题的一些错误观点，我将分别在这篇导言的其他节和这本书的正文中加以评论。

现在，我们还是回过头来讨论他的政治经济学研究对象即生产关系的定义（或生产关系的组成部分）同恩格斯的定义的两个不同点。在这里，我们可以明显地看到斯大林同志的错误观点的理论渊源，以及它在实践中造成了怎么样的危害。

我们先从两个定义的第二个不同点（斯大林定义中没有“交换”）说起。

斯大林同志因为一般人都把“交换”理解为“商品交换”，他怕引起误解，所以就把“交换”这一项目取消，认为“不同社会集团在生产中的地位以及他们的相互关系”这一项就已经包括恩格斯所说的“交换”的意思在内了。我认为，斯大林同志的这个理由是不能成立的。例如，一般人也把“价值规律”仅仅看作是通过自由竞争和市场价格涨落来调节生产的自发势力的规律，而且它在资本主义社会中也的确是这种性质的一个规律；可是斯大林同志却并不因为人们对价值规律的理解有这种片面性，就忌讳说，在社会主义社会，价值规律仍旧起着作用。

斯大林同志在生产关系的定义中，没有把交换关系单独列出来，而是把它作为直接生产过程中人与人之间的关系的一个项目（即所谓“互相交换劳动”）提出来的。这正是杜林的观点，曾经受到恩格斯的严厉批判。杜林否定独立的流通过程，把交换或流通看作只是生产的一个项目。恩格斯在《反杜林论》中曾引证了杜林的原话。杜林说：“在一切经济问题上可以区分为两种过程，即生产过程和分配过程。”杜林认为，“交换或流通只是生产的一个项目，使产品达到最后的和真正的消费者手中所必须经历的一切，都属于生产。”恩格斯严厉批判了杜林的这个观点（这实际上也就是马克思对杜林的严厉批判，因为正如恩格斯在《反杜林论》第二版序言中指出的，《反杜林论》是在马克思密切合作下写成的，其中《政治经济学》第1编中的个别章节还是马克思亲自执笔的）。恩格斯说：“杜林先生把生产和流通这两个虽然互相制约但是本质上不同的过程混为一谈，并且泰然自若地断言，排除这种混乱只能‘产生混乱’，他这样做只不过是证明，他不知道或不懂得正是流通在最近50年来所经历的巨大发展。”❶

恩格斯的《反杜林论》的第2编《政治经济学》是在1877年写的。恩格斯所说1877年以前50年，西方资本主义社会流通过程所经历的巨大发展是什么呢？我想这无非是指世界市场的形成，交易所的成立以及随之而来的交易所投机等吧。但是，如果把这些经历同社会主义革命胜利以后，交换过程或流通过程所经历的巨大变革相比，那么真是小巫见大巫了。社会主义革命时期的交换过程或流通过程所经历的变革，即使不比生产过程所经历的变革大一些，那么至少也不小一些。虽然生产过程中的变革和流通过程中的变革都是随着无产阶级革命胜利后政权的变革和所有制的变革而来的，而且它们之间也是互相联系互相制约的，但是，生产过程的变革和流通过程的变革又各有它们独自的具体内容。例如，在生产企业中，当前提出的问题是：扩大企业的管理权限、实行企业的独立经济核算制；贯彻“两参一改三结合”，特别是企业的民主管理以及一整套两条腿走路和大、中、小企业并举等问题。在流通过程中，虽然就商业部门管理机构和商业企业的内部管理来说，同样也存在这类问题，但是从交换过程或流

❶ 恩格斯：《反杜林论》，《马克思恩格斯选集》，第3卷，第192、193页，北京，人民出版社，1972。

通过程本身来说，它所提出的问题却具有完全不同的性质，而且这些问题，又因为交换双方的所有制的不同，而有不同的性质和不同的解决方法。举例来说，国营商店和居民之间的流通，就不同于国营企业和集体所有制企业之间的流通，而这两种流通又大不同于国营企业相互之间的流通。对于这些问题的详细研究，我们准备在流通过程一篇中，部分地将在生产过程篇的《企业和企业管理》一章中进行。我们在这里，仅仅想指出一点：不论是从实践方面，还是从理论方面来说，问题最复杂的不在于国营或合作商业和居民之间的流通；虽然在这里，商业所面对着的是几亿居民、个人消费者（购买者）。最复杂的问题倒是发生在国营企业（即国家）和集体所有制企业之间的流通过程中，特别是国营企业和国营企业相互之间的流通过程中（即所谓工商关系和工工关系）；就是说，在社会主义革命过程中受到的改造越深刻，交换或流通的形态越是不同于旧的形态，问题就越复杂，越是需要社会主义政治经济学去研究和探索。而且，正如我们将在《流通概论》中证明的那样，在交换或流通问题上，特别是在国营企业相互之间的流通问题上所存在的某些混乱，除了经验不足之外，多半也是政治经济学家们否认全民所有制内部还有流通过程的结果，而这一切同斯大林同志在生产关系的定义中用直接生产过程中人与人之间的关系来代替交换过程中人与人之间的关系，从而在实际上否定了独立的流通过程，不能说是没有关系的。或许也同样有理由说，斯大林同志以及经济学者们否定流通过程的观点，也正是实践中否定流通而搞实物配给的反映。例如，把千千万万不同品种、不同规格的产品，集中在物资管理部门进行统一分配（更确切用语是“实物配给”），造成了供、产、销的严重脱节和采购员满天飞的局面；否定工农业产品的等价交换和轻、重工业产品的等价交换，使价格人为地长期背离价值，不仅破坏了企业独立经济核算的可能，而且使整个社会再生产两大部类之间

的比例关系无法进行准确的计算，农民对国家的贡献主要不是通过直接税的形式，而是通过所谓价格杠杆的形式，从而挫伤了农民的生产积极性，等等。这些不能不说是我国国民经济长期以来比例严重失调，生产增长速度缓慢的一个重要原因。这是同理论上否定交换，否定流通过程，否定价值规律的作用有密切关系的。如果说，流通领域中还存在着阶级敌人的破坏和捣乱问题，存在着产生新的剥削分子的问题，那岂不也是由于社会主义流通领域本身存在着种种缺陷和漏洞，从而给了阶级敌人以可乘之机吗?

总之，不仅是在恩格斯写作《反杜林论》的时代，即资本主义时代，“把生产和流通这两个虽然互相制约但是本质上不同的过程混为一谈”，“把生产和交换干脆笼统地称为生产”是不对的，就是在社会主义时代（即使从全民所有制内部来说），也是不对的。这种混为一谈，对实践中许多复杂问题的解决是十分有害的。

正因为交换在生产关系里面起着这样的重要作用，所以恩格斯在 1888 年为《共产党宣言》英文版写的序言中甚至把交换方式同生产方式并列起来，称它们以及由它们产生的社会结构，是它们时代的政治的和精神的历史所赖以确立的基础。恩格斯的原话是：“每一个历史时代主要的经济生产方式与交换方式以及必然由此产生的社会结构，是该时代的政治的和精神的历史所赖以确立的基础。”

恩格斯关于政治经济学研究对象的定义为何没有“所有制形式”这一条

现在我们再来研究恩格斯的定义和斯大林的定义的另一个不同点。这就是斯大林定义中有“所有制形式”这一条，但是恩格斯的定义中却没有“所有制形式”这一条。这是不是说马克思和

恩格斯都不重视“所有制形式”的研究呢？如果有谁这样想，那么他是大错特错了。

相反，马克思和恩格斯早在1848年的《共产党宣言》中就宣称：

“总之，共产党人到处都支持一切反对现存的社会制度和政治制度的革命运动。

在所有这些运动中，他们都特别强调所有制问题，把它作为运动的基本问题，不管这个问题当时的发展程度怎样。”❶

马克思在《资本论》中还说过：“人们只要略为认识一点罗马共和国的历史，他们就会知道，土地所有制的历史形成该国的秘史。”❷

既然马克思和恩格斯对所有制形式问题（即财产形式问题）如此重视，为什么在恩格斯关于政治经济学研究对象的组成部分中没有所有制形式（财产形式）这一项目呢？我们从马克思的《〈政治经济学批判〉导言》那一段话中就可以找到解答：“社会的物质生产力发展到一定阶段，便同它们一直在其中活动的现存生产关系或财产关系（这只是生产关系的法律用语）发生矛盾。”原来财产关系（或译作所有制关系或所有制形式）只是生产关系的法律用语，而政治经济学是研究生产关系的，既不是研究它的法律形式，更不是研究它的法律用语的。我们在这篇导言的开头就说过，政治经济学要密切联系着包括法律（法制）在内的上层建筑来研究生产关系，但法律（法制）并不是政治经济学的研究对象本身。这是第一。

第二，在恩格斯的定义中，生产关系的三个组成部分（生

❶ 马克思、恩格斯：《共产党宣言》，《马克思恩格斯选集》，第1卷，第285页，北京，人民出版社，1972。

❷ 马克思：《资本论》，第1卷，第59页脚注，北京，人民出版社，1963。

产、交换、分配）已经包括了在“所有制形式（或财产关系）”这个法律用语中所包含的全部经济内容。从实际上说，所谓“各种社会进行生产和交换并相应地进行产品分配的条件和形式”是指什么呢？那还不就是指：（1）用谁所有的生产资料来进行生产，生产出来的产品归谁占有；（2）交换的产品是谁生产的又为谁占有的产品；（3）被分配的产品是谁生产的又归谁所占有，从而用什么形式，按什么比例来分配的。历史上各种社会经济形态，岂不就是按照以上三项内容来辨别的吗？这岂不就是所谓“所有制形式”或“财产形式”的项目下所要研究的全部内容吗？一句话，生产关系的全部内容也就是所有制形式或财产形式的全部经济内容。正是在这个意义上，马克思说：“在每个历史时代中所有权以各种不同的方式，在完全不同的社会关系下面发展着。因此，给资产阶级的所有权下定义不外是把资产阶级生产的全部社会关系描述一番。”❶ 可见，在生产关系中，除了恩格斯所说的生产、交换和分配这三项内容之外，再加列一项所有制形式，那就不仅是毫无意义的，而且是有害的同义反复。

或许有的同志会说，既然所有制或财产问题是马克思和恩格斯所特别强调的，对于生产关系的研究是非常重要的，那么为了强调这个问题，把它作为政治经济学的研究对象，即生产关系的第一个组成部分单独列出来有什么不好呢？为什么我们说这样做是有害的呢？

道理是很明显的。因为，既然生产、交换、分配这三项已经包括了生产关系的全部内容，那么在这三项之外，再单列一条所有制形式，那就意味着在生产关系之外去研究所有制问题（而且是“所有制的形式”问题，即“法制形式”问题），然而，马克思早就告诉我们：在生产关系之外去研究这个问题，“不过是形

❶ 马克思：《哲学的贫困》，《马克思恩格斯选集》，第1卷，第144页，北京，人民出版社，1972。

而上学的或法学的幻想”，那“不只是犯了方法上的错误”。

下面，我们把马克思的有关论述引证如下：马克思在批判蒲鲁东的《贫困的哲学》一书时说：“所有制形成蒲鲁东先生的体系中的最后一个范畴。在现实世界中，情形恰恰相反：分工和蒲鲁东先生的所有其他范畴是总合起来构成现在称之为所有制的社会关系；在这些关系之外，资产阶级所有制不过是形而上学的或法学的幻想。另一时代的所有制，封建主义的所有制，是在一系列完全不同的社会关系中发展起来的。蒲鲁东先生把所有制规定为独立的关系，就不只是犯了方法上的错误：他清楚地表明自己没有理解把资产阶级生产所具有的各种形式结合起来的联系，他不懂得一定时代中生产所具有的各种形式的历史的和暂时的性质。”❶

当然，斯大林不是蒲鲁东，他绝不会“不懂得一定时代中生产所具有的各种形式的历史的和暂时的性质”。但是，当他把所有制（财产）从生产、交换和分配当中抽取出来（甚至交换也被排除在生产关系之外），并且和它们并列为政治经济学的一个独立研究对象，这种做法本身就会不可避免地促使人们从生产关系之外去研究“所有制”问题，从而产生“形而上学的或法学的幻想”。而且这种幻想在现实生活中已经出现。现在，我们就举例来加以说明。

第一个例子是：郭沫若同志在《中国古代史的分期问题》❷一文中所提出的，关于中国奴隶社会和封建社会分期的标志或者确定这个分期的一条根本性质的原则问题。他认为，中国古代史的分期问题，由于年代久远和记载简单，如果从生产关系角度来着眼，奴隶社会和封建社会是容易混淆的；但是如果从所有制角

❶ 马克思：《致巴·瓦·安年柯夫（1846年12月28日）》，《马克思恩格斯选集》，第4卷，第324—325页，北京，人民出版社，1972。

❷ 《红旗》，1972（7）。

度来着眼，那么问题便容易弄清楚了。然而，我们知道，按照马克思主义广义政治经济学的一般原理，奴隶社会和封建社会的基本不同点在于：奴隶没有自己独立的经营，即没有自己的家业，他们的全部劳动产品连同他们自身、他们的子女都是奴隶主所有的财产，而他们的生活也全部由奴隶主供养。封建农奴则有自己的独立经营。他们或者以一部分时间为地主服徭役，即在地主庄园里劳动，另一部分时间在自己家里劳动；或者是他们全部时间在自己家里劳动，但是他们必须向地主缴纳实物地租或货币地租。可见，奴隶制和农奴制是两种明显不同的剥削方式，即不同的生产关系。封建制之所以能够代替奴隶制而兴起，也就是因为封建农民（或农奴）有了独立经营之后，他们的生产积极性提高了，社会生产力向前发展了。但是，郭沫若同志认为，这种独立经营仅仅是狡猾的奴隶主为了束缚（或笼络）奴隶而施行的小恩小惠，把它作为区分奴隶制和农奴制的标志是不足为凭的。于是郭沫若同志便从所有制（那种独立于生产关系之外的所有制）角度出发，来解决中国古代社会的分期问题。他说：既然“封建社会的主要矛盾，是农民阶级和地主阶级的矛盾”，那么，“如果在某一历史时期中，严密意义的地主阶级还不存在，这个时期的社会便根本不可能是封建社会”。中国的古代社会曾经实行过“井田制”，即公田制，没有严密意义的地主，因此，便不可能是封建社会，而只能是奴隶社会。中国社会从什么时候进入封建社会的呢？郭沫若同志从《春秋》（鲁宣公 3 年，即公元前 594 年）发现了“初税亩”3 个字，他认为这就是中国开始从公田制转向私田制的证据，是“严密意义的地主阶级”开始登上历史舞台的证据，认为这就是中国开始转向封建社会的证明。

我们在这里不讨论中国古代社会分期问题本身，也不去探讨“井田制”到底是怎么一回事，以及“初税亩”到底是开始出现土地私有制的证据或者仅仅是表示中国封建社会的剥削已从徭役

制转为实物地租制的证据（中国古代，租和税是不分的，这正是反映着封建领主的双重身份——他既是政权的直接掌握者，又是以土地占有者身份出现的剩余产品的直接剥削者）。但是，即使“初税亩”是土地公有制即“井田制”转变为土地私有制的证明，也不能得出结论说，在此以前就是奴隶社会，在此以后才是封建社会。

首先，我们应当指出，原始的（或称作自然发生的）公有制形态，不是中国所特有的，而是一切民族在它的原始民族社会阶段所共有的。有的民族，这种原始的或自然发生的土地公有制在氏族社会转为奴隶社会的时候，便崩溃了，从而变为土地私有制了，但是，有的民族，这种原始的或自然发生的土地公有制直到封建社会末期还存在着。马克思早在他的第一部经济学巨著《政治经济学批判》中就嘲笑过那种把土地公有制看作某一民族国粹的观点。

他说，“近来流传着一种可笑的偏见，认为原始的公社所有制是斯拉夫族特有的形式，甚至只是俄罗斯的形式。这种原始形式我们在罗马人、日耳曼人、克尔特人那里都可以见到，直到现在我们还能在印度遇到这种形式的一整套图样，虽然其中一部分只留下残迹了。仔细研究一下亚细亚的，尤其是印度的公社所有制形式，就会得到证明，从原始的公社所有制的不同形式中，怎样产生出它的解体的各种形式。例如，罗马和日耳曼的私人所有制的各种原型，就可以从印度的公社所有制的各种形式中推出来”❶。马克思在《政治经济学批判》中说的这一段话又在1878年出版的《资本论》第1卷第2版中作为第30号脚注登了出来。

马克思和恩格斯在1882年为《共产党宣言》俄文版写的序

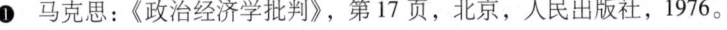

❶ 马克思：《政治经济学批判》，第17页，北京，人民出版社，1976。

言中还说过："在俄国，我们看见……大半土地仍归农民公共占有。"❶ 但是，我们知道，19 世纪末的俄国是地道的封建农奴制社会；而且对俄罗斯民族来说，农奴制的存在已经很久远，而奴隶制的时代则是更遥远的事情，以至连历史学家也已经无从确切考证了。马克思在《资本论》第 1 卷第 4 篇第 12 章第 4 节《手工制造业内部的分工和社会内部的分工》中，对当时（19 世纪下半叶）还残存着的印度公社内部的情况做了详细的描述。恩格斯也在《反杜林论》中好几处论述到印度的土地公社所有制的情况。恩格斯说，英国的法学家"曾在印度徒劳地苦思过'谁是土地所有者'这个问题"，因为在那里存在的不是土地私有制，而是土地公有制。但是我们能不能说，19 世纪的印度，甚至英国人入侵时期莫卧儿王朝统治下的印度，不是封建社会而是奴隶制社会呢？另外，大量的、世界上无可争辩的史料又证明，在古希腊、罗马的奴隶社会，已经存在土地买卖，即土地私有制。

由此可见，认为存在土地公有制就是奴隶社会，存在土地私有制就是封建社会，这种论断是完全不合乎历史实际情况的。历史事实告诉我们，在土地公有制之下，既可以是奴隶制社会，也可以是封建社会；在奴隶制社会里可以是实行土地私有制，在封建社会里，也可以是实行土地公有制。正因为如此，马克思才说，离开了生产关系去谈"所有制"问题，那不只是方法上的错误。上面我们引证的事例，无非证明了，离开了生产关系，土地所有制本身是不能说明历史学家或考古学家所想论证的任何问题的。

现在，我们来看看，由于离开了生产关系空谈"所有制"而引起的"形而上学的或法学的幻想"的第二个例子。

20 世纪 60 年代初，哲学社会科学界部分研究工作者曾经提

---

❶ 马克思、恩格斯：《共产党宣言》，《马克思恩格斯选集》，第 1 卷，第 231 页，北京，人民出版社，1972。

出过一个理论问题：社会主义国家蜕化变质是从哪里开始的。有一种意见认为，根据历史唯物主义的基本原理：上层建筑、国家政权的本质是由经济基础的性质决定的，而经济基础（生产关系）的核心问题是所有制问题；因此，一个社会主义国家的蜕化变质首先要看它的所有制是否已经改变。另一种意见认为，孤立地看“所有制”问题不能看出一个社会主义国家是否已经变了质，而是要看这个国家的内政、外交全部政策，并且通过这个国家的内政外交政策来分析它的全部生产关系，即对它的生产、流通、分配过程做全面的分析，而不是孤立地去看它的“所有制”或“所有制形式”（即马克思所说的“财产形式”）。

正如马克思、恩格斯所说的：我们不能凭一个人的说话来判断他的品质；我们也不能凭一个政党或国家自己标榜的是什么主义，或什么“所有制”来判断一个政党或国家的性质。

无论是历史上还是在当今的世界上，曾经有过各种各样的“社会主义”模式；有俾斯麦的“国家社会主义”；有希特勒的“国家社会主义”；还有其他种种的假社会主义。连英国工党执政时也把自己的某些国有化措施宣布为社会主义。当然，还有真正的无产阶级的社会主义国家。从形式上看，它们所实行的都是生产资料公有制。但是，如果从它的全部内政外交政策来做分析，从生产关系的各个方面即从生产、交换和分配的过程中人们之间的相互关系去考察，那么，它们之间的区别就会一清二楚。当然，这并不是说我们忽视或轻视“所有制”。相反，对于社会主义来说，生产资料公有制是一个必不可少的基本条件，因为社会主义是绝不可能建立在生产资料私有制的基础上的。这是马克思主义的一个起码常识。然而，只有当这种公有制能够体现社会主义生产关系的总和的时候，它才是真实的社会主义的公有制。因此，劳动者成为社会化生产资料的共同主人，即成为整个社会再生产过程（生产、交换和分配过程）的共同主人，并且在这个过程中只是以平等的身份来互相对待和发生关系——这才是社会主义的基本经济特征。谁要是离开了生产关系，孤立地从所有制形式上看问题，那么他就会把封建主义的或资产阶级的国有制当作社会主义来推崇。就不可能对形形色色的假社会主义做出正确的说明，而陷入恩格斯所说的形而上学的或法学的幻想。

如果说，由于我们掌握的经济资料不够，因而对古代的和别国的情况说不清楚的话，那么，在 20 世纪 70 年代，我们有了"四人帮"这个封建行帮的活生生的事例，就可以完全明白了：在他们所控制的地区、部门和经济单位中，从形式看，"公有制"并没有任何改变；相反，他们叫嚷"穷过渡"、叫嚷不断"提高"生产资料"公有化程度"比谁都叫得凶，而且还把它付诸实践。从所有制方面孤立地来看，似乎他们搞的这一套比谁都更加"社会主义"。可是，只要我们从生产、交换和分配过程中人与人之间的关系加以剖析，就可以看出他们所控制的地区和企业的假社会主义、真封建主义的本质。他们和他们的爪牙，取得了在生产、交换和分配过程中的绝对的支配权；而劳动者被置于完全无权的地位。他们左一个"王洪文工程"，右一个"张春桥工程"，强迫企业的工人为他们的"需要"而生产。林彪一伙说，"我的话就是计划"，而他们奉行的则是，"我的需要就是计划"。群众稍有反抗或不满，他们就残酷地镇压。他们同劳动者之间的关系完全是一种统治和被统治的关系。他们反对商品、货币关系所体现的"资产阶级权利"，为的是要建立他们的封建特权，使劳动者处在一种对他们的人身依附关系上。他们在这个所谓"公有制"的经济中攫取"公款"和"公物"，比资本家在自己开设的商号里支取款项还随便。他们的挥霍浪费甚至超过资本家。怪不得"四人帮"的一个爪牙说，货币对他们已经不起作用。他们鼓吹平均主义，揭穿了说，不过是封建特权加普遍贫困，即在他们之间实行"按需分配"——只要他们需要就自由取用；而在劳动者之间则实行平均分配——只能取得维持自己生存的最低限度的消费资料。这就是“四人帮”的美妙的社会主义，因为它对于“四人帮”来说，的确是“天堂”，然而对于劳动者来说却只是地狱。可见，“四人帮”的这种“社会主义公有制”，实质上是一种挂着社会主义公有制招牌的封建主义的特权所有制。然而，如果我们离开了生产关系，孤立地从所有制形式上去考察就会陷入形而上学的或法学的幻想，走进看不清实际关系的迷宫。相反，对于在形式上不变，而实质上已经变化了的所有制性质，只有透过，或正确地说是绕过所有制的形式，通过生产关系的全面分析，才能看清楚。

多年来，这种把所有制形式从生产关系中独立出来观察的传统观点，几乎统治着社会主义国家的整个经济理论界，它在实践中造成的危害是显而易见的。我国20多年来，生产发展缓慢，并且曾经两度遭到很大的破坏，还发生了阶级斗争的扩大化，同上面所说的形而上学的或法学的幻想，不能说是没有关系的。例如，拿我国农业的社会主义改造来说。我们党曾经从我国解放前是一个半殖民地半封建的国家，生产力发展水平很低这一实际情况出发，按照生产关系一定要适合生产力性质的规律的要求，正确地制定了一条过渡时期的总路线，这就是“要在一个相当长的时期内，基本上实现国家工业化和对农业、手工业、资本主义工商业的社会主义改造”。❶ 毛泽东同志还曾经根据党的过渡时期的总路线的原则规定，对农业合作化问题做了具体的阐述，他正确地指出：“从中华人民共和国成立直到第三个五年计划的完成，共有时间十八年。我们准备在这个时间内，同基本上完成社会主义工业化、基本上完成手工业和资本主义工商业的社会主义改造同时，基本上完成农业方面的社会主义改造。”接着，毛泽东同

❶ 毛泽东：《党在过渡时期的总路线》，《毛泽东选集》，第5卷，第89页，北京，人民出版社，1972。着重号是引者加的。

志还指出："我们在农业社会主义改造方面采取了逐步前进的办法。第一步，在农村中，按照自愿和互利的原则，号召农民组织仅仅带有某些社会主义萌芽的……农业生产互助组。然后，第二步，在这些互助组的基础上，仍然按照自愿和互利的原则，号召农民组织以土地入股和统一经营为特点的小型的带有半社会主义性质的农业生产合作社。然后，第三步，才在这些小型的半社会主义的合作社的基础上，按照同样的自愿和互利的原则，号召农民进一步地联合起来，组织大型的完全社会主义性质的农业生产合作社。"接着毛泽东同志还就农村的社会改革和技术改革的关系做了这样的展望："在第一第二两个五年计划时期内，农村中的改革将还是以社会改革为主，技术改革为辅……在第三个五年计划时期内，农村的改革将是社会改革和技术改革同时并进……"❶毛泽东同志还多次指出党在过渡时期的"总路线是照耀我们各项工作的灯塔"，并再三告诫我们："不要脱离这条总路线，脱离了就要发生'左'倾或右倾的错误。"他还针对这两种错误倾向，警告说："有人认为过渡时期太长了，发生急躁情绪。这就要犯'左'倾的错误。有人在民主革命成功以后，仍然停留在原来的地方……不去搞社会主义改造。这就要犯右倾的错误。""走得太快，'左'了；不走，太右了。要反'左'反右，逐步过渡，最后全部过渡完。"❷ 可见，从以上列举的党在过渡时期的总路线和毛泽东同志的一系列指示来看，我国农业在所有制方面的社会主义改造，本来是充分考虑到生产关系的变革对生产力发展水平的依存关系的，基本上是符合客观经济规律的要求的。可惜的是，在实行农业社会主义改造过程中，头脑发热了，急躁情绪

❶ 毛泽东：《关于农业合作化问题》，《毛泽东选集》，第5卷，第184—185页、188页，北京，人民出版社，1977。着重号是引者加的。

❷ 毛泽东：《批判离开总路线的右倾观点》，《毛泽东选集》，第5卷，第81—82页，北京，人民出版社，1977。着重号是引者加的。

发生了，原来预定在18年内，即在1967年，基本完成的任务，却在不到两年的时间内，即从农业合作化运动在全国范围内开展起来的1955—1957年年初就用三步并作一步走的快速办法完成了。紧接着又在1958年的人民公社化运动中，把高级农业生产合作社并成人民公社，小公社并成大公社，有的地方还搞“县联社”……想一步登上共产主义的“天堂”。这就完全违背了客观经济规律，首先是生产关系一定是适合生产力性质的规律，违背了群众的意愿，违反了自愿和互利的原则，造成了生产力的巨大破坏，引起党内外干部和群众的抵制和反对。为了压制反对意见，人民内部的矛盾被当作敌我矛盾来处理，并由此引起了一系列阶级斗争的扩大化。以后，林彪、“四人帮”也就是利用这一点，把国民经济推到崩溃的边缘。造成这一连串的严重后果，原因是多方面的，从理论上来说，违背了生产关系一定要适合生产力性质的规律当然也是一个重要的原因。马克思在《〈政治经济学批判〉序言》中指出：“无论哪一个社会形态，在它们所能容纳的全部生产力发挥出来以前，是决不会灭亡的；而新的更高的生产关系，在它存在的物质条件在旧社会的胎胞里成熟以前，是决不会出现的。所以人类始终只提出自己能够解决的任务，因为只要仔细考察就可以发现，任务本身，只有在解决它的物质条件已经存在或者至少是在形成过程中的时候，才会产生。”❶ 虽然，这里说的是整个社会形态的改变，但是，马克思的这一历史唯物主义的原理，对于农业合作化同样也是适用的。如果离开生产关系，孤立地从所有制形式来看，实行这种变革似乎就比较简单，尤其是开展农业互助合作的初期所取得的巨大成功，使人们冲昏了头脑，以为人民的国家政权是“无所不能”的，对它来说“什么都是轻而易举”的，公有化的规模可以由人们的主观意志来决

❶ 马克思：《〈政治经济学批判〉序言》，《马克思恩格斯选集》，第2卷，第83页，北京，人民出版社，1972。

定，可以不顾生产力发展水平而不断升级。然而这是一种错觉。实际上，离开了生产力以及必然地由它决定的生产关系，任意扩大农村公有化的规模，绝不意味着生产关系相应地前进，反而很可能是倒退，在社会主义、在公有制的招牌下，倒退到封建主义等前资本主义的生产关系中去。“四人帮”控制的浙江省温州地区、福建省晋江地区就有这样的大量事例。那种认为公有制的规模越大——不管生产力水平如何，也不管实际的生产关系如何——社会主义就越多，因而只要不断地在所有制形式上大做文章，不断升级，就可以飞速地奔向共产主义的观点，完全是一种把所有制从生产关系独立出来而造成的形而上学的或法学的幻想。这种理论观点，造成了生产力的破坏和阶级斗争的扩大化，使中国人民吃尽了苦头。

总之，从以上的分析中，我们必须重复上面已经说过的话：从政治经济学研究对象，即从生产关系的三个组成部分中剔除了交换，而加上所有制形式这一项，不是从恩格斯的定义前进一步，而是后退了两步。

必须改革“复制古董、冻结技术进步”的设备管理制度*

大概在20世纪50年代末60年代初，我就给我们的固定资产（主要是技术设备）管理制度起了一个外号，称之为“复制古董、冻结技术进步”的制度。我先只是搞“口头文学”，在谈话中，在讨论会上讲讲。后来在1961年和1963年又先后给中央主管财经工作和理论工作的领导同志写了两个书面报告，批评过这个制度。❶ 陈伯达和康生也就是根据我的这两份报告，说我是宣扬修正主义。时间已经过去了1/5世纪，遗憾的是，我的这些旧话在今天还有重提之必要。

一

现在，我们党和国家的工作重心已经转到社会主义经济建设方面来，要搞四个现代化。但是，我们现行的这套设备管理制度，是工业现代化道路上的一块绊脚石。我们有些同志一谈到工业现代化，往往首先想到的是引进国外新技术、建设新工厂，很

---

* 原载《红旗》，1979（9）。原标题为《从必须改革“复制古董、冻结技术进步”的设备管理制度谈起》。

❶ 即1961年6月2日的《关于全民所有制经济内部的财经体制问题》、1963年9月2日的《固定资产管理制度和社会主义再生产问题》。这两个报告均已收入《社会主义经济的若干理论问题》，北京，人民出版社，1979。

少想到旧企业的改造、更新问题。当然，我们不是像“四人帮”那样，反对从外国引进新技术，搞夜郎自大、闭关自守。毛泽东同志说过：“我们必须向一切内行的人们（不管什么人）学经济工作。”引进新技术是向外国学习的方法之一。但是，不论我们的新建设的步子跨得多大、多快，每年新建、新投产的工厂总是极少数，不到现有的几十万个企业的1%。尤其按照国外引进的新技术建设的，所谓大、洋企业更是极少数。而且即使我们今天新投产的企业都是从别国引进的最新技术，在现代科学技术突飞猛进的条件下，工业设备的面貌每隔四五年就大变样了。如果我们这些新投产的企业设备不注意不断更新改造，那么，即使在投产时是第一流的技术，四五年之后就会比人家落后了一个时代，更何况这个引进的新技术原来就未必是制造国的第一流技术。真正的新技术不是我们出国考察时，在外国工厂中所看到的、正在运转中的设备（即使我们能够看到他们的全部设备），而是正在装配中的，甚至是还在设计院的图纸上的技术。所以，如果不设法去更新、改造我们原有的工业设备，而只看到每年新投产的不到1%左右的新企业，那么我们的工业的全面现代化是不可能的。

最近，我在好几个座谈会上说过，如果我们不改革第一个五年计划时期从苏联搬来的这套设备更新制度，那么到公元3000年也是现代化不了的。因为我们同外国是在做“等距离赛跑”，只能在先进国家后面爬行。我这话绝不是危言耸听。苏联这套设备更新制度的毛病，已经有人看出来了。1978年8月25日的奥地利《新闻报》发表的、题为《莫斯科想节省原料，生产计划是障碍》的一文说：

“虽然苏联在连续铸锭方面发明了一种特别有效的方法，有28个西方国家使用它的专利，但是在苏联每年只有1 100万吨钢锭是用连续铸锭而取得的，还不到全部钢产量的8%。

“这是许多例子中的一个就足以说明，即使工艺知识出自苏联，但西方工业利用新技术的可能性比苏联灵活得多。苏联钢的年总产量约1.5亿吨，由于不合理的炼钢法，估计每年损失约2000万吨。”

那么，苏联的“不灵活性”在什么地方呢？就在于设备管理制度的不合理；看来，苏联现行的设备管理制度基本上还是保留着斯大林在世时实行的那一套老办法。而我们现在实行的一套设备管理制度也就是在第一个五年计划时期从苏联搬来的。在当年刚搬来的时候，就有许多人觉得它很不合理。这套制度在20多年间曾经经过一些修修补补，但是基本上没有大变动。

二

这套制度的不合理，首先在于折旧年限过长。我们的折旧年限一般是25年到30多年（例如，我们鞍钢的折旧率是2．92%，折旧年限就在30年以上）。这个规定就是意味着我们的技术设备的经济价值要经过二三十年之久才会完全消失；这就是说，这套制度只考虑到政治经济学所说的实物磨损（或称有形磨损），而不考虑精神磨损（或称无形磨损）。

在19世纪，资本主义世界经济危机是10年左右一次，马克思说，这意味着资本家的设备平均是10年更新一次。因为马克思认为，经济危机的周期是和设备的更新周期有关的。第二次世界大战以后，资本主义世界的经济危机周期已经由10年左右缩短到三四年了。这是因为现在技术进步更快，从而设备更新的速度也更快了。但是，我们的固定资产更新制度仍是以不变应万变，仍旧假定现代设备的经济价值可以经历二三十年，即1/4到1/3世纪之久。

这套制度的另一个不合理的地方，就在于它还规定，设备更新是分作三种程序来进行的，从而设备更新基金也分作三笔互相

不能通融的独立基金：第一笔是日常维修费用。这一笔钱在数量上最少。第二笔是大修理费用。第三笔，也是数量上最多的一笔，才称作设备更新费用，是用来搞新建工程，或购置新设备的。“大跃进”年代中，又设置了技术革新、新产品试制、劳动保护、零星购置等4项费用，都归企业掌握。但是为数不大，都不能彻底解决企业设备的更新问题。

按照规定，日常维修费用和大修理费用这两笔基金留在企业；最后一笔数量上最大的设备更新基金上缴国库。因此，依照这种管理制度，旧设备的彻底更新，就是说翻修厂房，购置新的设备，就像另外新办一个企业那样，要按照基本建设项目的审批程序逐级上报并审批，完全由国家统一安排。一般说来，对老企业的基本建设投资又掌握得比较严格，不容易批准。因此，这笔钱主要是拿去办新的企业，与原来企业的改造是不发生联系的。

原来的企业只管设备的日常维修和大修理，而且日常维修与大修理这两笔钱又完全分开，互相不能通用。例如，1978年我在渡口某发电厂考察，就碰到过这样一件事：那个厂很注意日常维修和技术革新，因此，他们的280万元日常维修费用已经用完（技术革新的费用在日常维修费用中开支）。同时，由于他们重视日常维修，所以虽然已经到了规定的大修时期，他们认为按实际情况，不需要大修理。因此，他们的400万元大修理费用存在银行，一分钱也没有动用。可是他们想继续做些维修工作和技术革新，却因为日常维修费用完而无法进行。人们把这种制度称作：“合理的不合法，合法的不合理。”

还有，这套制度最不合理的地方是规定大修理必须遵守“不增值、不变形、不移地”的原则，就是说，大修理必须按原样复制，不准你在原设备上添一只马达，或者加一个别的装置。凡是这一切较大的改革，在过去都要按基建程序上报并得到批准后才能实行；而这个审批的手续又非常烦琐。这就是我所说的冻结技术进步的“复制古董”制度。

如果我们不改变这套制度，那么我们也会发生前面引过的奥地利《新闻报》所报道的、在苏联发生的那种情况：即使本国的创造发明，也不能在本国推广应用。事实上，我们已经发生了这样的情况，如我们现在有些新设计的产品早已试制成功，但是不能很快投入成批生产；推广比发明试制还困难。

三

最近，中央提出：我们搞现代化，要走中国式的道路。那么我们这个 9 亿人口的大国要实行工业现代化，首先应该抓什么呢？我们首先应该抓的就是要以最快的速度（至少是以第一个五年计划已经达到过的速度）把工业生产搞上去，使人民的生活水平有一个显著的提高。可是，依靠什么来完成这个任务呢？是依靠新建的和国外引进的工厂吗？还是依靠现有的几十万个旧企业呢？答案是明白的！要达到这个目的主要应该依靠现有的老企业。因为新建企业不仅在数量上是少数，而且按照我们现在的建设速度，新建企业的建设至少要有三五年的时间，而建成后要能够充分发挥效力还要经过若干年的时间。

然而，要使现有的几十万个旧企业能够完成这个重大任务，即在短时期内以不低于第一个五年计划时期所已经达到的速度发展生产，从而在较短时期内使人民生活有显著提高，那么在目前的全面调整中，在工业方面就必须彻底改变仍在实行的那种“复制古董”“冻结技术进步”的设备管理制度。为此，首先必须提高折旧率，缩短折旧年限。如果不能像工业先进国家那样一下缩短到四五年，那么也不能落后于西方国家在 19 世纪已经达到的更新周期，即是说折旧年限不能超过 10 年。

关于设备折旧率的高低或折旧年限的长短问题，在理论研究工作者中间，特别是在实际工作者中间，一向是有争论的。反对者把提高折旧率、缩短折旧年限的主张看作是资产阶级大少爷作风，至少认为这是经济理论工作者、书生们脱离实际的见解。他们说：咱们国家穷，底子薄，缺乏的是机器，因此要爱惜使用。在资本主义国家有的是卖不掉的机器，他们不在乎；我们可不能学外国资本家那样，挥霍浪费。

把提高折旧率、缩短折旧年限看作是资产阶级的挥霍浪费，那是莫大的误解。这是用中世纪农业社会的手工业小生产者的眼光来评价资本主义机器工业时代的生产技术进步。中世纪的手工业小生产经济也就是在手工业者这种自我安慰或自我解嘲中没落的。不错，资本家们在自己的生活消费中是很挥霍的；然而，在企业经营中他们是非常讲节约的。不能为资本家生产利润的东西，不要说是机器，就是一枚钉子，资本家也不许浪费的。尽管制造机器的资本家的仓库里堆满了卖不掉的机器，使用机器的资本家绝不会为了照顾他的同行去多买一台多余的设备。每一个资本家不断改进技术，以更快的速度更新自己的设备，只是为了提高劳动生产率，赚取更多的利润。

我们常说，社会主义企业生产不是为了赚利润，而是为了满足需求——满足劳动人民的个人需求和社会主义社会的公共需求。那么，我们就不应该为了满足这种种需求而不断革新技术以提高生产率吗？难道我们应该允许社会主义社会停滞不前，在技术上永远掉在资本主义社会后面吗？

在资本主义国家的发展史上，也有让落后的生产设备拖住了自己的后腿不能前进的先例：第一次世界大战以前的英国是西欧最发达的工业强国。但是第一次世界大战以后，它的工业，特别是一度曾经成为大英帝国支柱的煤矿工业和纺织工业，由于舍不得彻底更新它的陈旧的设备，结果被后起的德国和日本远远地甩在后边了。马克思在《资本论》初版序言中对于历史上陈旧的事

物拖住社会前进，曾经讲过这样的话：“死人抓住了活人。”难道我们的朝气蓬勃的社会主义经济制度应该让“死人”，让过去的旧设备管理制度拖住我们的后腿，妨碍我们前进吗！

把提高折旧率、缩短折旧年限同节约和爱惜技术设备对立起来，这又是一种误会。首先，加强设备的维修和更新正是为了爱护设备。其次，折旧年限的缩短，并不意味着每一台设备在折旧年限到期以后，就弃之不用。相反，当机器设备还可以使用，即是说，它的技术上的落后所带来的低效率（劳动生产率低）和高消耗（动力和原材料的高消耗）还不至于使产品的成本高到亏本和无利可图的限度内，我们应该充分地利用它。甚至真是陈旧到了完全不能使用的地步，已经变成一堆废钢铁了，也是人民的财产，不能有一点浪费，这是没有任何问题的。

在这里，摆在我们面前的一个理论问题，同时也是一个实际问题正是这样的：为了鼓励企业尽量利用陈旧设备，是按照设备的实际磨损程度来计算折旧年限好呢（即是不仅计算到它的有形磨损，还要考虑到它的无形磨损）？还是把折旧率人为地降低一些，把折旧年限人为地延长一些好呢？我们知道，折旧费是摊入产品成本中去的。陈旧的设备效率低，损耗大，因此它的成本就比较高。如果我们的设备管理制度还要让使用这种陈旧设备的企业同使用新设备的企业负担同样的折旧费，大家对于利用陈旧设备的积极性当然就不会高的。如果陈旧设备不负担折旧费了，大家利用陈旧设备的积极性就会高些。这是更符合修旧利废的精神的。因此，我不仅主张折旧年限要缩短，而且主张，在这折旧年限之内，初期的折旧率应该适当高些，后期的折旧率应当低些。这就是说，在整个折旧年限以内，折旧率应该是递减性的。

四

为了改革这套“复制古董、冻结技术进步”的设备管理制度，在原则上还必须把折旧基金全部下放给企业，而不是下放给省、直辖市，也不是中央、地方、企业各掌握一部分。我们必须承认，对企业中哪台设备只需要小修、小改，哪台设备必须进行大修，哪台设备必须彻底更新、购置新的设备来代替——对于这些问题，最有权威的发言应该属于企业里操纵这些设备的工人，以及直接领导生产的干部，特别是技术干部和财务干部，而不是离企业远远的中央或省、直辖市的经济管理机关的干部。总之，固定资产（主要是技术设备）的更新工作应授权企业去做。上级财务机关和业务部门只要分别从财务角度和技术业务角度对企业进行指导和监督检查就够了。例如，是不是违背了财务制度，把固定资金移作流动资金，甚至挪用去作消费基金开支了；是不是在资金和技术能力允许的范围内采用最经济又最新的技术更新方案，等等。

因此，我在1963年的一个研究报告中就建议过，要改变现行的计划体制和企业管理体制，首先必须把毛泽东同志的“大权独揽，小权分散”这个正确原则具体化，赋予具体内容。

什么是中央一级的委、部应该抓的大权，什么是应该下放给企业的小权呢？我认为：

第一，在原有资金范围以内的事务，即马克思所说的简单再生产范围以内的事务，特别是企业固定资产（主要是设备）的大修理、更新工作，就是原则上应当交给企业去负责的小权。从而固定资产的折旧基金（在增加折旧率、缩短折旧年限的前提下），应该在原则上全部下放给企业掌握，只有在资源即将枯竭，企业应该关闭，或是原有企业生产能力不需要再扩大的条件下，才有必要在计划可以预见到的限度内，全部或部分地上缴。

有些财务工作者反对提高折旧率和折旧基金下放，主要理由是说，按估计，我国现有的固定资产有几千亿，如果把折旧率提高1%，每年的财政收入就要减少几十亿；而如果再把折旧率从现在的3%左右提高到10%，那每年的财政收入就要减少几百亿。的确，这种制度的改变会给财政预算和国民经济计划的安排带来一些困难。但是，重要的是先把道理说清楚。道理说清了，解决问题的办法总是会找到的。其实，应该看到，反对者的理由，正好说明现在的财政收入具有很大的虚假性（即在财政簿记上从借方转为贷方），它实际上是把“老本”当作收入了。现在，我们的面前只有两条路可走，一条是坚持老办法，继续吃“老本”，制造虚假收入。这样做，虽然可以多搞几个新建项目，却冻结了几十万个老企业的技术进步，使劳动生产率不能提高，真正的收入不能增加。另一条是实行改革，提高折旧率，下放折旧基金。这样做，表面看是少搞了一些新建项目，却加速了原有几十万个企业固定资产的技术改造和更新，大大提高了劳动生产率，从而增加了真正的收入，并且这个收入的增长速度一定会远远超过以往。两条路子，何去何从，结论是十分明白的。希望实际工作者和理论工作者展开讨论。

第二，在原有协作关系范围以内，供（包括设备、动力、原材料的供应）、产、销（消费者——消费资料的消费者以商业公司为代表）三方面企业通过合同关系，由企业自己处理。合同签订之后，有关各方就必须严格执行，违反者必须承担经济的以至法律的责任。只有原来的供、产、销三方面由于发展不平衡或其他原因出现了缺口，基层企业自己无法解决的情况下，才需要上级领导机关出面来协助解决。

企业在原来协作关系内自己负责解决了供、产、销三方面的平衡之后，就不仅不需要再召开被讽刺地称为“骡马大会”的物资分配（“分配”二字应理解为配给）会议，而且也不会再发生采购人员满天飞的现象了。只有这样，上级计划机关和业务管理机关才不会天天忙于供销业务，即流通范围内的扯皮事情，而能够集中精力去管生产过程（这是一切经济过程的基础）中的事情

了；尤其重要的是能够腾出手来抓全国范围的，即全社会扩大再生产或新的投资大事了。

第三，企业利润除用作奖金和规定留给企业的基金以外，应该一律上缴。地方国营企业的，上缴地方财政局；中央企业的，上缴给国务院财政部。因为利润（扣除了奖金和企业基金部分以外的利润）是斯大林所说的生产工人为社会的劳动。这部分收入除了用于维持国防、科学、文化、教育、卫生等事业以及政法机关的经费开支以外，就是用于扩大再生产的投资。这两种开支，尤其是用于全社会的扩大再生产的经费，都不是企业所能支配的。对于中国这样一个地广、人众、发展极不平衡的大国，用于扩大再生产的投资，必须由中央政府来集中分配。因为不仅从个别企业的角度，甚至从个别省、直辖市或个别部门的角度，对于全国范围以内各部门之间、各省和直辖市之间如何综合平衡，是不可能做出恰当的决定的。

总括以上三点，就是说凡是原有资金（老本）范围内的日常事务，即马克思所说的简单再生产范围以内的事务，不论是生产过程中的事务（如设备更新）抑或是流通过程中的事务（供销事务），都应该发动基层企业中的工人、技术人员和行政干部的积极性，依靠群众去办事情；对各级领导，尤其中央一级的领导来说，这是应该分散下放的小权。凡是新的投资，即涉及马克思所说的扩大再生产范围以内的事情是中央领导自己应该抓的大权（省、直辖市地方企业归省、直辖市管）。

五

在这里，我们还必须澄清两个长期以来被混淆不清因而影响到实际工作的理论概念。这就是：什么叫简单再生产？什么叫扩大再生产？

我们知道，在现实生活中，不论在资本主义社会或是社会主义社会，由于技术的不断进步和经营管理的改善，除了发生特殊的天灾人祸以外，从长期来看，社会劳动生产率总是在不断提高的；从而即使在原有的资本范围内，生产的规模（不论指产品的实物量或设备的实物量），总是在不断扩大的。从实物量即使用价值量来说，这也是一种扩大再生产。但这种实物量的扩大再生产，实际上就是指劳动生产率的增长。这种单纯的实物量的扩大再生产，实际上是劳动生产率提高的同义语。

马克思在研究再生产问题时，为了把这种由于劳动生产率的提高而发生的生产规模的扩大，即实物量扩大再生产，同他所要研究的扩大再生产，即由于积累，由于增加投资而引起的扩大再生产区别开来，他把劳动生产率提高的问题抽象掉了。因为研究劳动生产率的增加，首先是技术科学的研究对象，其次是经营管理科学，即具体经济学的研究对象（在资本主义社会中这都是资本家及其代理人或雇员们的业务课）；而不是政治经济学的研究对象。所以，在马克思的政治经济学中所说的扩大再生产，一般的都是指由于追加投资、由于积累而形成的扩大再生产。这样的扩大再生产，资金的价值量运动和实物量运动的二重性结合的经济运动才是政治经济学研究的对象。

可是，过去经济理论界，由于长期受到自然经济观的影响，往往不从资金价值量的角度来划分简单再生产和扩大再生产的界限，而从使用价值、实物量的角度去划分二者的界限。结果是既不能阐明马克思主义再生产理论，而且给实际工作带来了混乱。

话题要回到3年经济困难之后“调整、巩固、充实、提高”的八字方针时期。当时党中央、国务院在总结3年经济困难的经验教训之后，得出一个结论，那就是：社会主义经济建设的任何工作，不论是编计划也好，还是搞经营管理也好，做物资供应工作也好，都必须先安排好简单再生产，即原来老企业的生产，然

后再去安排扩大再生产。这是党中央和国务院从三年经济困难的经验教训中总结出的一条“切中时弊”的结论，是非常中肯、非常正确的。因为造成3年经济困难的原因之一就是浮夸风——抽调了农业中的许多劳动力和资金去开荒造田，并创办文工团、宣传队等；抽调了老企业的人力和资金去办新厂，大炼钢铁等。结果是扩大再生产没有搞成，倒把原有的生产破坏了。于是窃取了理论工作大权的陈伯达和那个后来成了“四人帮”顾问的“理论权威”康生就去寻找简单再生产和扩大再生产的界限了。如同上面所说的那样，由于根深蒂固的自然经济观作怪，他们只在实物量，即使用价值量或职工人数方面去寻找这条界限，结果是徒劳无功的。因为倘使原来设计的年生产能力为1万辆的汽车制造厂，由于某种原因在某年多生产了1辆，或10辆，或100辆汽车；或者一个5万锭子的纱厂由于修旧利废或其他原因，在没有要国家多投资的条件下多安装了100锭子的1台设备；或者因为某种需要，一个原来只有1000工人的工厂，增加了几个或几十个临时工或固定工，倘使这一切都算是扩大再生产，都当作新的投资，用一套繁琐的审批手续来加以限制，这难道是合理的吗？在不要国家投资的条件下能够增加生产，发挥修旧利废增加生产能力，岂不是应该奖励的吗？他们的研究结果是：简单再生产和扩大再生产原来是马克思的一条抽象原则，在实践中是不好分的！！！于是他们对于党中央和国务院总结3年经济困难的经验教训非但不曾做出贡献，而且把已经做出的正确的总结也无形中否定了。

其实，如果按照马克思对于简单再生产和扩大再生产的定义，即从投入资金的价值量来划分二者界限，那就能很好地证明党中央和国务院的总结是非常英明正确的；造成3年经济困难的原因之一，就是在于损害老企业和生产队原有的生产资金（即简单再生产的资金，包括物化劳动和活劳动），去搞扩大再生产。结果是两败俱伤：非但没有扩大再生产，而是来了一个缩小再生产。

六

供、产、销平衡工作即设备和原材料的供应和产品的销售，这些工作从解放以来就是由上级计划机关、上级经济管理部门，特别是上级商业部门和物资部门直接抓的。为什么我主张要下放到基层企业自己去管呢？过去统一管理，还总是做不到全面平衡，总还留有缺口，如果中央一级经济领导机关撒手不管，推给基层企业自己去处理能做好吗？会不会天下大乱呢？不会的。因为企业的生产方向（生产什么）是在每一个基层企业建厂之初就由计划规定的，设备和原材料的供应和产品销售都是计划预先规定并且通过合同关系把这种关系固定下来了，违反了合同，要受到经济制裁以至于法律制裁，产品的价格也是要按照国家的统一制度规定的。对于这一切，有关上级可以通过财务会计和业务统计资料进行监督检查。这样就堵塞了投机倒把的可能，因而非但不会天下大乱，而且可以使得在旧制度下无法控制、无从监督检查的指标，如产品品种规格、产品品质等指标，通过供、产、销三方面企业的互相监督检查，可以执行和完成得更好些。

固定资产管理，特别是技术设备的大修理更新任务，原则上交给基层企业自己负责，同时产品的供、产、销平衡工作也下放到基层企业自行处理之后，随着企业管理制度的这种变革，国家计划的编制程序或计划体制也必然要相应地进行改革：由过去那种先由国家计委定了一个大“盘子”然后按中央各部、各省和直辖市逐级下达任务（指标），这种自上而下的摊派办法，改变成先在基层企业一级搞好供、产、销平衡，建立合同制，然后在这基础上逐级汇总，制订出简单再生产的全国计划，再加上中央各业务部和国家计委编制的自上而下的扩大再生产的计划，即新建企业的供、产、销综合平衡计划，就组成了全国的或全社会的国民经济计划。

在这种自下而上供、产、销逐级平衡的企业管理制度和计划制度建立起来之后，我们现在的这套物资供应制度以及物资分配机构也就必然逐步走向自行“消亡”了。因为它没有存在的必要了。但是在这个体制转变过程中，各级物资管理机关都面临着一项更繁重、光荣的任务，那就是：如何在现有的、历史的已经形成的供、产、销协作关系基础上加以调整、巩固、充实、提高，并且在这基础上建立起普遍的基层企业的供、产、销合同制度。这样，现在的物资管理机关也就完成了它的历史使命。

我的这个观点可能给别人，特别是给物资供应工作的同志造成了一种错觉，好像我对物资管理机构的工作是采取全面否定的虚无主义态度的。因为差不多20多年来，我在口头上或在文章和研究报告中，对现行的物资供应制度没有说过一句好话。然而，我认为我们这种物资管理机构和配给制度，不论是在俄国十月革命初期（即内战和军事共产主义时期）和经济恢复时期，还是在我国革命战争年代和解放初期，在物资极端缺乏，在基层企业之间正常供、产、销协作关系还没有建立起来之前，这种自上而下、统一集中的配给制度是完全必需的。这种物资配给制度完成了光荣的历史任务。但是当后来经济建设已经上了轨道，在编制五年计划的时期，不通过商品交换和产品交换的形式，不通过合同制的形式来建立企业间的供、产、销关系，而仍旧沿用战争年代和解放初期的配给制或供给制形式来完成全国几十万个企业之间的供、产、销平衡工作，那是吃力不讨好的事情。

同样还必须再次指出，要改革现在的、自上而下的物资配给制，首先必须改变现有的自上而下的计划体制和企业管理体制。现有的物资配给制是现有的企业管理体制的不可缺少的组成部分。如果企业管理体制和计划体制不改变，在企业间的供、产、销协作关系和合同制没有建立起来之前，就改变现在的物资配给制，那是要造成混乱的。

七

我这篇文章是从固定资产的更新制度谈起的，但是，接着就谈到了企业管理体制、计划体制、财经体制（利润上缴）和物资管理体制等，好像是离开了题目把问题扯远了。但是如果我们把以上所涉及的问题仔细想一想就可以了解，这一切都是不可分割的所谓统一的财经体制的各个方面，而“复制古董、冻结技术进步”妨害国民经济高速度发展，正是这套财经管理体制的必然结果。

苏联在20世纪30年代末和第二次世界大战以后，经济发展速度非但不能保持第一、第二个五年计划时期那种高速度的发展，而且这个速度有递减趋势的时候，曾经出现过一种错误的理论，说什么基数大了，速度就要小，但是增长的每一个百分数所代表的绝对量是大了，等等。这是用小学生都知道的算术游戏来掩饰上层建筑（政治）僵化和财经体制僵化所造成的经济后果。如果这种自我解嘲的理论能够成立，那么必须承认这样的逻辑：养鸡场每只鸡的平均产蛋率是随着养鸡场规模的扩大而递减的，10万只鸡的鸡场产蛋率应该低于5万只鸡的养鸡场，而5万只鸡的养鸡场又不如1万只鸡的养鸡场，1万只鸡的养鸡场又不如1000只鸡的养鸡场等。应该指出，这种速度递减论在我们理论研究工作者和实际工作者中间不是没有市场的。

由于我们党中央的英明决策，在粉碎“四人帮”、打破了政治思想僵化的局面之后，现在又提出了改革财经管理体制的问题。因此，我大胆提出了关于体制改革的一些意见，希望实际工作者、理论研究工作者批评指正。

政治经济学也要研究生产力*

——为平心同志《论生产力问题》一书写的序

平心同志《论生产力问题》的文集与广大读者见面了，这是一件令人十分欣慰的事情。

平心同志是为历史学界和经济学界所熟知的一位老战士。《论生产力问题》这本文集主要收编了他 1959 年后半年到 1960 年年底研究生产力理论的文章。众所周知，平心同志为这些文章曾受到过非常不公正的批判。当时，他的文章大部分我是读过的。对他的一些主要观点，如生产力内部存在着矛盾；生产力发展有它自己的运动规律；生产关系不能超越生产力发展规律的范围来推动生产力前进；政治经济学的研究对象是生产关系，但也要研究生产力等观点，我也是赞同的。但由于那时我忙于别的问题研究，再加上行政工作繁杂，所以对在被批判中孤军奋战的平心同志没有给予声援，现在想起来倒是件憾事。

实践是检验真理的唯一标准。在我们饱尝了林彪、“四人帮”批判唯生产力论而使国民经济遭到巨大损害的痛苦教训后，重读平心同志的论生产力的文章，感到分外亲切。

平心同志在他的《论生产力与生产关系的相互推动和生产力的相对独立增长》这篇文章中曾经说过，在生产力增长问题的研

* 本文写作时间为 1979 年 10 月。

究中，“一方面，必须反对把生产力看作离开生产关系孤立增长的力量，反对忽视生产关系对于生产力的推动和限制作用的荒谬观点；另一方面，又必须反对把生产力看作完全依赖于生产关系而没有自己相对独立性的力量，反对生产关系绝对地决定生产力的错误观点”。❶ 当时实际生活中的主要倾向是什么呢？平心同志明确提出：是把“生产关系绝对化，把生产力简单化，认为生产力始终要依赖生产关系才能增长，生产力不能有任何相对独立的运动”。❷ 我们现在回头看看当时我国政治、经济以及思想理论界所发生的问题，平心同志说得是完全有理的。

我们是在一个落后的半封建半殖民地的废墟上建设社会主义社会，生产力发展水平很低，这是一个最基本的事实。中华人民共和国成立后，党从实际情况出发，按照生产关系一定要适合生产力性质规律的要求，正确地制定了一条过渡时期的总路线，这就是“要在一个相当长的时期内，基本上实现国家工业化和对农业、手工业、资本主义工商业的社会主义改造”。❸ 就农业的社会主义改造来说，毛泽东同志根据总路线的原则规定，曾经有过非常具体的阐述，并做了正确的部署。他指出：“从中华人民共和国成立直到第三个五年计划的完成，共有时间十八年。我们准备在这个时间内，同基本上完成社会主义工业化、基本上完成手工业和资本主义工商业的社会主义改造同时，基本上完成农业方面的社会主义改造。”接着，毛泽东同志还指出：“我们在农业社会主义改造方面采取了逐步前进的办法。第一步，在农村中，按照自愿和互利的原则，号召农民组织仅仅带有某些社会主义萌芽的……农业生产互助组。然后，第二步，在这些互助组的基础

❶ 《学术月刊》，1960（7），第66页。

❷ 《学术月刊》，1960（7），第66页。

❸ 毛泽东：《党在过渡时期的总路线》，《毛泽东选集》，第5卷，第89页，北京，人民出版社，1977。着重号是引者加的。

上，仍然按照自愿和互利的原则，号召农民组织以土地入股和统一经营为特点的小型的带有半社会主义性质的农业生产合作社。然后，第三步，才在这些小型的半社会主义的合作社的基础上，按照同样的自愿和互利的原则，号召农民进一步地联合起来，组织大型的完全社会主义性质的农业生产合作社。”❶ 毛泽东同志多次指出党在过渡时期的“总路线是照耀我们各项工作的灯塔”，并再三告诫我们：“不要脱离这条总路线，脱离了就要发生‘左’倾或右倾的错误。”他还针对两种错误倾向，警告说：“有人认为过渡时期太长了，发生急躁情绪。这就要犯‘左’倾的错误。有人在民主革命成功以后，仍然停留在原来的地方……不去搞社会主义改造。这就要犯右倾的错误。”“走得太快，‘左’了；不走，太右了。要反‘左’反右，逐步过渡，最后全部过渡完。”❷ 遗憾的是，在实际贯彻过程中，有些同志头脑发热了，急躁情绪产生了。原来预定在18年内即到1967年基本完成的任务，却在不到两年的时间内，即从农业合作化运动在全国范围内开展起来的1955—1957年年初，就用三步并作一步走的快速办法完成了。紧接着又在1958年的人民公社化运动中，把高级农业生产合作社并成了人民公社，小公社并成了大公社，有的地方还搞了“县联社”，认为：共产主义在我国的实现，已经不是什么遥远将来的事了，想一步登上共产主义的“天堂”。这种孤立地在生产关系上做文章的做法违背了生产关系一定要适合生产力性质的规律，结果造成了生产力的巨大破坏。与此同时，确实如同平心同志所说的那样，还存在“把生产力简单化”的倾向，不顾生产力发展的客观规律，用群众路线和政治挂帅代替客观规律，乐道于招之

❶ 毛泽东：《关于农业合作化问题》，《毛泽东选集》，第5卷，第184—185页，北京，人民出版社，1977。着重号是引者加的。

❷ 毛泽东：《关于农业合作化问题》，《毛泽东选集》，第5卷，第81—82页，北京，人民出版社，1977。着重号是引者加的。

即来挥之即去的情景，随心所欲地列“纲”，如“以钢为纲”，先提出一个钢的高指标，然后以此推算原料、运输、能源等部门的任务，自上而下地压指标，结果弄虚作假成风，不少地区的所谓“大炼钢铁”，实际上是“砸锅炼铁”，不惜把群众做饭的锅砸了回炉来冒充炼铁的指标数。这种在所有制上不断“升级”“冒进”，把“生产关系绝对化”；在经济建设中“高指标”“浮夸风”，把“生产力简单化”的做法，严重地挫伤了广大人民群众的积极性。这是一股违背客观经济规律的错误思潮，它理所当然地遭到了党内外干部、群众的抵制。但是，那股错误思潮又用专政的办法压制党内外不同意见，本来已经够“左”了，还要一个劲地“反右”，结果又造成了阶级斗争的扩大化，给党和国家带来了极大的混乱。

对于经济建设中所发生的问题，我们从平心同志论生产力的文章中可以看得出来，他从理论上是觉察到了，其主要观点是反对当时那股“把生产关系绝对化，把生产力简单化”的错误思潮的。他说：假如生产力的“每一次增长都需要生产关系来推动，每一次变化都要受生产关系控制，非但生产关系要疲于奔命，而且生产力也会完全变成为受生产关系支配的被动东西，那么，在生产中最活跃最革命的力量就不是生产力，而是生产关系了。生产力与生产关系的矛盾也就很难理解了，马克思主义的生产关系适应生产力性质的定律必须修改成为生产力适应生产关系的定律了”❶。历史事实说明，那股错误思潮确实想“修改”马克思主义关于生产关系适应生产力性质的定律。历史事实也说明，这种“修改”只不过是唯意志论而已，最终还是失败了。

平心同志围绕着生产力内部矛盾问题曾写了15篇文章。他的主要观点概括来说就是：生产力和生产关系的矛盾是社会发展的

❶《学术月刊》，1960（7），第68页。

基本动力，但是生产力的发展并不完全依赖于生产关系的反作用，生产力也有自己的运动规律，生产关系只有在适合生产力自己的运动规律时才起推动作用；生产力自己的运动规律是由生产力内部矛盾决定的，其中人的因素是最重要的因素，人的主观能动性与“物的客观范围性”，永远是矛盾的统一，构成了生产力运动的辩证法；政治经济学不仅要研究生产关系，同时也要研究生产力。因为政治经济学是研究生产关系的，但是必须一方面要联系着上层建筑，另一方面又要联系着生产力，来研究生产关系。既然如此，那么生产力就应该放在政治经济学研究的范围以内。

平心同志说：“生产力发展是服从它自己运动规律的，生产关系只有在与这种规律相适合而不是相抵触的时候，才能够对生产力起较大的推动作用。但是生产关系不能超越过这种规律的活动范围来推动生产力前进。”❶

平心同志说：“生产力包含生产物质财富所使用的劳动资料（首先是生产工具）和具有劳动经验与生产技能使用劳动资料生产物质财富的人。各个历史时代作用于社会生产中人的要素与物的要素的矛盾统一体，就是一定社会经济形态中的生产力总和。”“当着社会生产力和生产关系对发展生产提供了必要的物质条件和社会条件的时候，当劳动者的积极性和创造性不是受到摧折和束缚而是得到最高或较高发展的时候，生产中的人的因素，就可以发挥最大的或较大的作用。”“按当时技术水平和科学水平，促进生产工具的改变，从而推动生产力的发展。而生产工具的更新引起的社会生产力新发展，又会唤起劳动者的生产性能的改变。这种连锁反应愈强，社会生产力增长的速度愈高，社会生产力变革的幅度也就愈大。”❷

❶ 《学术月刊》，1959（9），第55页。

❷ 《学术月刊》，1959（9），第15—16页。

平心同志说：政治经济学不仅要研究生产关系，而且也要研究生产力，“研究各个历史阶段的生产力性质、特点、变化和发展，研究他们生产关系的内在矛盾和交互作用”。❶

平心同志提出的问题，显然是和当时居主导地位的那股错误思潮不合拍的，所以受到了不应该的批判。谁是谁非的标准，并不在于人的“地位”“权力”，也不在于一时的多数或少数，而是实践。平心同志作为一个科学研究工作者，大胆地提出问题，这是令人敬佩的。当然，平心同志在文章中，确实也有表述不够确切的地方，如关于生产力可以“自己增值”的观点。但是瑕不掩瑜，总的来说，真理还是在平心同志一边。

平心同志在论述生产力内部矛盾问题时，提出过一些非常有益的正确观点。但由于他后来（主要是从三论生产力性质的文章开始）用比较多的精力来回答、解释批判者提出的问题，因而那些有益的观点没有加以充分论证、说明。我想借此机会再讲讲。

一是生产力三因素问题。

在经济学界不少同志一直主张生产力二因素即人和生产工具。平心同志曾批评了这种观点。平心同志说：“有一部分经济学家和哲学家认为原材料不能归入生产力范围之内。他们的理由是，原材料不能决定生产的变更与发展。这种见解是与事实不符合的。一切经过劳动作用的物资，只要是投入生产中供生产消费的，都是生产力的组成部分。因为社会生产力是依靠许多类型的劳动成果配合和积聚而成的。一种新的重要的原材料的发现和应用，往往可以解决生产的关键问题，大大提高劳动生产率。现代科学技术创造了许多天然物质的代用品，并且创造了许多为自然界所没有的物资，它们在生产上所发生的效应，试问可以不从生产力发展的意义估计吗?”❷ 这是我非常赞同的见解。打倒“四人

❶ 《新建设》，1959（7），第36页。

❷ 《学术月刊》，1960（4），第21页。

帮”后，在多次学术报告中，我曾针对斯大林同志关于生产力的定义批评了二因素论。因为这个问题在我看来不仅是政治经济学的基本理论问题，而且也是当前我国经济建设中的重要实际问题，甚至可以毫不夸张地说，它还是一个有关人类经济发展的前途问题。

马克思在《资本论》第1卷第5章第1节“劳动过程”中说：“劳动过程的简单要素，是有目的的活动或劳动本身，它的对象和它的手段。”我认为所谓“劳动过程的简单要素”，就是指生产力因素，即：（1）劳动或劳动力；（2）劳动对象；（3）劳动手段。这就是说，马克思是主张生产力三因素的。可是，在中华人民共和国成立初期，却把主张生产力三因素的观点称作是“反马克思主义”！之所以发生争论，乃是由于斯大林在20世纪30年代出版的《联共（布）党史简明教程》第4章第2节“辩证唯物主义与历史唯物主义”中对生产力因素提出了另外一种说法，他说：“生产物质资料时所使用的生产工具，以及因有相当生产经验和劳动技能而发动着生产工具并实现着物质资料生产的人。”显然，斯大林是不同意生产力三因素的，而主张二因素论。他把劳动对象——原材料——排除在生产力因素之外。后来，斯大林在另外一部著作中对此曾做解释说，“把一部分生产资料（原料）和包括生产工具在内的生产资料等量齐观，就是违反马克思主义，因为马克思主义认为，和其他一切生产资料来比，生产工具是具有决定作用的。谁都知道，原料本身不能生产生产工具，虽然某几种原料也是生产生产工具所必需的材料，可是，没有生产工具是不能生产任何原料的”。[1] 斯大林为生产力二因素的这番辩解是完全站不住脚的。

首先，“把一部分生产资料（原料）和包括生产工具在内的

[1] 斯大林：《苏联社会主义经济问题》，第43页，北京，人民出版社，1961。

生产资料等量齐观”的不是别人，而正是马克思。马克思在我们前面所引证过的那段论述中，非但把劳动对象（原料）和劳动工具并列，而且在顺序上还把劳动对象（原料）摆在了生产工具之前，难道说马克思“违反马克思主义”！其次，斯大林强调生产工具的重要性，这是对的。马克思也确实非常强调生产工具的重要性，然而马克思同时也非常强调原材料的重要性。他在《资本论》第2版再版时，曾对第1版中强调生产工具重要性的那段论述加了注，说：“从来的历史记述，一直不大注意物质生产的发展，也就是不大注意一切社会生活和一切现实历史的基础，但是对于历史以前的时期，人们至少曾根据自然科学的研究，而不是根据所谓历史的研究，那就是，根据工具和武器的材料，把它分作石器时期，铜器时期和铁器时期。”[1] 这里，马克思明确认为：制造生产工具的不同原材料决定着不同的历史分期。我们在任何一个历史博物馆中看到陈列的石器、青铜器、铁器三个时代的石斧、青铜斧和铁斧，尽管它在形式上很少有差别，却是由三种不同的原材料制成的。至于斯大林对生产工具与原材料的关系的一番话，也是站不住脚的。因为一般说，没有生产工具，固然生产不出原料来，但是没有原料，又怎么能制造出生产工具呢？其实在人类最原始阶段，靠采集野果等生活的时候，一般说，除自己的双手外还没有什么工具，但劳动对象却不能没有，或许因为这个原因，马克思在讲劳动过程的三要素时，把劳动对象排在生产工具之前。二因素论的拥护者还有一条理由，说：原材料是劳动力和生产工具创造的，因此，原材料的一切进步，都是劳动力和生产工具进步的结果。所以，在劳动力和生产工具以外，再列出原材料来，便是多余的了。若按此理来推，既然生产工具是劳动力创造的，生产工具的一切进步都是劳动力进步的结果，那么是

[1] 马克思：《资本论》，第1卷，第174页，北京，人民出版社，1963。

不是说劳动力就等于生产力呢？

生产力二因素与历史事实也是不相符合的。马克思在《资本论》中，恩格斯在《英国工人阶级状况》中，以至他们的许多论文和通信中都用很多的篇幅详细地记述了由于美国南北战争，优质的美棉不能运到欧洲，于是欧洲各国特别是英国纺织工业不得不采用印度和埃及的劣质棉花的状况。由于当时印度和埃及的棉花品质差，不如美棉好，主要是杂质多，纤维短，所以用起来断头多，停车频繁，从而大大影响了生产，同时也影响了当时实行计件工资的纺纱工人的生活。这难道不正说明原材料也是生产力吗？

现在我国的科学技术文献都在谈论新的工业革命问题，然而引起人们注意的主要是生产工具的革命，如原子能、电子计算机以及自动控制系统等，但却不大注意或很少注意劳动对象的革命。事实表明，合成材料特别是工程塑料的出现，可以毫无愧色地称为劳动对象的革命。

从人类的长远发展前途来说，地球的矿藏资源总是有限的，那些制造生产工具的主要原料，如铁、铜等金属矿产资源总有开采完的时候。果真到那时，人们将用什么原材料来制造生产工具呢？科学技术的发展，提供了一种合成材料，人们将用此来代替金属制造生产工具。目前塑料制齿轮的耐磨性能就已经超过了合金钢制齿轮。1970 年出版的联邦德国的哈根·伯因豪尔和恩斯特·施玛克合著的《展望 2000 年的世界》一书中也说："100 多年来，黑色金属是基本的结构材料，是一个国家工业发展水平的主要标志，钢的吨数是衡量经济威力的指标。而今天，黑色金属已经开始丧失这种主宰地位，钢铁已不再是无可争议的反映工业发展水平的唯一结构材料……对黑色金属的需要减少了……到 1995 年，50% 以上的扁钢和钢板材料将被塑料所代替。"

当然，生产塑料、合成材料的原料也还是石油、煤炭和天然气等。那么这些自然界中有的原料开采完了又怎么办呢？对此，自然科学家也做了种种试探性的回答。例如，英国环境科学与工程委员会主席鲁滨逊在1976年英国化学年会上以题为《化学和新的工业革命》的开幕词中，提出了代替石油、煤炭等烷烃化合物的两种途径：一是用无机材料代替有机材料，这种无机材料具有优异的热稳定性和抗氟化性能；二是直接利用微生物酶和太阳能来生产木质素。尽管这还是设想，还在试验中，但是它表明，随着现代化建设的发展，原材料问题将越来越显得重要。在现实中，在许多情况下，由于原材料品质不好，种类不齐，型号不全，拖了国民经济高速度发展的后腿，然而生产力二因素论的理论却阻碍着对原材料问题的研究。

二是生产力中人的因素及物的因素问题。

在这个问题上，我和平心同志的观点也是相通的。1958年，我在北京经济学界纪念毛泽东同志《关于正确处理人民内部矛盾的问题》发表一周年的座谈会上，曾做了题为《要懂得经济必须学点哲学》的发言，呼吁经济学界要研究社会主义经济建设中人的因素和物的因素的关系问题。当时有位同志质问我，说：马克思说政治经济学是研究人与人的关系的，你却呼吁政治经济学者研究人与物的关系，这怎么符合呢？

我们还是看看马克思的观点。

马克思说过：“只要生产的物的因素和人的因素都由商品形成，资本家就要由 $G\quad W<\begin{matrix}A\\Pm\end{matrix}$，货币资本到生产资本的转化，来完成这两个因素的结合。”[1]

马克思还说过：“不论生产的社会形态如何，劳动者和生产资料都总是生产的因素。但在彼此互相分离的状态中，它们之中

[1] 马克思：《资本论》，第2卷，第11页，北京，人民出版社，1964。

任何一个也不过在可能性上是生产的因素。不管要生产什么，它们都总是必须结合起来。实行这种结合的特殊方法和方式，区别着社会结构上各个不同的经济时期。”❶

所以，关于生产力中人的因素和物的因素的提法正是马克思本人的提法。不仅如此，马克思还认为，正是生产力人的因素和物的因素的不同结合方式和方法，形成了不同的社会结构或社会形态。

在原始公社里，劳动者是作为自己所使用的简陋工具（石器）的制造者和使用者，在集体的劳动过程中同这些工具结合起来。

在奴隶社会里，奴隶让自身作为奴隶主的一种“会说话的工具”，与已经被奴隶主所霸占的生产资料结合起来。

在封建农奴制社会里，农奴作为土地的附属物局部地失去人身的自由并要承担徭役、贡税等义务后，与作为生产资料的土地结合起来。而封建社会的佃农必须是承担了繁重的地租后才能与属于地主所有的土地相结合；自耕农则必须花去可以用于农业生产的资金去支付地价才能获得一小块土地。

在资本主义社会里，工人必须一方面有人身自由，另一方面又要把自己的劳动力变成出卖给资本家的商品才能和生产资料结合起来。

在以生产资料公有制为基础的社会主义社会里，劳动者则以社会主人的身份，通过政府劳动部门、工会或生产队的合理调配与生产资料结合起来。

凡此种种都说明，要了解不同的社会形态，就必须研究生产过程中人的因素和物的因素以及这二者的结合方式，社会主义社会应该自觉地不断改进人的因素和物的因素的结合方式和方法，

❶ 马克思：《资本论》，第2卷，第18页，北京，人民出版社，1964。

以便促进生产力的发展。

当然，政治经济学所要研究的生产中人与物的结合，总是和人与人在生产过程中的相互关系，包括生产、交换、分配中的相互关系紧密联系着。而这种相互关系就是经济关系，就是物质利益关系。需要特别指出的是，这里所指的物，并不是一般的自然物，而是人们劳动所开发和调整过并为人们所占有的自然物，也就是指劳动生产物。同样，这里所指的人，也不是自然人，而是社会的人，是处在一定社会条件下的劳动者。最近，有同志在评解平心同志生产力理论的观点时，认为生产力中的人是自然人，而不是社会人。这是我不能同意的。只要读读马克思的《资本论》和《〈政治经济学批判〉导言》、恩格斯的《反杜林论》，我们随时都可以读到他们对人是社会人的论述。马克思说：“人是最名副其实的社会动物，不仅是一种合群的动物，而且是只有在社会中才能独立的动物。孤立的一个人在社会之外进行生产——这是罕见的事，偶然落到荒野中的已经内在地具有社会力量的文明人或许能做到——就像许多人不在一起生活和彼此交谈而竟有语言发展一样，是不可思议的。”❶ 恩格斯对杜林关于鲁滨逊抽象人的批判更是人们所熟知的。不错，马克思确实讲过，在劳动过程中，“人要作为一种自然力，和自然物质互相对立”。❷ 为什么要这样讲呢？马克思解释道：“劳动过程，当我们只把它表现为简单抽象要素的时候……是人与自然之间物质变换的一般条件，是人类生活的永久的自然条件，所以，不以人类生活的形式为转移，而宁可说是人类生活一切社会形式所共有。因此，在论述劳

❶ 马克思：《〈政治经济学批判〉导言》，《马克思恩格斯选集》，第2卷，第87页，北京，人民出版社，1972。

❷ 马克思：《资本论》，第1卷，第171页，北京，人民出版社，1963。

动过程时，我们不必要把劳动者和别一些劳动者的关系表示出来。”❶ 显然，马克思是在方法论的意义上讲的。他在《资本论》第3卷第48章又说过，这“不外是一个抽象，就它本身来看，一般地说是不存在的”。因为作为劳动过程的现实表现即生产力，总是在一定生产关系下存在和发展的。列宁在评述马克思的哲学观点时说：“旧唯物主义者抽象地了解‘人的本质’，而不是把它了解为（一定的具体历史条件下的）‘一切社会关系’的‘总和’，所以他们只是‘解释’世界，但是问题在于‘改变’世界，也就是说，他们不了解‘革命实践活动’的意义。”❷ 这对我们弄清生产力中的人到底是社会人还是自然人，也许是有帮助的。

在我看来，生产力三因素问题、生产力中人的因素和物的因素及其结合问题，是研究生产力内部矛盾及其发展规律必须正确回答的问题。而平心同志正是在这最基本的问题上提出了非常有益的见解。

平心同志在谈到生产力内部的“社会联系”时认为分工就是生产力。我觉得这似乎有点简单化了。因为从生产力要素组成来看，分工既不是劳动者本人，也不是劳动手段，更不是劳动对象，而是一种在生产过程中劳动者之间的社会关系，这种关系是依照生产技术（即生产资料特别是生产工具）的情况和需要而形成的社会劳动关系，是在任何社会形态的物质生产中都存在的。但是它在不同的社会形态下又具有不同的形式。分工能够促进生产力发展，这是显而易见的，马克思说：“由协作及分工而生的各种生产力，不费资本一钱。那是社会劳动的自然力。”❸ 所以，

❶ 马克思：《资本论》，第1卷，第178—179页，北京，人民出版社，1963。

❷ 列宁：《卡尔·马克思》，《列宁选集》，第2版，第2卷，第582页，北京，人民出版社，1972。

❸ 马克思：《资本论》，第1卷，第411页，北京，人民出版社，1963。

我们只能在转化的意义上来理解分工是生产力。否则，上层建筑也就成为生产力了，那当然是错误的。这就如同人民群众一旦掌握了思想意识，就会转化为巨大的物质力量，但并不能说思想意识就等于物质力量是一样的道理。

还需要指出：平心同志在论生产力文章中所提出的主要问题，乃是政治经济学研究范围内的课题，而不是像某些同志所认为的那样，是属于“生产力组织学”范围的问题。

我很赞佩平心同志独立思考、服从真理的科学态度。1964 年以后，我被陈伯达和“四人帮”的那个“理论顾问”康生剥夺了发言权，对学术界的动态几乎一无所知。最近看到一份材料，知道平心同志遭到那次围攻后并没有放下武器，而是继续进行战斗。1965 年 11 月底，姚文元的那篇《评海瑞》的黑文出笼，平心同志风闻是有“来头”的，但还是挥笔著文，与姚进行了针锋相对的斗争，痛斥姚“是别有用心的新黑帮分子同老黑帮分子渊源互接，血统相承”，揭露了姚家父子的反革命老底，这难免让平心同志再次受到迫害。1966 年 6 月中旬，国民党特务张春桥竟然把平心同志打成“上海三家村”，公开进行批斗。1966 年 6 月 20 日，平心同志终于被害身死。

平心同志是死在“四人帮”之手的。不！“四人帮”算什么东西！平心同志是死在封建的、法西斯的文化专制主义之下的。我憎恨这种文化专制主义及其卵翼下的恶霸、恶棍。但我也讨厌那种闻风而倒的“风派”人物。这些同志并不是不懂马克思主义的常识，而是有私心，因而，东风来了唱“东调”，西风来了唱“西调”，经常变换脸谱，完全丧失了一个科学工作者起码的品德即诚实。所以，我们在反对文化专制主义的同时，也应该反对为个人私利出卖原则的恶劣学风，反对理论工作中的风派习气。我们要像平心同志那样，树立起为人民的利益坚持真理的科学态度。

经济学界对马寅初同志的一场错误围攻及其教训*

最近读了龚明同志在7月10日《光明日报》上发表的《如果没有民主，什么事情也办不好——应该为马寅初先生恢复名誉》的文章。文章写得很好。回想当年对马寅初同志关于人口问题等正确主张的批判，无论是1958年以前或1959年年底以后，两次高潮，都超出了学术讨论的范围。特别是后一次，在那个理论"权威"康生——后来成为"四人帮"的顾问——的策动下，变本加厉，从1959年年底到1960年1月，除了在马老担任校长的北京大学以各种形式进行批判外，还在全国报刊上发表了100多篇批判文章，给马老扣了许多政治帽子，如"用学者幌子搞猖狂进攻""马尔萨斯主义在中国的翻版""一贯为帝、封、资服务""攻击'三面红旗'"等。马老被迫于1960年1月辞去曾担任9年的北大校长职务。尽管他对报刊上的批判始终不服，但却被剥夺了正常的为自己的观点申辩的权利，从此在政治舞台和学术论坛上销声匿迹。一个大大有利于中国人民、有利于社会主义建设事业的关于节制生育、降低我国人口增长速度的好建议，就这样被蛮横地打入了"冷宫"。

龚明同志的文章引起了我的双重反响。一是觉得有责任向马老致歉意。这是因为，1958年围攻马老时，我正担任中国科学院

---

* 本文原载《经济研究》，1979（10）。

经济研究所代理所长的职务。由于奉行唯上主义，对于布置批判马老没有好好地问一个为什么，也没有认真看马老的文章和意见，而是等因奉此，照转照搬。虽然我没有直接写批判文章，但在我们研究所主办的《经济研究》杂志上前后发表了10篇文章，对他进行全面的围攻、批判。这是一种压制民主、迫害敢于提出不同意见的人的文化专制主义的做法。对此，我是要负行政责任的。实践证明，马老20世纪50年代关于人口要控制和经济要综合平衡的意见是正确的，是很有远见的。正像人们所说的那样：“如果当年就采纳他的人口主张，采取措施，何至于20年后的今天人口会增加到9亿多，而且造成安排就业如此之困难!”现在已经到了为马老彻底恢复名誉的时候了，当年为此而强加在他身上的种种诬陷不实之词，统统应予推倒。这是我写这篇文章的一个动因。

龚明同志的文章，还促使我提前研究社会主义制度下的人口问题。本来，在我计划写作的《社会主义经济论》的第6章，在论述劳动问题时，就要专门研究和论述人口问题和就业问题。我现在刚刚开始写第1章导言。龚明同志的文章发表后，为了了解和研究马老的人口理论，我就把对人口问题的研究提前了。这在一定程度上也可以说是逼出来的。趁这个机会，把我先考虑到的一些想法，写出来发表，也可以更广泛地听取各方面的意见，以便将来做进一步的补充和修改。

一、社会主义制度下节制生育同马尔萨斯主义的根本区别

马克思主义人口理论和马尔萨斯主义人口理论是有根本区别的。听说去年在全国人口问题讨论会上，有的同志认为既然我们也谈节制生育，就应该对马尔萨斯的人口理论批判继承。我认为

这是因为他对什么是马尔萨斯主义还没有真正搞清楚，以为马尔萨斯主义者主张节育，因此只要提倡计划生育，就必须对马尔萨斯的人口论“重新估价”。为此，有必要简略地讲一下什么是马尔萨斯人口理论，它同马克思主义人口理论的根本区别在哪里。

马尔萨斯人口论的核心是用人口增长快于生活资料的增长来掩盖资本主义的相对人口过剩，为对外实行殖民主义侵略、对内实行剥削制造舆论。马尔萨斯说，人口在无所妨碍时是按几何级数（即1、2、4、8、16、32）增加，而生活资料是按算术级数（即1、2、3、4、5、6）增加的，这样，人口增长必然超过生活资料的增长，而且其差距将越来越大，这是一条永恒的规律。马尔萨斯还提出，人口增长因为受到积极抑制和道德抑制而与生活资料增长相平衡。所谓积极抑制是在人口开始增加后予以的抑制，如失业、贫穷、饥饿、瘟疫、战争等都是积极的抑制，这些因素可以消灭大量人口，从而实现人口和生活资料的平衡。所谓道德抑制，就是认为那些没有能力赡养子女的劳动人民，不应当结婚。1798年马尔萨斯的《人口原理》一出笼，立即博得英国土地贵族和资产阶级的喝彩。原来，在此之前，有两本抨击资本主义私有制的书相继问世。一本是英国威廉·葛德文写的《关于政治之正义的研究》，坚决主张废除私有制，建立一个实行产品公有和公正分配的、平等的社会；另一本是法国马理·让·孔多塞写的《人类理性发展的历史观察概念》，认为人民贫困是资本主义制度的缺陷造成的，并认为由于科学的进步，人口的增长不会造成生活资料的不足。这两本书在英国以至整个欧洲影响很大。马尔萨斯的《人口原理》，就是为了同这两本书相对抗、企图抵消其影响抛出来的。

关于马尔萨斯《人口原理》出笼的历史背景及其反动实质，马克思写道：“这本小册子所以轰动一时，完全是由党派利益引起的。法国革命在不列颠王国找到了热情的维护者；‘人口原理’

是在18世纪逐渐编造出来的，接着在一次巨大的社会危机中被大吹大擂地宣扬为对付孔多塞等人学说的万无一失的解毒剂，英国的寡头政府认为它可以最有效地扑灭一切追求人类进步的热望，因而报以热情的喝彩。”❶

马尔萨斯既然认为人口增长总是要超过生活资料的增长，从而不可避免地要产生失业、贫穷、饥饿、瘟疫和战争，这是一条同社会制度无关的“人口自然规律”，那么任何关于社会改革的学说就都无济于事了。很明显，马尔萨斯人口论是一种为资产阶级制度辩护的、反动的理论。至于继马尔萨斯以后的所谓新马尔萨斯主义，除了主张通过科学节育来控制人口的增长外，其基本理论与马尔萨斯的主张毫无二致。

马克思主义者关于人口问题的看法从来都是同社会制度联系起来的。马克思主义者认为资本主义社会的失业、贫穷、饥饿、瘟疫、战争，其根源在于私有制。至于耕地的收获，并不是像马尔萨斯所说的那样只能按算术级数增长，而是随着科学技术的进步可以大幅度地增长的，因而根本不存在什么人口增长超过生活资料增长的所谓“自然规律”。

恩格斯早在1844年，就对马尔萨斯的“人口自然规律”的理论基础“土地肥力递减规律”无视科学技术进步这一点，做了有力的批判，强调指出科学也是按几何级数发展的。他在《政治经济学批判大纲》中写道：“我们可以假定耕地面积是有限的。但是在这个面积上使用的劳动力却随着人口的增加而增加；即使假定收获量并不是永远和花费的劳动量同比例增加；但是我们还有第三个要素，一个对经济学家来说当然是毫无意义的要素——科学，它的进步和人口的增长一样，是永无止境的，至少也是和人口的增长一样快。仅仅一门化学，甚至仅仅亨弗利·戴维爵士

❶ 马克思：《资本论》，第1卷，第676页，北京，人民出版社，1975。

和尤斯图斯·李比希二人，就使本世纪的农业获得了怎样的成就？但是，科学发展的速度至少也是和人口增长的速度一样的；人口的增长同前一代人的人数成比例，而科学的发展则同前一代人遗留下的知识量成比例，因此在最普通的情况下，科学也是按几何级数发展的。”❶ 列宁批评布尔加柯夫为“土地肥力递减规律”辩护时指出：“技术进步是‘暂时的’趋势，而土地肥力递减规律，即在技术没有改变的基础上追加投资的生产率递次降低（而且并非永远如此）的规律，却‘具有普遍意义’！这就如同说，火车在车站停车是蒸汽运输的普遍规律，而火车在两站之间行驶却是使静止的普遍规律不发生作用的暂时趋势。”❷

马克思在《资本论》中，更深刻地批判了抽掉科学技术进步这个重要因素的所谓“土地肥力递减规律”，揭示了在资本主义发展的一定阶段，农业劳动生产率的提高落后于工业的种种原因，其中指出，大工业的真正科学的基础——力学，在18世纪已经在一定程度上臻于完善；而那些与工业相比更直接地成为农业的专门基础的科学——化学、地质学和生理学，只是在19世纪，特别是19世纪的近几十年，才发展起来。马克思曾经预言，随着农业部门资金有机构成的提高，随着农业科学的发展和在实践中广泛的应用，“农业生产率必定比工业生产率相对地增长得快”。❸事实的发展证实了马克思的预言。第二次世界大战后，一些发达的资本主义国家，几乎都是农业劳动生产率的发展速度超过工业。那里农业部门资本有机构成迅速提高，有的甚至超过工业。美国1975年农业工人固定资产装备比制造业工人高近1倍，与此

❶ 恩格斯：《政治经济学批判大纲》，《马克思恩格斯全集》，第1卷，第621页，北京，人民出版社，1956。

❷ 列宁：《土地问题和马克思的批判家》，《列宁全集》，中文第2版，第5卷，第91页，北京，人民出版社，1986。

❸ 马克思：《剩余价值理论》，《马克思恩格斯全集》，第26卷（Ⅱ），第116页，北京，人民出版社，1973。

相适应，战后美国农业劳动生产率平均每年提高6%左右，而制造业则不到3%。

实践是检验真理的唯一标准。历史事实证明马尔萨斯所杜撰的人口增长速度超过生活资料增长速度的理论是错误的。自有人类社会以来，生活资料增长并不是赶不上人口增长，否则人类社会岂不是得不到发展了吗？在马尔萨斯的《人口原理》一书发表近200年来，人口并没有按他估计的那样增长那么快，生活资料的增长更不像他估计的那样赶不上人口的增长，相反，正是在这100多年间，在全世界范围内，生活资料的增长速度远远高于人口的增长速度。例如，根据有关资料，1878—1957年，法国人口增长19%，而同期小麦产量则增长了54%。美国1910—1951年，农业生产指数也高于人口增长指数。从全世界来看，1950—1976年，世界人口增长了64.6%，而同期粮食产量却增长了77.6%。如果按全部生活资料生产总值计算，那么它的增长速度则大大高于人口的增长速度。马尔萨斯任意选择以至伪造一些统计资料，杜撰所谓“人口自然规律”，并宣称它是一个适用于一切社会经济形态的绝对“规律”，其实质是把战争、瘟疫、饥荒等本来是由于社会原因造成的问题，都归结为人口问题，从而达到转移视线的目的。它的阶级性和反动性是十分明显的。

马克思主义认为，马尔萨斯所杜撰的抽象的人口规律是不存在的。每一个社会都有其独特的为该社会的生产方式所决定的人口规律。正如马克思指出的：“每一种特殊的、历史的生产方式都有其特殊的、历史地起作用的人口规律。抽象的人口规律只存在于历史上还没有受过人干涉的动植物界。”❶

在马尔萨斯生活的资本主义社会，由于资本有机构成不断提高，不变资本的增长快于可变资本的增长，资本的积累越来越大

---

❶ 马克思：《资本论》，《马克思恩格斯全集》，第23卷，第692页，北京，人民出版社，1972。

规模地创造着产业后备军，形成相对的人口过剩。这就是资本主义生产方式所特有的人口规律。所以，失业是资本主义制度的伴侣。但是，这绝不是像马尔萨斯所说的是什么绝对的人口过剩，而是相对人口过剩；也绝不是像马尔萨斯所说的这种人口过剩是什么自然的规律，而是在资本主义社会关系下由这种社会经济制度所决定的人口过剩。同时，在资本主义社会，虽然从总量来说，生活资料的增长速度高于人口的增长速度，但是生产资料的资本主义私有制决定着生活资料的分配是极不合理的。在那里，一小撮不劳而获的资本家过着奢侈糜烂的生活，糟蹋着大量的社会财富；而占人口绝大多数的劳动人民则过着贫困的生活，他们的生活状况很难得到改善。资本主义社会贫富悬殊。根据有关资料统计，1975 年美国占家庭总数 20% 的最穷家庭只占全部家庭收入总额的 5. 4% ，而另一部分占 20% 的最富家庭则占全部家庭收入总额的 41. 1% 。

在社会主义制度下，人口有其特殊的规律。生产资料的公有制，国民经济有计划按比例地发展，可以做到劳动人口充分就业，消除失业；可以做到人口有计划地增长或者控制人口的增长；可以逐渐使每一个人获得全面的发展，不再让沉重的劳动总是只由社会中的一部分人负担；可以有计划地做到逐步提高人的健康水平和文化教育水平，降低儿童死亡率，延长人的寿命，等等。社会主义的生产目的，是满足人民日益增长的物质和文化生活的需要。因此，社会主义能够保证生活资料的增长速度大大高于人口的增长速度，不断提高人民生活水平。以我国为例，1949 年我国人口为 54 877 万人，农业总产值为 325. 9 亿元，粮食产量为 2 162 亿斤。1978 年，我国人口为 97 523 万人，比 1949 年增长了 77. 9% ；农业总产值为 1 459 亿元，增长 347% ；粮食产量为 6 095亿斤，增长 182% 。

应该指出，由于错误路线的干扰，特别是林彪、“四人帮”

的破坏，我国人口的增长长时期内处于无政府状态，没有做到有计划地控制；同时，生产的发展受到很大的破坏，严重地影响了人民生活的改善。但是，这种情况并不是社会主义制度本身带来的，相反地，是违背社会主义制度的要求，不充分发挥社会主义制度的优越性的结果。我们相信，随着清除“四人帮”的流毒和影响，随着我们自觉地按客观经济规律办事，有计划地控制人口的增长速度，必定能使人们更显著地看到社会主义人口规律同资本主义人口规律的区别。

很明显，在我国社会主义制度下，有计划地降低人口的增长速度，节制生育，同马尔萨斯主义是有根本区别的。

二、我国社会主义制度下节制生育的重大意义

批判马尔萨斯主义不能否定计划生育、控制人口的增长。据统计，今天世界上一共有 43 亿人，正以每年 18‰的速度增长。到公元 2000 年时，增长率将下降到 15‰左右，届时世界上将有 62 亿人。人类自有史以来从来就没有这样高速地、持续地增长过。人类花了好几亿年的时间，战胜了不知多少困难，千辛万苦，到 1830 年增加到 10 亿人。可是随着划时代的工业革命的到来，人类只用了 100 年，即到 1930 年就增加了第二个 10 亿人；增加第三个 10 亿人，1930—1960 年，只用了 30 年；增加第四个 10 亿人，1960—1976 年，只用了 16 年。预计今后第五个、第六个 10 亿人所用的时间将愈来愈短。目前世界各国都已注意到了人口高速度的增长会给社会带来种种不利影响，因而有些人口增长速度快的国家，已由政府和民间采取了控制人口增长的措施。我们是社会主义国家，实行的是计划经济制度，那就更加要对人口增长有所计划才是。我们很难设想，物质资料生产的有计划增长能建立在人口的无计划增长的基础上。恩格斯曾经明确地指出社

会主义和共产主义社会有必要也有可能做到有计划地调节人类自身的生产。他写道："如果说共产主义社会在将来某个时候不得不像已经对物的生产进行调整那样，同时也对人的生产进行调整，那么正是那个社会，而且只有那个社会才能毫无困难地做到这点。""无论如何，共产主义社会中的人们自己会决定，是否应当为此采取某种措施，在什么时候，用什么办法，以及究竟是什么样的措施。"❶

列宁也明确说过，我们要批判新马尔萨斯主义的人口论，但这并"不妨碍我们拥护传播有关避孕方法的医学著作等等"❷。可见，把提倡计划生育说成是马尔萨斯主义，是很大的误解。

人口有计划地增长，可以采取鼓励人口增长的政策，也可以采取控制人口增长的政策，这得看具体条件而定。我国当前的人口特点是：基数大，出生率高，死亡率降低，人口增长速度快。根据这个特点，当前我国应当采取控制人口增长，降低人口出生率的政策。最近，五届人大二次会议把进一步做好计划生育工作、大力降低人口增长率作为当前发展国民经济的主要任务之一。这是十分正确的。我们一定要努力采取各种措施来保证这一任务的完成。

我国当前必须控制人口增长的第一个原因是用来装备劳动者的资金有限。

社会生产力发展的历史表明，在工业化时代，即以机器代替手工工具的时代，国民经济各部门资金有机构成的提高，是劳动生产率提高的重要因素。马克思说过，"社会劳动生产力在每个特殊生产部门的特殊发展，在程度上是不同的，有的高，有的

❶ 恩格斯：《致卡·考茨基（1881年2月1日）》，《马克思恩格斯全集》，第35卷，第145—146页，北京，人民出版社，1971。

❷ 列宁：《工人阶级和新马尔萨斯主义》，《列宁全集》，第19卷，第229页，北京，人民出版社，1959。

低，这和一定量劳动所推动的生产资料量成正比，或者说，和一定数目的工人在工作日已定的情况下所推动的生产资料量成正比，也就是说，和推动一定量生产资料所必需的劳动量成反比”[1]。一般说来，在用机器操作代替手工操作的过程中，新一代的劳动力必须有较上一代更多的资金装备，才能保证劳动生产率的提高，社会的进步。马老在《新人口论》一文中指出：“我国最大的矛盾是人口增长得太快，而资金积累似乎太慢。”“资金积累如此之慢，而人口增殖如此之速，要解决资金少、人口多的矛盾，不亦难哉？”又说：“人口的增殖，就是积累的减少，也就是工业化的推迟。”“我国过多的人口，就拖住我们高速度工业化的后腿。”这些话说得很对。解放后不久，他在马克思主义指导下提出这样切中时弊、远见卓识的建议，着实令人钦佩。

过去批判马老人口理论的主要炮弹是“人手论”和“人愈多愈好论”，即认为不能光看到人有一张口，而应同时看到人还有两只手，人所能创造出来的财富肯定比他所需要消耗的生活资料多。因此，人口再多一点也不要紧，不但会有饭吃，而且也是社会主义建设的本钱。这实际上是一种把人口问题简单化、似是而非的理论。这种理论的主要问题在于它完全忽略了人在生产中需要有一定的物质条件。所谓物质条件，一是生活资料，二是技术装备。社会能吸收多少新的劳动力投入生产决定于劳动者所需要的生活资料的保证和是否有足够的技术装备两个因素。现在，全民所有制工业企业中每个工人的技术装备是 1 万元多一点。如果要把每年新增劳动力一千二三百万个都安排在全民所有制工业企业里而又不降低劳动生产率，就需一千二三百亿元以上的固定资产装备他们。而这在现在是根本做不到的。进入 20 世纪 70 年代，我国全民所有制工业每年新增固定资产约 200 亿元，也就是说，

[1] 马克思：《资本论》，《马克思恩格斯全集》，第 25 卷，第 183 页，北京：人民出版社，1974。

全民所有制工业部门每年还吸收不到200万个劳动力就业。

根据我国目前的情况来说，工农业生产的发展尚不能满足人口迅速增长的生活需要和生产需要。我国地大物博，资源丰富，这些土地和资源，如在更高的科学技术水平下，是可以向更多的人口提供必需的生活资料和生产资料的。不过我国现有的科学技术水平还做不到这一点。

我们上面批判了"土地肥力递减规律"。同时，也要承认，在科学技术水平既定的条件下，在原有耕地上追加资金和劳动，到了一定的限度，那么由此而收获的农产品数量是递减的。这就是我国江南一带如苏州专区农产品成本提高的主要原因。过去种两季，现在种三季；过去亩产几百斤，现在亩产上千斤，1500斤，甚至2000斤，而技术没有大的突破。这样，每斤粮食的成本，就从四五分钱提高到1角钱甚至超过粮价。如果不控制人口的增长率，随着对粮食的要求越来越多，农产品的成本可能越来越高，农产品的价值可能取决于愈益劣等土地或更低投资效率下的生产费用。也就是说，我们将要投入更多的活劳动和物化劳动，才能取得必要的为维持众多人口需要的农产品。可见，现阶段的人口增长速度已和工农业生产增长速度、资金积累和技术发展水平不相适应。如果不实行计划生育，继续保持较高的人口自然增长率的话，其结果必然是等待就业的队伍愈来愈长，城市人口倒流到农村去，劳动者的技术装备程度降低，最后造成整个社会的劳动生产率的下降。

大家知道，一个国家在逐步实现工业化现代化时，都有一个变农业人口为城市人口的长过程，我国也不例外。毛泽东同志早在《论联合政府》一文中就说过："农民——这是中国工人的前身。将来还要有几千万农民进入城市，进入工厂。如果中国需要建设强大的民族工业，建设很多的近代的大城市，就要有一个变

农村人口为城市人口的长过程。”❶

但是，我国近20年来提倡知识青年上山下乡，这是变城市人口为农业人口的过程。之所以发生这种情况，一方面是由于20世纪50年代末60年代初的“共产风”、瞎指挥以及“文革”时期林彪、“四人帮”对国民经济，其中包括对城市工交事业的破坏；另一方面就是由于解放初期对人口增长不加控制，城市非但不能给予本身自然增长的劳动人口以职业，反而需要农村来给这部分人解决就业问题。如何安排城市就业问题，特别是如何安排每年到达劳动年龄的青年就业，已成为一个艰巨的、经常性的任务。现在这个问题十分尖锐。据五届人大二次会议公布数字，目前全国城市中待就业人数已达2000万人。解放初期，人口自然增长率为2.2%~2.5%，到70年代每年就有60 000万×2.2%=1320万到达劳动年龄的青年需要安排就业，等于一个中等国家的人口。由于人口基数不断加大，如果人口增长率不下降，我国以后每年到达劳动年龄的待就业青年将要比现在多得多。从长远来说，如不改变这种变城市人口为农村人口的倒流过程为“变农村人口为城市人口的长过程”，那么中国社会主义现代化建设的一个基本问题就仍然没有解决。

要使社会劳动生产率不下降，人口不再从城市倒流到农村去，不外乎两个办法：

第一，大力贯彻中央与地方并举，大、中、小并举和土、洋并举的一整套两条腿走路的方针。在逐步提高劳动生产率的前提下，尽量多安排就业。

为了赶超世界先进水平，我们需要一批新建的、拥有最现代化技术设备的企业，作为我们现代化工业中的标兵，在这些企业里，资金有机构成必然很高，从而每一个劳动力所需的资金装备

---

❶ 毛泽东：《论联合政府》，《毛泽东选集》，第3卷，第1026页，北京，人民出版社，1966。

必然会增多，这样，在有限的资金情况下，能在这样的企业安排的劳动力或就业人数必然不多。与此同时，我们必须举办大批的中小企业，这些企业的劳动生产率较低，但是可以安排较多的就业人数。

第二，实行计划生育，大力控制人口，使人口自然增长率逐年降低以至停止增长。这样安排每年到达劳动年龄的青年就业的任务过若干年后就能逐年减轻。正如马老20年前所说的那样："在目前600 004 000人口的压力之下，要提高他们的物质和文化生活水平，我们已觉得很吃力，若每年还要生出1300万人来，这个问题就日益严重，不知要严重到什么程度。""我们现在把每年增殖出来的1300万人口放在农村，虽然出于不得已，但难免发生副作用……所以对于人口问题，若不早为之图，难免农民把一切恩德变为失望和不满。"实践证明，马老20年前关于控制人口增长的建议是有根据的，是适合我国经济实际的，可惜我们当初非但没有接纳他的建议，反而对他进行批判，造成极为严重的后果。

我国当前必须控制人口增长的第二个原因是保护妇孺。

高生育率对妇女来说，生理上是很大的负担，危害很大；同时使妇女不能摆脱繁重的家务劳累。家务劳动社会化绝不是短时间内就能做到。即使相当一部分家务劳动已经社会化了，也不可能完全免除妇女的家务操劳，更不能免除妇女生儿育女的生理负担。实行有计划地控制人口增长速度，使出生率逐步下降，就可以减轻妇女的生育负担和家务拖累，使她们有机会走出家门，参加社会生产，参加国家政治生活，从而有利于妇女获得彻底的解放。

从下一代的健康成长来说，也必须控制人口的增长。在相当长时间内，家庭仍然是个消费单位。一个家庭子女过多，不仅会使培育子女的生活费用加重，而且还会产生照顾不周，教育不当，使子女得不到良好的生活条件和适当教育。长期如此，整个民族的质量肯定会受到影响。周恩来总理在1956年党的八大会议上明确指出，要适当地提倡节制生育，目的是“为了保护妇女和儿童，很好地教养后代，以利民族的健康和繁荣”。

三、真理有时在少数人手里

最后，我还要谈谈学风问题。马老解放后在1955年全国人民代表大会上提出了人口问题，认为我国的人口繁殖不能再这样“无组织”“无纪律”下去，我们现在有计划经济，同时也应该有计划生育。他主张推迟结婚年龄，大力宣传避孕，而且还要用行政手段来控制生育。作为一个人民代表，在人民代表会议上提出的提案，即使在内容上是错误的也可以用讨论的方式解决，何况这个提案不仅主观愿望是好的，而且所说的道理也是充分的。当时马老的主张还曾受到毛泽东主席在最高国务会议上的表扬。可是，后来不但没有认真地接受他的意见，反而对他进行批判、围攻，这对“放”的政策是一讽刺，政治影响很不好。

在批判马老中，首先一个问题就是唯上主义，不是唯实主义。当时的批判文章并没有认真研究、分析他的人口理论的精神实质和对现实经济生活的意义，而是根据上级意图，一拥而上，采取粗暴的、强词夺理的手段，断章取义地抽出他的人口理论的个别论点加以分析，再加上自己的主观推断，硬说他的观点实质上和马尔萨斯的观点一样。其实，马老解放后一再声明自己谈人口问题与马尔萨斯有区别，认为粮食的增长并不是像马尔萨斯所说的那样就是按算术级数增长。如果我们当时客观地去研究他的主张，可以看出他声明自己和马尔萨斯不一样是符合实际的。可是当时“攻”他时，把他的这些声明都置之不顾，就说他在贩卖马尔萨斯主义。马老曾经说过：对于他的人口主张不管赞成或反对，只要有道理，就可以听。他特别指出，有那么一种人，最招人生气，他们见风使舵，看着共产党员反对的多，他也就反对，而又说不出个所以然来。还气愤地说："这种人在哪一行里都有，共产党要听他们这些人的话，早晚要上当。"这一番话今天听起来都很有现实感。我们这些经济理论工作者当初非但没有守住岗位，而且推波助澜，把良药当作毒草，想起来真叫人痛心！

马老解放后在人口问题上也说过一些不对的话，如说人多了就会去侵略别人之类，但这属于人民内部矛盾，可以用学术讨论办法来解决，何况他对自己这一错话已经认错，那就更不能乱给人扣帽子，采取压服的办法。马克思对待学术问题从来都是合情合理的，即使跟别人在某些问题上有原则分歧时，也并不是把对方一棍子打死，而是对别人在科学上哪怕些微贡献，也要提出来加以肯定。譬如，马尔萨斯在马克思笔下可以说是最卑贱的人物了，可是就这样，马克思对他的某些地方也都肯定过。[1] 正如恩格斯说的："只要马克思在前人那里看到任何真正的进步和任何正确的新思想，他总是对他们作出善意的评价。"[2]

总之，当年对马老的批判在学风上是很有问题的。虽然批判文章连篇累牍地大讲种种道理，实际上必然会引起人们的一种错觉，好像凡是提倡节育者，就是马尔萨斯主义者，在我国人多只能是好事，不可能发生什么问题，等等。这种观点对20年来增加的两三亿人口是负有相当责任的。马老始终对强加给他的批判不服，他在1959年11月说："我虽年近80，明知寡不敌众，自当单身匹马，出来应战，直至战死为止，决不向以力压服、不以理说服的那种批判者们投降。"马老这种坚持真理敢于斗争的精神，

---

[1] 关于这个问题，《经济研究》1979年第9期发表张立中同志写的《马克思和恩格斯是怎样批判马尔萨斯人口论的》一文，做了很好的说明。

[2] 马克思：《资本论》，《马克思恩格斯全集》，第23卷，第581页注(17)，北京，人民出版社，1972。

确实是值得我们一切理论工作者学习的。实践是检验真理的唯一标准。实践证明，马老的人口理论是正确的，是适用于我国具体情况的，对于在广大群众中开展节育宣传是有一定的指导意义的。我们现在一方面要肯定马老的人口理论；另一方面也要总结当年批判他时在学风上存在的种种问题，以免重蹈覆辙，不利于“双百”方针的贯彻。

关于沙文汉同志平反问题给中纪委、中组部的报告*

陈云同志并中央纪律检查委员会

宋任穷同志并中央组织部：

听说沙文汉同志的平反问题（1957 年被打成右派）至今没有得到解决。我感到极为惊奇。我要给你们写这个报告，倒不是因为我是沙文汉同志的老部下、老战友、老熟人，不是为了个人，而是如何评价沙文汉同志 1956 年省党代会上的发言（沙文汉同志是因为这次发言被打成右派的），是和今天放在我们党面前的两个重要思想政治问题密切相关的。

我是最近才看到沙文汉同志 1956 年的这次发言的。他这个发言谈了两个问题：第一是党内民主生活的准则问题。他批评了当时浙江省委内部的民主生活不够；对此，自己作为省委常委做了自我检讨。第二是党政不分，以党代政，党不管党，使党的领导不能很好发挥作用的问题。在这个问题上，他作为当时省政府负责人，也作了自我检讨。沙文汉同志当时提出的这两个问题，不仅在当时，而且也是当前放在我们党面前亟待讨论解决的问题。我读了沙文汉同志这篇发言稿之后，认为即使把它全文登在今天的报纸上，也不失为切中时弊的好文章。因为沙文汉同志的发言所提的两个问题是符合党的十一届三中全会精神的；因为三中全

* 标题为编者后加。

会公报明确指出：“由于在过去一个时期内，民主集中制没有真正实行，离开民主与集中，民主太少，当前这个时期特别需要强调民主，强调民主与集中的辩证统一关系……”，又说：“应该在党的一元化领导之下，认真解决党政企不分、以党代政、以政代企的现象……”可是据说浙江省委关于沙文汉同志平反问题的报告，至今还认为沙文汉的这个发言是错误的，还不想给他彻底平反，而要给他留“尾巴”。我认为浙江省委给沙文汉同志平反结论一定还要留下一个“尾巴”，这无非是因为当年处理沙文汉同志问题的省委原负责人怕给沙文汉同志彻底作了平反，会否定了自己。我认为这不仅是这些同志风格不高的问题，我不理解这些同志是如何体会三中全会精神的。

据说所谓“沙（文汉）杨（思一）案件”株连很广，地方上许多同志被打成与沙杨有关系的“地方主义分子”。我没有在浙江工作过，也没有直接做过调查，但是作为一个共产党员，凭着党内知无不言的原则，把我所听到的以及我的看法，向党中央、中纪委、中组部报告，请组织上予以核实。

另外，浙江省委还说沙文汉同志曾经被捕过。据我所知，这也不是事实，而且当年沙文汉同志被打成右派也不是根据这个理由。这无非是当年给沙文汉同志戴上右派帽子的原省委负责人感觉到今天这顶帽子戴不住了，又想找个理由为自己辩护而已！

以上报告如有不妥，请批评指正。

此致

共产主义的敬礼！

中国社会科学院经济研究所

孙冶方

1979年12月27日于首都医院

《社会主义经济的若干理论问题》前言*

在这里收集的文章，除了最后4篇以外，都是在“文化大革命”以前写的，大部分没有公开发表过。但是在“文化大革命”前夜，陈伯达主编《红旗》的时候，这些文章中的大部分，曾经作为批判材料，在《红旗》编辑部出版的《内部未定稿》印出过；“文化大革命”时期有些地方又在《批判材料》的名义下翻印过。这个文集中收集的文章，大部分就是根据上海翻印的4本《内部未定稿》重印的。

我要感谢《红旗》编辑部的一位同志，当陈伯达命令他把我的文章作为批判材料在《内部未定稿》公布的时候，他没有按照陈伯达的意图把我的文章删节篡改，而是按照原文重印了，从而保存了我的文章的本来面目；而且他在《编者按语》中，还称我为“孙冶方同志”。因此，他不仅在当时就受到陈伯达的谴责，而且后来在“文化大革命”中还因此受到了批判。

其次，我要感谢上海的一位老战友，她在“文化大革命”时期冒着挨批的风险，替我保存了上海翻印的这4本《内部未定稿》，并且在1976年，当“四人帮”还没有被揪出之前就作为祝贺我出狱（“文化大革命”时期，陈伯达、“四人帮”一伙以“莫须有”的罪名，把我关进监狱7年多）的礼物送给了我。最后我还要感谢经济所的好些同志，凡是《内部未定稿》没有编进的几篇文章（除了《要全面体会毛主席关于价值规律的论述》这一篇以外），都是他们冒着风险替我保存下来的。因为我的文章

* 本文原载《社会主义经济的若干理论问题》，北京，人民出版社，1979。

（包括《内部未定稿》在内），不论是经济所资料室所保存的，还是私人保存的，当时按照上面规定都是要销毁光的。我特别要感谢经济所的林青松、林泉水两位同志，这个文集的编辑工作，以及某些文章的搜集，主要是他们替我做的。

还在1964年，就是说还在“文化大革命”以前两年，陈伯达就根据《内部未定稿》选登的这些文章，判定我是“中国最大的修正主义者”。后来，林彪、陈伯达、“四人帮”又根据这些文章把我“封”为“中国经济学界最大的修正主义分子”。因为我主张“把计划和统计放在价值规律的基础上”，而且还说过“千规律，万规律，价值规律第一条”；因为我强调了在社会主义经济中，甚至未来的共产主义社会的经济中，流通过程的重要性；因为我在《社会主义计划经济管理体制中的利润指标》那个研究报告中，主张在按照生产价格定价等条件下，利润是考核企业经营好坏的综合指标；因为我主张扩大企业的权限，主张把固定资产折旧和设备更新的权限，原则上要下放给基层企业——就是因为我的以上这些观点，林彪、陈伯达和“四人帮”一伙给我戴上了“修正主义利润挂帅”“修正主义企业自治”等大帽子。

现在我在这些文章中宣传的社会主义计划经济下的价值规律、社会主义利润、扩大企业权限等社会主义经济范畴和管理原则，已经被越来越多的财经实际工作者和经济学理论研究工作者所承认了。但是，我现在把这些文章重新印出来，并不是因为我自以为是我的这些文章的观点就是“百分之百正确”的了。“百分之百正确”的人是从来没有的。相反，我在《要理直气壮地抓社会主义利润》中已经做了自我检查，说“我1963年写的《社会主义计划经济管理体制中的利润指标》那个研究报告，在当时陈伯达、张春桥刮起的反对‘物质刺激’、否定按劳分配的‘共产风’影响之下，我一般地否定奖金制和企业留成，主张把利润一个不留，全部上缴，是错误的，是不利于促进生产的”，是一种“左倾思想”。然而，这仅仅是我自己已经认识到的错误观点。是不是还有我自己没有认识到的错误观点呢？更重要的是，即使我的某些文章的基本论点是对的，但是我的某些提法是不是完全恰当呢？例如，现在大家不再把社会主义计划经济的价值规律看作是资本主义经济规律了，不再把强调价值规律当作修正主义观点了；但它是不是仅仅在保存商品交换时代发生作用的经济规律呢，还是如同我所坚持的那样，只要存在社会化的大生产，价值规律就会起着作用。又如，即使价值规律是必须尊重的客观经济规律；但是“把计划和统计放在价值规律的基础上”这种提法是不是好呢？诸如此类的问题，经济学界都还有不同的看法，都需要进一步探讨。

在“文化大革命”中，虽然在林彪、陈伯达、“四人帮”一伙的策划下，在全国性报刊上对我进行了两次大批判；但是除了“帽子”“棍子”以外，对于我的上述这些理论观点根本没有接触到；至于我在上面指出的那个否定奖金制、否定企业留成的“左倾”思想，由于很明显的理由，更不曾受到过批判；因此，我把这些旧文章发表出来的主要目的，就是希望财政、经济实际工作者和经济学研究工作者，能够对我在这些文章中提出的这些理论观点展开讨论，并且对我的错误提出批评或者批判。[1] 我将抱着坚持真理、修

[1] 批评和批判实际上是一回事，据我所知，至少在欧洲文字中是一个词。如果我的记忆不错，那么“批判”这个词，最早还是20世纪20年代郭沫若翻译马克思《政治经济学批判》的时候采用的，是一个外来语。在日语中只有“评论”或“批判”这两个词，没有“批评”这个词。郭老在翻译时沿用了日译本的书名。我觉得此书采用日译名很好。天下哪有自己毫无判断，即毫无主见，就去批评的呢！可是长期以来我们却给了“批评”和“批判”这两个词很不同的内容，好像同志之间互相批评是欢迎的，批判就不可以了，好像批评是“认识范围”内的事，批判就是“立场、观点问题”了。因此批评还允许不接受，但是不接受批判就要罪加一等了，因为批判是不允许答辩的。其实，这都是半殖民地半封建社会的不民主或者反民主的做法的影响。资产阶级法庭审判还允许被告答辩，做了判决还允许上诉，怎么社会科学理论问题的讨论中就只许批判不许反批判呢！真是“咄咄怪事”！——作者注

正错误的态度同经济学界的同志一起来继续钻研这些问题。因为我虽然认为我的理论观点不是、也绝不可能是“百分之百正确的”；但是，我确信我在这些文章中提出的问题都是当前社会主义经济建设中的重要实际问题，从而也是社会主义政治经济学的重要理论问题；因此，澄清这些有争论的问题，不论是对于实际工作，还是对于理论研究工作，都是十分必要的。我希望我这本文集的出版，能够引起经济学界展开对这些问题的讨论。

末了，我在这里还要附带说明一件事：我在中国社会科学院召开的揭批“四人帮”炮制的“两个估计”的座谈会上的发言(见 1978 年 3 月 16 日《人民日报》第 3 版)，曾经提到过我在 1963 年写的一个关于积累率问题的报告。这个报告在这个文集中没有收集进去，原因是这个报告已经遗失了；而遗失的原因是这个报告中的一些观点曾经被已故的副总理、国家计委主任李富春同志所重视，而且在这报告上还有他的批示。当 1964 年陈伯达内定我是“最大的修正主义者”的时候，李富春同志还主持着国家计委的工作；因此，我这报告没有被《内部未定稿》当作批判材料编进去。这正是所谓“因祸得福”，因“福”反而得“祸”了。如果陈伯达不把我的文章当作“批判材料”在《内部未定稿》登出来，那么我的其他许多研究报告和未发表的文稿，也许都被销毁了；而关于积累问题的报告，由于受到李富春同志的重视，而且上面有他的批语，侥幸没有被列入“批判材料”，然而也就因此没有能够被保存下来。由于这个报告中所谈的问题至今还有它的现实意义，我在这里根据记忆，简略谈一谈它的内容。

1963 年（或许是 1962 年)，在北戴河召开的全国计划会议上，有许多发言人分析了 3 年大困难的原因，除了天灾和赫鲁晓夫撕毁合同、撤退专家等以外，还归咎于那几年的积累率太高。于是有些人又重谈苏联政治经济学教科书上的杜撰规律，说什么积累率不能超过国民收入的 25% 等。

为此，我写了一个报告给李富春同志。我用算术公式证明：如果消费基金的增长率不超过农业生产的增长率（如二者均为5%），而工业生产的增长率超过农业生产的增长速度（如15%），再把工业增长速度超过农业生产和消费基金增长率的部分，全部投入扩大再生产；那么在或长或短的时间内积累就可以超过25%，而且不会影响人民生活水平的逐年提高和生产的正常发展（假定农业的增长速度和消费基金的增长速度均为5%，人口的增长率为2%；那么消费基金增长率的3%还可以用于提高人民的生活水平）。我认为三年大困难除了上述其他原因以外，还在于财政收入的虚假性，在于没有那么多的收入而要去安排那么高的积累率，而财政收入的虚假性不仅在于工、农业生产增长速度的浮夸，而且更在于财政收入的计算方法不科学。因为当时我们的财政收入，即企业上缴利润不是按企业产品的实际销售额计算的，而是按总产值计算的；企业完成了多少总产值，就算已经创造了多少利润，财政机关也就相应地算是增加了多少财政收入。但是总产值不仅包括实际上已经销售的产值从而已经实现了的利润，而且也包括还在车间、工厂内的在制品、半成品，它们的产值和利润已经计算，但这些是未实现的产值和利润。20世纪50年代末60年代初，由于企业片面追求总产值，它们的数量是相当大的；此外还包括积压在仓库中的呆货，其中不少可能是疵品甚至是废品。在“浮夸风”盛行的时代，仓库里积压的这种呆货是非常多的，这就造成了财政收入的虚假成分。李富春同志很重视我的报告，要我和出席计划会议的财政部门的代表一起研究；但是他们都不同意我的观点，认为我所指出的这些缺点，财政部门早已改正了。这次“研究”毫无结果，不了了之。

关于莫斯科中大问题致中共中央纪律检查委员会、中共中央组织部的报告*

建议中央调查：

1. 王明下令盛世才杀害俞秀松、董亦湘、周达明等反王明分子的真相；

2. 留苏学生中最早的反对王明宗派集团的斗争经过；

3. 康生在第三国际工作时期在王明消除异己的罪行中所起的作用。

* * *

我记得在“文化大革命”初期，见过一张大字报传达康生的指示说：“28个半布尔什维克没有一个是好人”。当时我就对这句话不以为然。因为我虽然不是“28个半之一”（康生所操纵的天津南开大学《818》小报曾胡说我是“28个半之一”），而且曾经受过“28个半”所迫害；但是我要为“28个半”中许多好同志鸣不平。

关于“28个半布尔什维克”这个名称的由来，我在下面将详细说明，在这里仅仅指出：所谓“28个半布尔什维克”中的许多人，例如王明、孟庆树、王云程、李竹声、盛忠亮等，是确确实实的坏人、叛徒、苏修特务或国民党特务；但是其中还有许多人只是一度犯过错误（一贯正确不犯错误的干部是没有的），然而

* 写于1980年1月20日。

后来早已改正，而且是对党、对革命作过重大贡献的人，例如已经去世的博古、张闻天、沈泽民、张琴秋等同志以及现在还健在，而且还在为党为革命担负着重要工作的杨尚昆同志。在我看来，真正的王明路线的死党、对党对革命做尽坏事的不是别人，而是康生本人。

我这个报告就是想为被王明杀害的俞秀松、董亦湘、周达明等3个最早的反王明分子的案件和康生追随王明迫害革命干部的罪行提供一些资料。我希望能把我这个材料转给邓小平、陈云、乌兰夫同志一阅，因为他们3位都认识俞、董、周3人，是最能够对下面的材料作出判断的：

1. 俞秀松、董亦湘、周达明是我党建党初期的老党员。据李达同志的回忆材料，俞秀松还是中国共产党上海地区的发起人，对俞的社会职业我不大清楚。董亦湘则是上海大学的中国文学系主任、商务印书馆编辑；周达明在苏联内战期间就去苏联学习并在第三国际做工作。我原来听说，俞秀松是在新疆被盛世才杀害的，董亦湘、周达明是在莫斯科被杀的，所以我一向认为俞秀松和毛泽民、陈潭秋等烈士一样是被国民党杀害的革命烈士，董亦湘、周达明则是苏共肃反扩大化的牺牲者。因此我亦没有想到要向党提供有关他们3人的材料。但是据叛徒张国焘的《我的回忆》一书透露，俞秀松、董亦湘、周达明3人和四方面军的两名高级干部李特和黄超一起，都是在盛世才叛变革命之前，由王明要盛世才枪毙的，罪名都是“托派”。张国焘的《我的回忆》，充满了为他叛国叛党辩护的捏造和诬蔑，这是不用说的。然而俞秀松、董亦湘、周达明和李特、黄超都是由王明以“托派”的罪名叫盛世才处决一事，根据其他方面了解的情况来看，大概是事实。李、黄2人的情况我不了解，无从发表意见。但是根据1930年以前，我对俞、董、周3人的了解以及1927—1930年间留苏学生中反对王明宗派集团的斗争的回忆，我怀疑俞、董，周3人的

"罪名"是王明为了消灭异己，除掉王明宗派集团的第一批反对者而捏造出来的。诚然，我的怀疑根据不十分充足。因为我是1930年回国的，俞、董、周3人是1937年被杀的。我对1930—1937年间他们3人的情况无从知晓。但我所提供的1930年以前的一些情况，对于了解王明宗派集团的形成过程、澄清俞、董、周案件真相会是有帮助的。

2. 1927—1930年的3年时间内，中共留苏学生中，一直进行着反对王明宗派集团的斗争。但在相当长的时间，我一直把中共留苏学生内的斗争看作是无原则的派别斗争，我在1945年华中党校整风学习班写的自传中就是这样分析的（这本自传已在1956年交党中央组织部）。因为我觉得双方争论的问题不是中国革命和世界革命的路线问题或建党原则、马列主义理论等大问题，而是学校内部教学和党务工作中的某些具体问题和领导作风问题，其中还夹杂一些个人意气。自从听说俞、董、周3人都是王明下令处决的这个消息之后，我对半个世纪以前中共留苏学生中的斗争情况从头回忆了一下，我觉得以前的看法是不公平的。也许正因为过去我和俞、董、周较接近，怕自己偏袒了他们，所以才有那种不公正的看法，现在我必须纠正自己过去的看法。

俞秀松、董亦湘和王明是同班同学。在班上他们相互就有意见。俞、董年龄比较大，留苏前在党内和社会上都担任过一些工作，有一定的革命斗争经验。因此在莫斯科学习期间被选入支部局工作，但俄文程度较差，听课较吃力。王明在去苏学习前则是一个中学生，但能说会道，俄文程度较高。因此得到副校长兼该班列宁主义教员米夫的欣赏。王明没有毕业就作为米夫的翻译到第三国际工作，参加了我们党的"六大"（"六大"前王明是否跟随米夫到过中国我记不清了），从此开始了他的篡党夺权活动。

俞秀松、董亦湘、周达明三人和王明、博古、张闻天等人之间的公开冲突是在1927年夏季学期总结工作中发生的，冲突的详细起因我也不很清楚；因为我在这次总结会前就和云泽（即乌兰夫）等同志一起被派到东方大学去当翻译了。据我后来了解的情况大致如下。在学期总结工作过程中，教职员工特别是中国学生中发生了意见分歧和激烈的斗争，争论的一方以负责教务工作的苏联人和参加教务工作的中国人为首，其中主要有王明、博古、张闻天、沈泽民等人（王明是否参加了学期总结大会记不清了），另一方是负责支部局工作的苏联人和参加这一工作的中国人，即俞秀松、董亦湘、周达明为首。前一派被称为"教务派"，后一派称作"支部局派"。

这次斗争的结局，教务处和支部局的苏联人都被撤换了，原中大第一期的毕业生除回国的和少数留校工作的以外都到别的大学学习去了。其中俞、董、周3人到列宁主义学院学习，张闻天、沈泽民、王稼祥到红色教授学院学习。毕业总结会上斗争双方的头头只有博古留校工作，王明作为米夫的助手在第三国际工作，实际上米夫和王明、博古是中国党留苏学生的实际管理人或统治者。论理，王明、博古的反对者——俞、董、周3人都已离开学校，王明、博古已经全面掌握了中大中国学生的领导权，第一把手是苏联人，博古是支部的二把手，下面还有夏曦、王云程、李竹声等得力助手当支部委员。他们的统治应该是很巩固的了，但是由于他们的宗派主义、教条主义的作风很不得人心，尤其是他们动不动就给人打棍子、扣帽子，更激起了党员群众的反感，风潮不断起伏，以至有一次支部大会上讨论一个决议案时，虽然联共区委书记和教务派头头王明、张闻天、沈泽民、王稼祥等人都出席了这次支部大会，但赞成这个决议案的只有王明等28人，一人弃权（即所谓半个"布尔什维克"），其余的人都投反对票，这就是后来被讽刺地称为"28个半布尔什维克"这一称号的由来。虽然王明、博古等人如此孤立，但是他们并不反省改正自己的错误，反而把这归咎于支部局派俞、董、周3人的"阴谋活动"。

这不是事实。事实上除了他们自己的错误的组织路线以外是没有谁能有这么大本领来发动这么多的党员来反对他们的。他们为了嫁祸于人，也为了制造一个稻草人吓唬群众，于是就捏造了一个所谓“江浙同乡会事件”。这个事件曾经经过第三国际监委会，联共监委会，以及瞿秋白、周恩来同志参加的中共代表团三方联合审查过，并且否定了这个所谓“江浙同乡会”的存在。这事件的经过情形如下：

在我们同期毕业的同学中，除了回国工作的以外，大部分都升到别的学校学习，极少数的人留校工作，我和云泽（乌兰夫）同志和一个后来成为托派分子的綦树功被派到东方大学当翻译。继续学习的学生只发些津贴，有些到军校学习的按红军士兵待遇，津贴特别少。我们做翻译工作的拿工资，有近百卢布，生活较好。因此在暑假开学前，有几个去初级军校的同年级同学提出，在星期天要“敲我的竹杠”，叫我出钱买肉买菜做中国饭吃。这天，除约好的几位军校的同学外，董亦湘也来了，军事学院的陈启科、左权同志也来了，挤了一屋子的人，把同房间住的乌兰夫同志都挤了出去，正当我们热闹做饭时，中大学生公社（学生会）主任王长熙从窗下路过，听到里面说话的都是属支部一派的，而且都是江浙人；因此回校后同别人讲起，支部局派的某些人都聚集在某人房间呱啦呱啦讲得很热闹，像开“江浙同乡会”似的。（其实其中陈启科、左权二同志是湖南人）这话传到中大支部局中国同志那里，便添油加醋，说成是董亦湘等支部局派在我房里成立了“江浙同乡会”。这年冬天，向忠发以中共中央书记和中共中央代表团团长的身份到了莫斯科。王明、博古向他汇报留苏中国学生情况时，硬说董亦湘等支部局派组织了一个“江浙同乡会”。向忠发听信了片面之词，不加调查就在一次留苏学生大会讲话时不指名地宣布，凡是在共产党内组织同乡会的都该枪毙。向忠发如此一讲，引起了留苏学生中极大的混乱，因为留苏学生都知道“江浙同乡会”就是指董亦湘等支部局派。王明、博古派则把当时对他们不满的群众风潮都说成是受俞、董、周等支部局派的指使挑动。王明和他的追随者捏造出“江浙同乡会”反革命组织的目的就是要吓唬群众，镇压学生风潮。不料他们越是这样采用高压手段，群众的反感越大。大约在1928年，第三国际监委，联共监委和中共中央代表团三方联合组成的审查委员会开会审理了所谓的“江浙同乡会”案件。审查会主席是联共监委书记耶拉斯拉夫斯基（他同时也是第三国际监委的负责人之一），中共代表团团长是瞿秋白，团员是周恩来同志和后来做了叛徒的余飞（有没有张国焘记不清了）。被审查的人到会的有王长熙，我和董亦湘及发起“敲竹杠”的步兵学校的胡世杰（此人回国后先在东北工作，后脱党。解放前和我党情报部门有一定联系，并帮助做了些工作，“文化大革命”中死去），还有其他几个一起吃饭的人。中大支部局的苏联书记和区委书记也出席了这次审查会，出席这次会议的是支部局的中国工作人员秦博古还是组织干事王云程，我已经记不清了，审查委员先问王长熙，他怎么知道有人成立了“江浙同乡会”。王长熙回答说他从来没有说过谁成立了“江浙同乡会”，只说某天经过薛某（我原名薛萼果）宿舍，听到里面人声嘈杂，都是江浙口音，其中有董亦湘等人，因此和别人说过此事并说好像是开同乡会似的。后来支部局负责人问起此事，他也是这样汇报的。审查委员会接着就问我和其他人，那天为什么在我宿舍聚会，我们都如实回答了。最后审查委员会的审查结论指出（大意）江浙同乡会是莫须有的事，但是存在有部分同志间的感情结合，这种感情的结合发展下去对党的团结是不利的。本来由三个权威机关组成的联合审查委员会得出结论已经指出并不存在江浙同乡会这样的反革命组织，那就不应该再提这件事了。但在此后两年间，由于王明、博古宗派集团领导不得人心，群众仍然不断反对他们，他们不作自我批评，依然归罪于莫须有的同乡会、反革命组织的阴谋活动，把党员群众中反对他们的积极分子都视作同乡会反革命组织分子。

1929—1930 年间联共进行清党。中大中国学生支部属于联共组织，因而也举行了清党，并发现中大中国学生中间的确存在一个庞大的反革命组织，然而不是所谓的江浙同乡会，而是托派反革命秘密支部，并且破获了这个反革命组织的全部名单，但仍然没有发现任何其他所谓同乡会之类的组织。更出乎王明、博古集团意外的是平时反对他们的积极分子没有一个是托派分子，而托派分子则是被他们视为安分守己、埋头读书的好学生，至少是一些“不问政治”的“逍遥派”。托派的策略是隐藏自己的反革命面目，暗中煽动群众对党的不满，以扩大自己的影响。他们把支部局领导的官僚主义高压政策看作他们扩大影响的好机会（这是一切反革命派的惯用策略，也值得我们今天重视）。

3. 那么，我有什么根据怀疑俞、董、周 3 人的“托派”罪名是王明为了消灭异己而捏造出来的呢？我必须说说 1930 年以前我和俞、董、周 3 人的关系，特别是我和董亦湘的关系。董亦湘是我的入党介绍人，中共上海地委派他来无锡建立并领导无锡中共支部。1924—1925 年我是无锡党支部的书记，经常和他保持联系。1925 年秋，他和我先后去莫斯科中大学习。在学校学习期间，我经常和他来往，遇到重大政治事件和学习疑难问题常向他请教。我记得在蒋介石发动“4·12”反革命事件，第三国际和联共党内，托派作为党内的一个派别起来反对斯大林为首的联共中央，并且就中国革命的性质，革命的对象，革命的动力和同盟军等中国革命的战略、策略问题挑起争论的时候，董亦湘怕我迷失方向，曾主动找我谈话。当我表示赞成斯大林的意见，不赞成托派意见时，董亦湘马上表示宽慰，给我鼓励，并向我指斥了托派主张的谬误。

我毕业离开中大以后，仍然常常去列宁学院探望他。“江浙

同乡会”事件后我很孤独，怕被蒙上“江浙同乡会”活动的嫌疑，俞、董、周3人亦是如此，但是他们3人同在一个学校学习，同住一个宿舍，经常在一起，我去探望董亦湘时俞、周2人也常常询问一下东大和中大的情况。我记得他们分析中大学生反对王明、博古宗派集团领导的情况之后得出结论说：绝大多数群众是好的；王明、博古、夏曦、王云程等人的宗派官僚主义是激起群众反对他们的主要原因；但是一定有托派反革命分子夹杂在里面，从事挑拨离间的阴谋活动。因此他们告诫我，千万别参加学生中间反对支部局的风潮，否则会受牵连，永远洗不清楚，且会给王明、博古他们以诬陷打击的借口。他们并谆谆教导我努力学习马列主义，为回国后参加革命实际工作做好准备。

以上是我1930年回国前所认识的俞、董、周3人的政治面目。尽管人是会变的，我不了解1930年以后他们3人的情况，但无论如何，人的思想变化有它一定的道路可循。况且苏联党在20年代末和30年代中，曾经进行过几次清党和肃反扩大化都没有发现俞、董、周是托派分子，因而派他们到新疆工作；王明怎么能在回国途中，让邓发把俞、董、周3人“一审即服”，立即定案，把他们3人连同李特、黄超等人一起都处决了呢！因此我怀疑俞、董、周3人变成了托派分子，这是被王明为消灭他篡党夺权道路上遇到的第一批反对者而陷害死的。

4. 由于俞、董、周案件引起我发生了以上的怀疑，使我又联想到自己从苏联回国后的一些遭遇。我1930年秋回国后，担任工会工作，1931年初在上海租界被捕释放后，同党失去了联系，于是就通过各种社会关系积极参加了一些抗日救亡工作和理论宣传工作。在这几年，我遇到过许多党内同志，请他们代向党中央带过口信和书面报告，希望恢复我的党组织关系。但是当时王明博古把持着中央工作，没有批准。虽则我被捕释放的经过情况党组织完全清楚，我没有暴露党员面目，是被法院判决为被无辜牵连宣布无罪交保释放，而且有党员可以证明（详细情况可见我1956年交中央组织部的1945年2月的整风审干自传）。这是王明、博古宗派集团有意排挤我，摆脱我，取消我的党籍。但是没有想到竟有人对我进行造谣诬陷。这是在“1·28”事变以后，由于陈翰笙同志的介绍我认识了史沫特莱，为她和另一位国际友人出面主办的左翼英文杂志《中国论坛报》（*China Forum*）写工人运动和群众抗日救亡运动的通讯稿。我那时并不知陈翰笙同志是党员，但是我知道他曾在第三国际工作过，至少是党外的进步学者，而且在对于中国革命的战略策略问题上他拥护第三国际和中共中央的主张，这有他和同事们所做的中国农村土地问题调查可作证明。因此当时我接受了陈翰笙和史沫特莱的建议，很积极地到工人区域和公开的抗日救亡团体中去做采访工作。我为了考验《中国论坛报》的政治面目，在自己写的通讯中还特别报道了托派破坏群众抗日救亡活动的事实。由于我的英文程度差，通讯稿是中文写的，但问过陈翰笙和别的同志，知道我稿中有关托派破坏活动的报道基本上都被采纳了。

就在这个时候，陈翰笙同志又给了我另一个任务。他说，宋庆龄有一笔捐款要托他（陈翰笙）亲自交给真正的群众抗日救亡团体，意思即交给我们党领导下的抗日群众团体。问我能不能找到这样的团体。我说：可以。因为我在一个抗日群众团体（好像叫“武装自卫会”）遇到过杨尚昆同志，因此我断定这个团体是在我们党领导下的，而且我曾经询问过杨尚昆同志，英文《中国论坛报》是不是革命的，我可不可以替该刊物写通讯。杨尚昆同志给了我肯定的答复。当陈翰笙给了我这个交捐款的任务后，我又到这个团体去找了杨尚昆同志，问他是否可把陈翰笙带到他那里去。在得到同意后，我就陪同陈翰笙同志给杨尚昆同志移交了以宋庆龄名义捐的款项二至三次，数目大概有好几万。可是不久我又听到流言蜚语，说“第三党”甚至是“托派”想通过某某收

买抗日武装自卫会。

更奇怪的是后来的事情。我从1931年失去组织关系后，就积极参加捍卫党的路线的理论斗争。这个斗争的主要对象是托派。那时党在毛主席领导下已转入武装的土地革命，党认为中国是一个半殖民地半封建的社会，中国革命是无产阶级领导下的资产阶级民主革命。革命的对象是帝国主义和封建地主阶级和依附于他们的买办大资产阶级，至于民族资产阶级，中小资本家则是我们争取的对象。但是托派认为中国是国际财政资本统治下的资本主义社会，中国革命是社会主义革命，革命的对象主要是资产阶级。托派的理论是针锋相对地反对我们党的战略策略的。当时托派以神州国光社为依据，出版杂志和书籍散布这种反动理论。当时陈翰笙同志在华北、华中、华南各地农村中组织社会经济调查，用实际材料来论证土地革命是中国革命的基本内容，从而证明中国革命是资产阶级民主性质的革命。我参加了其中的一部分调查和材料整理工作。后来我又和陈翰笙、王寅生、张锡昌、钱俊瑞、薛暮桥、徐雪寒、骆耕漠等同志发起并成立中国农村经济研究会，开设了新知书店，发行《中国农村》月刊，宣传党的土地革命政策，驳斥托、陈派的取消主义谬论。我在《中国农村》月刊发表的有关中国土地问题的许多文章，特别是我的《财政资本的统治和前资本主义生产关系》那篇文章点名批判了托派的所谓理论家严灵峰和王景波（即尹宽）等人的谬论，并且以亚洲、非洲殖民地的材料，特别是中国农村的社会关系，证明国际财政资本的统治和封建的生产关系非但不相矛盾，而且二者是相依为命的。我不是自夸，在30年代的国民党统治区、在和托派理论斗争中，我的这篇文章是比较有分量的。

1936年、1937年之交，中共江苏省委成立了，我又找到了党的地下组织，并且先后担任了党的学生工作委员会（学委）和文化工作委员会（文委）的负责人，因此“8·13”战争爆发后，省委没有批准我和《中国农村》月刊编辑部一同撤离上海租界到后方去，要我留在上海工作。但是后来据薛暮桥同志说，当他和《中国农村》月刊编辑部撤退到武汉时，八路军驻武汉办事处曾有一位年老同志问他，中国农村经济研究会有一个叫薛萼果（我的原名）的苏联留学生是托派分子，现在到哪里去了。薛暮桥同志告诉他，薛萼果笔名孙冶方，是与托派论战的作者，中国农村经济研究会的发起人之一，不是托派。当时八路军驻武汉办事处是我党中央长江局的机关，那时王明、博古都是长江局的领导者，显然他们还是企图给我扣上托派帽子置我于死地；然而当托派还是联共党内一个公开派别，《真理报》还公开发表他们纲领的时候起，我就反对他们，在和党失去联系时也用扎扎实实的论据批驳过严灵峰、尹宽（王景波）这些所谓托派理论家的。

5. 我自从得知俞秀松、董亦湘、周达明 3 人是王明亲自布置盛世才把他们杀害的消息以后，对莫斯科留学生中反对王明、博古集团的所谓学生风潮作了回忆和重新估价。虽然仅根据 1930 年以前我所知道的情况还不能绝对肯定说俞、董、周 3 人不会堕落为托派，因为我不掌握他们 1930—1937 年期间的材料，但是我有理由对王明加给他们的罪名表示怀疑。我只能把我的这些怀疑和我所知道的片段材料如实向党报告。只有党组织的力量才能澄清我党历史上王明、博古集团形成过程中上述材料的意义和俞、董、周 3 人的政治面目。我建议党校党史研究室向现在还活着的 1927—1930 年目睹过当时留苏学生中反对王明、博古集团斗争的留苏学生做些调查，据我所知，在这少数人中，有吴亮平，伍修权 2 同志可能参加过 1927 年夏季的中大学生的总结大会。1927 年以后在中大参加反对王明、博古集团的群众领袖和积极分子有北大的冯定，上海的胡福海（可能在搞农垦工作），铁道兵团的张崇文，中央民族出版社的毛静仙，上海政协工作的陈修良等人。此外，据我所知，一机部顾问江泽民可能提供一些与我上述

意见相反的材料。因为几年以前我听说他是抗战前夕才回国的，好像还在新疆工作过，因此我曾问过他俞秀松等人到底怎么死的。他曾干脆回答说他们是托派，搞江浙同乡会被枪毙了，可见他还把经过周恩来等同志审查做过正式结论的所谓江浙同乡会的罪名加在俞、董、周3人头上，说明他完全受了王明的蒙蔽宣传，可能提供一些相反的材料，希望组织上也找他谈谈。

6. 由于俞、董、周3人的案件，我又联想到了康生和王明的关系问题。在“文化大革命”以前，我只知道康生在40年代初在延安负责整风审干工作时，犯过“左”的错误，伤害过不少好同志，但我只认为是思想方法问题，从来没有对他的政治品质发生过怀疑。所以当在“四清”时我被诬陷为苏联利别尔曼的“利润挂帅”的拥护者时，我还曾经给康生写过一个很长的报告，申诉我的经济学观点，希望他主持正义，重新审查我的政治经济学思想。甚至在“文化大革命”以后，我还以为诬陷我的主要是陈伯达，而不是康生。现在我知道我的想法太天真了，陷害我的主要是康生；而康生之所以要陷害我，是与王明处决俞、董、周一案有关系的。

首先我有一个疑问，康生曾经在王明直接领导下工作，他还和王明合作写过一篇叫作《今日之中国革命》（见美国人哈罗德编的《现代中国名人词典》）。在40年代初延安整风审干时期，对别人那么苛求，可是他自己是如何同王明机会主义路线划清界限的？据我所知，康生在第三国际工作时也是负责保卫工作的。而且是1937年和王明一起经过新疆回国的。俞、董、周案件应该是康生直接在王明领导之下处理的，关于这个处理经过他后来向中央汇报过没有。

由于发生了以上疑问，我便回想起了我自己和康生发生工作关系以后的几次值得引起怀疑的情节。

(1) 大约在1948年年底或1949年年初，解放战争时期，华东局一次会议中间的休息时间，康生在和我闲聊的时候，他忽然告诉我一个我一直不知道的消息。陈翰笙是第三国际的直属党员，是直接在第三国际领导下做上层联络工作的，是李大钊和苏联第一任驻北京大使加拉罕介绍入党的。于是我就和他谈到了第三国际。我就问他俞、董、周 3 人在苏联是怎么被处死的，是什么罪名。他突然脸色都变了，冷冷地回答：不知道！于是我们本来很轻松的谈话就这样中断了。当时我亦没有对他产生过什么怀疑，只怪自己不应该问与自己工作无关的党的机密。但现在回想起来确有些古怪，他可以把当时还在国民党统治区和美、日等帝国主义国家活动的一个高级秘密党员陈翰笙同志的身份告诉我。但为什么不能把已经正式判决了的“罪犯”的罪名告诉我呢？显然其中有“鬼”。我现在想也许就是我这个问题触动了他对我的陷害之心，将我投入监狱关了 7 年之久。

（2）康生对我 1963 年 9 月 15 日关于利润问题的内部研究报告的两面派态度和捏造诬陷。

本来，这个题目是李富春副总理叫我研究的。这个研究报告我除送给中央负责财经工作的三位副总理之外，同时也送给了当时中央主管文教宣传的领导人陈伯达、康生。报告送出后三四天，我遇到了康生办公室副主任杨甫，我和他进行了以下的谈话：

我：前几天给康老送去一个关于利润问题的内部研究报告收到没有？

杨：收到了。

我：康老看了没有？

杨：当时就看了。

我：他说了什么没有？

杨：没有。但是他过了一会又说：他简单地说了一句：“老孙这个报告提出了一个问题”。

那时我想既然说我这个报告提出了一个问题那也不算坏的评语吧！正确地提出问题就等于解决了一半问题嘛！可是不久他则一反自己在办公室的这个并不坏的评语，而在毛主席面前对我进行了造谣诬陷：说“小小的一个经济所长竟敢公然拥护苏修利别尔曼的‘奖金挂帅’和‘利润挂帅’的主张”。这是康生对我的诬陷，因为我在这个研究报告里明明说过我们不采取利别尔曼的办法，因为他们的奖金占到了企业利润收入的百分之十几到二十几，等于把全民所有制企业变为集体所有制了。但是我说过，我们不能因为反对利别尔曼的“奖金挂帅”就连社会主义企业利润也不要了。现在看来，我坚持社会主义企业要有利润的观点是对的；但是否定奖金的观点，则是一种“左倾”错误思想。然而，康生却在毛主席面前造我的谣，说我宣扬利别尔曼的观点，提倡物质刺激、“奖金挂帅”，提倡“利润挂帅”。这完全是造谣诬陷。因为我虽然主张社会主义企业要有利润；但是我对这个社会主义利润是有严格规定的：首先要按计划规定办事，不能搞投机倒把；其次，价格要按平均成本加平均资金利润定，即按生产价格定价。因此，不仅说我鼓吹物质刺激，奖金挂帅是捏造，就是说我“利润挂帅”（意即“唯利是图”）也是不符合事实的。康生是读了我的研究报告的，他在自己办公室内似乎对我的研究报告还表示过欣赏。那么他为什么要对我进行诬陷捏造呢？我将在下面说明。

（3）如同我在前面讲过的那样，远在“28个半布尔什维克”或王明宗派集团刚形成的时候起，我就被他们打成“莫须有”的“江浙同乡会”分子，始终成了他们打击和排挤的对象。但是“文化大革命”初期，康生操纵的天津南开大学“8·18”战斗队又反咬一口，说我是“28个半之一”。这还不算，当1968年4月我被康生、陈伯达关进监狱之后，先是近两个月的时间没有被提审过。可是后来又接连二三个星期，每天白天夜晚接连三场的疲劳审讯；有时直到深夜才结束，第二天清早又继续审讯。审问什么问题呢？说来真是做梦也想不到的：审问我同王明的关系，审问我关于王明知道些什么！当初我以为这只是因为他们没有拘捕我的理由，所以随便从南开大学“8·18战斗队”的小报上找来了一个张冠李戴的借口。在1975年专案小组宣布我无罪释放的时候，我曾问过一位审讯员：我从未和王明打过交道，而且是一向受王明迫害的，党组织关于这些不是不知道的，你们怎么会相信“8·18战斗队”的材料把我当作王明集团的人呢？那位审讯员，回答说，我们知道你不是“28个半布尔什维克”之一，但是我们想从你那里知道“你关于王明知道些什么”？

自从我知道了俞秀松、董亦湘、周达明3人是被王明、康生杀害的，而且听说冯仲云同志和他的女儿被捕（冯仲云同志是死在狱中的）是为了要从冯仲云同志手中追回当年王明、康生办事处给东北抗日联军的一封指示信，等等，我才联想到康生把我拘捕入狱，就是因为他怀疑我当时已经知道他和王明勾结杀害了俞董周3人，幸好我当时根本还不知道俞、董、周是王、康杀害的。否则我或许也像冯仲云同志一样，要死在狱中了。

我希望中纪委和中组部向当初审问我的那些专案小组成员详细调查当初康生是怎样给他们布置这个审讯任务的。

孙冶方

什么是生产力以及关于生产力定义问题的几个争论*

这是我正在写作的《社会主义经济论》导言中的4节（初稿）。主要回顾和评述了我国经济学界对生产力定义问题的争论，阐明我对生产力定义的一些看法。这里需要特别指出的是：我不赞同斯大林关于生产力二因素论，而主张生产力三因素论。在我看来，生产力三因素论是马克思的观点。当前，我国经济建设中原材料问题很尖锐，在许多情况下，由于原材料品质低劣、种类不齐、型号不全，还有物资供应体制的不合理，大大影响了生产力的迅速发展。生产力二因素论的观点是妨碍经济科学对生产力问题的研究的。所以，生产力二因素论和三因素论的争论，不仅仅是概念之争，而且具有重要的现实意义。

我在文中所持的看法，曾在好些地方和单位的学术报告中讲过。现在把导言中的有关几节先发表出来，以便参加学术界对这个问题的讨论，并广泛地听取意见。

一、什么是生产力

在马克思主义的经典著作中，"生产力"这个"词"或"术语"有两种含义。第一种含义是指生产水平、生产效率。它与

* 本文原载《经济研究》，1980（1）。

"劳动生产率"是同一含义。在这种场合下，这个词在德文原文以及其他西方文字中都是用的单数。第二种含义是指生产力诸因素。在这种场合下，这个词在德文原文以及其他西方文字中都是用的复数。二者是不可分的。

在解放后最初的15年间，关于生产力的定义问题，经济学界曾发生过三场争论：

第一场发生在解放初期，争论的内容是关于生产力因素是两个（劳动力和生产工具）还是三个（劳动力、生产工具和劳动对象）的问题。

第二场发生在1958年前后，争论的内容是关于生产力的因素可否分为人的因素和物的因素两类，人的因素和物的因素的相互关系是不是政治经济学的研究对象。

第三场发生在1959年6月到1960年年底，争论的内容是生产力有没有内部矛盾，生产力能否自我"增值"；生产力发展是不是完全依赖于生产关系的反作用。

下面我通过评论这三场争论来表明我对生产力定义的看法。

二、关于生产力定义问题的争论之一
——生产力三因素论和两因素论的争论

马克思在《资本论》第1卷第5章第1节《劳动过程》中说，"劳动过程的简单要素是：有目的的活动或劳动本身，劳动对象和劳动资料"。[1] 我认为，马克思在这里所说的"劳动过程的简单要素"，也就是指生产力的简单要素。因为生产力作为生产水平或劳动生产率，是劳动过程的结果。而作为生产力的要素，又形成劳动过程的要素。所以，根据马克思的这个论述，我们应该承认，生产力的因素有三：第一，劳动或劳动力；第二，劳动

[1] 马克思：《资本论》，《马克思恩格斯全集》，第23卷，第202页，北京，人民出版社，1972。

对象；第三，劳动资料或手段，也就是劳动工具。

生产力有三个因素，这是马克思主义政治经济学的奠基人在他最有权威的伟大著作《资本论》中所说的话。马克思的这句话，如同我们将在下面证明的那样，是完全符合客观真理的。按理说，生产力由三个因素所组成，或称三因素论，这不应该有争论了。但是，在中华人民共和国成立初期，非但发生了关于生产力三因素和二因素的争论，而且还把坚持三因素的观点说成是“反马克思主义”。之所以发生这样的争论，乃是由于斯大林在20世纪30年代出版的《联共党史简明教程》第4章第2节《辩证唯物主义与历史唯物主义》中对生产力的因素提出了另外一种说法，他说：“生产物质资料时所使用的生产工具，以及因有相当生产经验和劳动技能而发动着生产工具并实现着物质资料生产的人，这些要素总和起来，便构成为社会生产力。”显然，斯大林是不同意三因素论的。他主张生产力因素有二：第一，劳动力；第二，劳动工具。

斯大林为什么把劳动对象——原材料——排除在生产力因素之外呢？他在后来的另一部著作中有过他自己的解释。他说：“马克思主义者说到生产资料的生产时，首先是指生产工具的生产——马克思把这叫做‘机械性的劳动资料，其总和可称为生产的骨骼系统和肌肉系统’，这个系统组成‘一个社会生产时代的突出特征’。把一部分生产资料（原料）和包括生产工具在内的生产资料等量齐观，就是违反马克思主义，因为马克思主义认为，和其他一切生产资料来比，生产工具是具有决定作用的。谁都知道，原料本身不能生产生产工具，虽然某几种原料也是生产生产工具所必需的材料，可是，没有生产工具是不能生产任何原料的。”❶

❶ 斯大林：《苏联社会主义经济问题》，第42—43页，北京，人民出版社，1961。

斯大林的这段话强调生产工具的重要性，这是无可非议的。但应该指出，他为了替他的生产力两因素论辩解，却并没有很好地考虑马克思本人的话。

首先，“把一部分生产资料（原料）和包括生产工具在内的生产资料等量齐观”的，恰恰是马克思本人而不是别人。我们在前面已经引证过的马克思关于“劳动过程简单要素”所讲的那一段话，他非但把劳动对象（原料）同劳动工具并列，而且，在顺序上还把劳动对象放在劳动工具之前。他说：“劳动过程的简单要素，是有目的的活动或劳动本身，它的对象和它的手段。”

其次，斯大林说，生产工具的总和“组成社会生产一定时代的作为特征的标志”。这句话在表面上是对的，生产工具确实非常重要。我们都非常熟悉马克思讲过的一段话，他说：“动物遗骸的结构对于认识已经绝迹的动物的机体有重要的意义，劳动资料的遗骸对于判断已经消亡的社会经济形态也有同样重要的意义。各种经济时代的区别，不在于生产什么，而在于怎样生产，用什么劳动资料生产。”❶ 比如，手工工具时代，蒸汽机时代，电气时代以及现在所说的自动控制、原子能时代等，都是由劳动工具本身的变革所造成的。然而，最早的石器时代、青铜器时代和铁器时代的划分，却不完全如此。它除了劳动工具的变化外，还有制造劳动工具的原材料。马克思在《资本论》第2版再版时，曾对上面所引过的那段话加了注，注说：“尽管直到现在，历史著作很少提到物质生产的发展，即整个社会生活以及整个现实历史的基础，但是，至少史前时期是在自然科学研究的基础上，而不是在所谓历史研究的基础上，按照制造工具和武器的材料，划

---

❶ 马克思：《资本论》，《马克思恩格斯全集》，第23卷，第204页（注5a），北京，人民出版社，1972。

分为石器时代、青铜时代和铁器时代的。”[1] 就我们在任何一个历史博物馆中所陈列的第三个时期的劳动工具来看，如石器时代的石斧、青铜器时代的青铜斧、铁器时代的铁斧，它们在形式上都很少有差别。也就是说，尽管都是斧，但三个时代却有三种不同的原材料。所以，形成人类历史上这三个时期生产力的飞跃发展，促成人类社会的经济形态从原始公社阶段发展成为奴隶社会，再从奴隶社会进步成为封建社会，原材料也是重大的标志之一。

最后，斯大林说，“原料本身不能生产生产工具，可是没有生产工具是不能生产任何原料的”。这也是站不住的。一般说来，没有生产工具，固然生产不出原料。（其实，光凭双手，把五谷或棉、麻种籽撒在适当的荒地上，也能生长出一些粮食和棉、麻这些原料来的）。但是，没有原料，那也是制造不出任何生产工具的。没有金属造不出金属工具，没有青铜连铜器时期也是不会有的。斯大林自己也不得不说，“某几种原料也是生产生产工具所必需的材料”，既然如此，为什么又要把原材料排除在生产力因素之外呢？

二因素论在中国的拥护者对于为什么把原材料排除在生产力因素之外，还补充过一个理由，他们说，原材料是劳动力和生产工具所创造的。因此，原材料的一切进步，都是劳动力和生产工具进步的结果，上述两因素已经包括了原材料这个因素。所以，在劳动力和生产工具之外，再列出原材料这第三个因素便是多余的了。这种解释是不能成立的。因为生产工具也是劳动力创造的，生产工具的一切进步都是劳动力进步的结果，即劳动者科学技术知识的增长和劳动熟练程度的提高。按照二因素论的逻辑，劳动力也就是生产力，根本无须谈论什么生产力的因素问题了。

---

[1] 马克思：《资本论》，《马克思恩格斯全集》，第23卷，第204页，北京，人民出版社，1972。

最近，有位同志还说：“劳动过程或生产的要素是三个，但是，生产力是由人和生产工具（也就是劳动资料或劳动手段）两个要素构成的，它不包括劳动对象在内。正如构成战斗力的要素与构成战斗的要素不同。战斗力是由人和武器构成的，不包括战斗对象，即不包括敌人本身在内……在战斗的因素中，一定要把战斗的对象——敌人包括在内。不包括战斗对象这一因素就构成不了战斗，但是战斗力却不一定包括战斗对象。同样，生产也一定要有劳动对象，不包括劳动对象，也就构成不了生产。所以生产有三个要素：从事生产劳动的人——生产者、生产工具（劳动资料或劳动手段）和劳动对象……但生产力……却只有两个因素：生产者和生产工具。”用战斗力和战斗或战争的例子来说明生产力和生产的区别，从表面看好像是非常有利于生产力二因素论的。因为，哪有人会把战斗的对象——敌人，算在自己的战斗力中去的呢！但是，只要仔细想一想，就会发现，战争和战斗的例子正好很不利于生产力两因素论，而有利于生产力三因素论。首先，作为战斗的对象，不仅仅是敌人，而且还有敌人把守的阵地。同时，更重要的是，谁都知道，任何两个国家的两支军队，即使人和武器的量和质（包括政治觉悟、体质等）都是一样的，但是它们的战斗力还可以由于以下三点而大不一样：第一，双方阵地的地形不同；第二，有没有实战经验；第三，平时的野外操练，特别是军事演习抓得好不好。双方的阵地就是战斗的对象，阵地地形的有利与否可以增强或减弱敌我的战斗力。而实战中训练出来的战斗力更是以现实的敌人为战斗对象得来的战斗力，平时的操练和演习中得来的战斗力则是从假想的战斗对象中训练出来的战斗力。光是人加武器，既无实战经验，平时又不操练、演习，那么，只等于戏台上的跑龙套，是毫无战斗力的，这难道不是很明白的吗？所以战斗力离开了战斗对象是培养不起来的，正同离开了劳动对象也形成不了生产力是一个道理。

这里，有必要进一步对自然条件加以考察。因为并不是一切劳动对象都是劳动创造的。马克思说过："土地（在经济学上也包括水）最初以食物，现成的生活资料供给人类，它未经人的协助，就作为人类劳动的一般对象而存在。所有那些通过劳动只是同土地脱离直接联系的东西，都是天然存在的劳动对象。例如从鱼的生活要素即水中分离出来的即捕获的鱼，在原始森林中砍伐的树木，从地下矿藏中开采的矿石。相反，已经被以前的劳动可以说滤过的劳动对象，我们称为原料。例如，已经开采出来正在洗的矿石。一切原料都是劳动对象，但并非任何劳动对象都是原料。劳动对象只有在它已经通过劳动而发生变化的情况下，才是原料。"❶ 马克思还说过，"撇开社会生产的不同发展程度不说，劳动生产率是同自然条件相联系的。这些自然条件都可以归结为人本身的自然（如人种等等）和人的周围的自然。外界自然条件在经济上可以分为两大类：生活资料的自然富源，例如土壤的肥力，渔产丰富的水等等；劳动资料的自然富源，如奔腾的瀑布、可以航行的河流、森林、金属、煤炭等等。在文化初期，第一类自然富源具有决定性的意义；在较高的发展阶段，第二类自然富源具有决定性的意义"。❷ 正因为如此，所以不同的民族，即使处在文明的同一阶段，往往因为所处的自然条件不同而贫富悬殊。我们中华民族不是以地大物博而自豪吗？这地大物博就是作为富有的劳动对象而为劳动生产力的发展提供了自然基础。此外，帝国主义宗主国由于掠夺殖民地而发展自己的生产力，也岂不就是因为它们不仅剥削了殖民地的廉价的劳动力，而且也剥削了丰富的自然资源即劳动对象吗？由此，怎么能说劳动对象不构成生产

❶ 马克思：《资本论》，《马克思恩格斯全集》，第23卷，第202—203页，北京，人民出版社，1972。

❷ 马克思：《资本论》，《马克思恩格斯全集》，第23卷，第560页，北京，人民出版社，1972。

力的因素之一呢？

马克思在《资本论》中，恩格斯在《英国工人阶级状况》中，以至在他们的许多论文和通信中，都曾经用很多篇幅，详细地叙述了美国南北战争时，由于美棉不能来到欧洲，于是欧洲各国的主要是英国的纺织工业不得不采用印度棉花和埃及棉花。由于当时印度和埃及的棉花品质不如美国棉花好，主要是杂质多，纤维短，所以断头多，停车频繁，从而影响了棉纺织业的劳动生产力。而纺织工人的工资，都采取计件工资制，因此，当时欧洲纺织工人特别是纺纱工人的工资普遍下降，工人阶级的生活水平也普遍下降。马克思和恩格斯所详细论述过的这个历史事实，也证明了影响生产力水平的，不仅有劳动力和生产工具这两个因素，而且还有劳动对象这个因素。也就是说，生产力应该有三个因素而不是两个因素。

作为劳动对象的原材料的品质的好坏能够影响劳动生产力，这是同作为劳动对象的土地的好坏会影响劳动生产力，从而产生级差地租是一个道理。影响劳动生产力的东西，不能构成生产力的因素，这是说不通的。

然而，我们要用很大篇幅来谈论这个生产力三因素问题，不仅因为像上面所说的那样，这是一个很重要的政治经济学理论问题和历史事实问题，而且还是当前国民经济建设中的一个重要实际问题，甚至可以毫不夸张地说，这是有关人类经济发展前途的问题。我在这里想说的是关于合成材料，特别是关于工程塑料的问题。

现在我国的科学技术文献都在谈论新的工业革命问题。然而引起人们（至少是我们的经济学家们）注意的，主要是劳动工具的革命，即原子能和电子计算机自动控制系统的出现，但是不注意或很少注意劳动对象的革命。事实表明，合成材料，特别是工程塑料的出现，可以毫无愧色地称为劳动对象的革命，它和原子

能、电子计算机自动化装置一起，构成了当代工业革命的重要内容。

促成我注意这个问题的是1973年中东战争爆发后，国际石油垄断资本家为了抬高石油价格而故意渲染所谓的“能源危机”。当时，就有许多自然科学家证明，即使是地球上的石油、煤炭等天然燃料资源都开采完了，人们还会有太阳能和包括潮汐在内的水力以及原子能等用不尽的能源可利用。更何况，现在已发现的石油、天然气、煤炭等天然燃料资源的枯竭，不仅对我们这一代不是现实问题，就是对下一两代的人来说，也不会是现实问题。

但是，从人类的长远前途来说，地球就这么大，各种矿藏总是有限的。如果说，天然燃料资源开发完毕以后，在地球转动着的这个限度内，有太阳能和水力这样的用不完的能源可利用。那么像铁、铜等金属矿开采完毕以后，人们将用什么材料来制造生产工具呢？难道说，人类可以依靠废金属回收来维持日益增加、日益庞大的生产设备的再生产吗？就在我考虑这一问题的时候，报纸给我提供了解答。新华社的一条清息说，塑料齿轮的耐磨性能已经超过了合金钢。当时，我被陈伯达、“四人帮”以及他们的那个顾问剥夺了自由，不能对这个问题做深入一步的研究。自从我重新获得自由以后，我才有机会在几位青年化学家的帮助之下，接触了一些化学专业性资料。这些资料不仅使我解决了地球内部蕴藏的天然资源挖掘完毕以后，将用什么东西来补充日益扩大的生产设备的制造材料问题，而且也帮助我进一步肯定了生产力三因素论。原来，采用合成材料逐步代替金属材料，这已不是遥远将来的事情了，而就是现实。据联邦德国1970年出版的、哈根·伯因豪尔和恩斯特·施玛克合著的《展望2000年的世界》一书中说：“100多年来，黑色金属是基本的结构材料，是一个国家工业发展水平的主要标志，钢的吨数是衡量经济威力的指标。而今天，黑色金属已经开始丧失这种主宰的地位，钢铁已不再是无可争议的反映工业发展水平的唯一结构材料了……对黑色金属的需要减少……到 1995 年，50% 以上的扁钢和钢板材料将被塑料代替。”

以上材料也给我们解答了另一个问题，为什么从总的生产水平来说，连苏联自己也承认，他们还远远落后于美国，但是钢的生产，苏联却已经超过了美国很多：1978 年美国的钢产量只有 12 650万吨，而苏联却已达到 15 150 万吨。这并不能标明苏联的总的生产水平和技术水平已经超过了美国，恰恰相反，因为苏联的工程塑料的生产（具有金属性能，可以代替钢铁和其他金属用的塑料生产）还远远落后于美国。美国的合成材料产量：1973 年 1253 万吨，1974 年 1233 万吨，1975 年 1100 万吨；而苏联 1974 年只有 250 万吨，1975 年只有 280 万吨。1 吨合成材料可代替6 吨钢材用，美国以平均年产 1200 万吨合成材料计，可代替钢材7000 万吨使用量，再加上钢产量美国可达 2 亿吨，而按同样方法计算，苏联只有 1.7 亿吨。所以，美国还是超过了苏联。

讲到这里，我们还没有把劳动对象的革命问题讲完。因为现在的塑料或合成材料的生产还都是以石油、天然气、煤炭做原料，就是说，它还是以地下的矿藏资源做原料的，还是会开采完的。在开采完了以后怎么办呢？许多自然科学家已经对此做了种种试探性的回答。例如，英国环境科学与工程委员会主席鲁滨逊在 1976 年英国化学年会上以题为《化学和新的工业革命》的开幕词中提出了代替石油、天然气和煤炭等烷烃化合物的两种途径：一种途径是为了某些目的可以用无机材料代替有机材料，而且这种无机材料具有优异的热稳定性和抗氟化性能。在建筑、交通器具、家具方面使用无机材料可以大大减少火灾的发生。但是这种无机材料的代用品有一个弱点，那就是容易破碎，自然科学家现正在解决这个问题。第二种途径是直接利用微生物酶和太阳能来生产木质素，以此作为生产合成材料的原料。达到地面的太

阳能等于已知的煤气和石油的总藏量的120倍，而且没有任何污染问题。[1]

不错，代替烷烃化合物的这两种途径还不过是自然科学家的一种设想，还在试验中，有一些问题也还没有被突破。然而，问题已经提出来了。正确地提出问题就等于解决了问题的一半。如果这两关被突破，也就实现了劳动对象的一次彻底革命。英国环境科学和工程委员会的主席在这次年会上的开幕词中不仅号召化学家，而且还号召生物学家、物理学家、工程师以及经济学家共同合作，来攻克这个劳动对象问题上的科学难关。而对我们经济学家来说，首先就要强调劳动对象在生产力革命中的重要作用，要宣传马克思的生产力三因素论，而不要再宣传斯大林的生产力两因素论。

三、关于生产力定义问题的争论之二

——生产力中人的因素和物的因素的关系是不是政治经济学的研究对象

生产力的三种因素，从发挥人在生产过程中的能动作用的观点出发，又可以分作人的因素和物的因素这样两大类。劳动力是能动的因素；生产工具和劳动对象是被动的物的因素。

从生产关系和生产力的关系的角度来说生产关系是人的因素，生产力（指生产水平即物质财富水平这一意义上的生产力）是物的因素。

从资金和资本的角度来说，马克思用c来代表的生产资料是物的因素，用v来代表的工资是人的因素。

不论在革命战争中或是在经济建设过程中，毛泽东同志总是特别强调人的主观能动作用，反对唯武器论和“大”“洋”思想。

---

[1] E. A. Robison Presidential Address. “Chemistry and The New industrial Revolution”, *Chemical Society reviews*, Vol. 5, No. 03, p. 317 (1976).

毛泽东同志的这种思想是革命阶级的辩证唯物主义思想。毛泽东同志在第一个五年计划时期提出的一整套两条腿走路、三个并举的方针，其中心思想就是为了发挥人的因素的积极能动作用。所以，这是符合马克思主义辩证唯物主义的。我在1958年北京经济学界纪念《关于正确处理人民内部矛盾的问题》发表一周年的座谈会曾做了题为《要懂得经济必须学点哲学——再读毛泽东同志〈关于正确处理人民内部矛盾的问题〉的几点体会》的发言，建议经济学家为了宣传好党的一整套两条腿走路的方针，应该认真研究社会主义经济建设中“人”的因素和物的因素的关系问题。

这件事，当时有位同志就向我提出一个问题，他说：马克思说政治经济学是研究人与人的关系的，你却要求经济学者研究人与物的关系，这怎么符合呢？

我很感谢这位同志。因为我在发言时没有考虑到如何把这两种表面上看来不同的提法联系起来加以说明。1964年，某刊物编辑部索稿，我就在这个发言的记录稿前面加上一个补充说明，预备修改后发表。不料因此遭到了严厉申斥，认为这是坚持反马克思主义观点。

研究生产力的人的因素和物的因素这种提法是不是反马克思主义的，我们还是请教一下马克思本人吧！

马克思说过，“既然生产的物的因素和人的因素是由商品构成的，资本家就得通过$G—W\begin{matrix}\diagup A\\ \diagdown Pm\end{matrix}$，通过货币资本到生产资本的转化，来完成这两个因素的结合”。❶

马克思还说过，“不论生产的社会形式如何，劳动者和生产资料始终是生产的因素。但是，二者在彼此分离的情况下只在可能性上是生产因素。凡要进行生产，就必须使它们结合起来，实

❶ 马克思：《资本论》，《马克思恩格斯全集》，第24卷，第37页，北京，人民出版社，1972。

行这种结合的特殊方式和方法，使社会结构区分为各个不同的经济时期”。❶

以上引文的着重号是引者标出的。由此可以看出，生产的（也就是生产力的）人的因素和物的因素的提法，正是马克思本人的提法。不仅如此，马克思还认为，正是生产的人的因素和物的因素之不同的结合方式和方法，形成了不同的社会结构或社会形态。

马克思主义政治经济学（广义的政治经济学）告诉我们，人类历史上存在过的，或者现在还存在着的各种不同社会形态，正是由于在那里，生产的人的因素和物的因素的结合方式是极不相同的。也就是说，劳动者和生产资料的结合方式和方法是极端不相同的。

在原始公社时期，劳动者是作为自己所使用的简陋工具（石器）的制造者和使用者，在集体的劳动过程中同这些简陋工具结合起来的。

在奴隶社会中，奴隶是让自身变成了奴隶主所有的一种“会说话的工具”以后，才能与已经被奴隶主所霸占的生产资料相结合起来。

在封建农奴制社会中，农奴作为土地的附属物局部地失去了人身的自由，承担了徭役、贡税等义务后，才能和作为生产资料的土地相结合起来。

封建社会的佃农必须承担繁重的地租才能和属于地主所有的土地相结合；自耕农为了获得一小块土地，就必须花去原来可以用于农业生产的资金去支付地价。

在资本主义社会里，工人必须一方面有人身的自由，另一方面把自己的劳动力变成商品出卖给资本家之后，才能和生产资料

❶ 马克思：《资本论》，《马克思恩格斯全集》，第24卷，第44页，北京，人民出版社，1972。

相结合。

在社会主义社会中，劳动者就以社会主人的地位，通过政府劳动部门、工会或生产队的合理调配与公有的生产资料结合起来。

这就证明，要了解不同的社会形态，就必须研究生产过程中人的因素和物的因素以及这二者的结合方式。社会主义社会应该自觉地改进这种结合的方式、方法，促进生产的发展。

因此，把研究生产力的人的因素和物的因素的关系，说成是反马克思主义的提法是错误的。对于这种只从教科书里读马克思主义政治经济学的几条定义或教条，把马克思本人说的话，诬称是反马克思主义，从而乱扣帽子的作风，是应该坚决废止的。

那么，马克思关于人的因素和物的因素的提法，和他本人首先提出的政治经济学是研究人和人在社会生产过程中的相互关系的原理，是不是协调的呢？是不是有矛盾呢？

没有丝毫矛盾，是完全协调的。

首先，我们在前面引证过的恩格斯的那段话，已经说得很明白，虽然“经济学所研究的不是物，而是人和人之间的关系，归根到底是阶级和阶级之间的关系；可是这些关系总是同物结合着，并且作为物出现”❶。正如我在前面对恩格斯这段话所做的解释那样，这里所说的人和人之间的关系，是指物质财富生产过程中的相互关系，是经济关系。然而，这种关系是无论如何不能离开物的。离开了物质财富的生产过程来谈经济学，那纯粹是空谈。

其次，经济学所研究的人和物的结合，这里的物也不是指一般自然物，而是指劳动生产物，或为人的劳动所开发和调整过并为人所占有的自然物（土地等）。而这种物，显然只是代表着过

❶ 恩格斯：《卡尔·马克思〈政治经济学批判〉》，《马克思恩格斯选集》，第2卷，第123页，北京，人民出版社，1972。

去的劳动。所以，我们这里所说的人和物的结合，就是指活劳动与物化劳动（或曰过去的劳动）的结合，指消费和积累的关系。总之，这一切都是生产关系。

四、关于生产力定义问题的争论之三
——生产力有没有内部矛盾的问题

1959年6月到1960年年底，在我国经济学界围绕着平心同志提出的生产力发展规律问题展开了一场争论，其中一个主要问题是生产力有没有内部矛盾。

这里，首先应该搞清楚这场争论的历史背景。我们都知道，党在过渡时期，曾正确地提出了一条总路线，这就是：基本上完成国家工业化，同时对农业、手工业和资本主义工商业基本上完成社会主义改造。毛泽东同志为此在时间上也大体上做过一个正确的部署，指出："这个过渡时期大约需要十八年，即恢复时期的三年，加上三个五年计划。"❶ 毛泽东同志还特别指出："不要脱离这条总路线，脱离了就要发生'左'倾或右倾的错误。""走得太快，'左'了；不走，太右了。要反'左'反右，逐步过渡，最后全部过渡完。"❷ 在党的过渡时期的总路线的指引下，头几年，国民经济得到了稳步发展，社会主义改造也进行得比较顺利。但是，面对着胜利，一些同志的头脑却渐渐热起来了，急躁情绪发生了。把原来预定在18年内即到1967年基本完成的任务，却从农业合作化运动在全国范围内开展起来的1955—1957年年初就用三步并作一步走的快速办法完成了。接着在1958年年初又批了"反冒进"，用不到半年的时间在农村实现了"一大二公"的

---

❶ 毛泽东：《〈中国农村的社会主义高潮〉的序言》，《毛泽东选集》，第5卷，第218页，北京，人民出版社，1977。

❷ 毛泽东：《批判离开总路线的右倾观点》，《毛泽东选集》，第5卷，第81、82页，北京，人民出版社，1 977。

人民公社化，不少地区开始实行公社所有制，有的地区还组织了“县联社”，一个劲地在生产关系的变革上做文章，在所有制上不断升级，这是一股来势汹汹的思潮。这股思潮不顾生产力发展水平，只是加快从集体所有制向全民所有制过渡；鼓励大办公共食堂，吃饭不要钱。提出：共产主义在我国的实现，已经不是什么遥远将来的事了。这股思潮允许公社可以共生产队的产，穷队可以共富队的产；否定等价交换，否定按劳分配，结果农民的生产积极性受到严重挫伤。与此同时，这股思潮确实如同平心同志所说的那样，把“生产力简单化”，不顾生产力发展的规律，乐于招之即来挥之即去的情景，随心所欲地列“纲”，比如，以钢为纲，先订一个钢的高指标，然后推算原材料、燃料、电力、运输、机械等部门的任务，自上而下地压指标，结果弄虚作假成风，不少地区的所谓“大炼钢铁”，实际上是“砸锅炼铁”，不惜把群众做饭的锅砸了回炉来充炼铁的指标数。这种在所有制上的不断“升级”“冒进”，经济建设中的“高指标”“浮夸风”、瞎指挥，给国家带来了极大的混乱。

平心同志在论生产力的文章中所持的主要观点，是反对当时那股“把生产关系绝对化，把生产力简单化”的错误思潮的。他说：假如生产力的“每一次增长都需要生产关系来推动，每一次变化都要受生产关系控制，非但生产关系要疲于奔命，而且生产力也会完全变成为受生产关系支配的被动东西，那么，在生产中最活跃最革命的力量就不是生产力，而是生产关系了。生产力与生产关系的矛盾也就很难理解了，马克思主义的生产关系适应生产力性质的定律必须修改成为生产力适应生产关系的定律了”。[1] 历史事实说明，那股错误思潮确实是在“修改”马克思主义关于生产关系一定要适应生产力性质的规律。历史事实也说明，这种

---

[1] 平心：《论生产力与生产关系的相互推动和生产力的相对独立增长》，载《学术月刊》，1960（7）。

"修改"不过是唯意志论而已，最终还是失败了。

平心同志围绕着生产力内部矛盾问题曾写了10多篇文章。他的许多观点都是正确的。如：

"生产力发展是服从它自己运动规律的，生产关系只有在它这种规律相适合而不是相抵触的时候，才能够对生产力起较大的推动作用，但是生产关系不能超越过这种规律的活动范围来推动生产力前进。"❶

"生产力包含生产物质财富所使用的劳动资料（首先是生产工具）和具有劳动经验与生产技能使用劳动资料生产物质财富的人，各个历史时代作用于社会生产中人的要素与物的要素的矛盾的统一体，就是一定社会经济形态中的生产力总和。""当着社会生产力和生产关系对发展生产提供了必要的物质条件和社会条件的时候，当劳动者的积极性和创造性不是受到摧折和束缚而是得到最高或较高发展的时候，生产中的人的因素，就可以发挥最大的或较大的作用。""按当时技术水平和科学水平，促进生产工具的改变，从而推动生产力的发展。而生产工具的更新引起的社会生产力新发展，又会唤起劳动者的生产性能的改变。这种连锁反应愈强，社会生产力增长的速度愈高，社会生产力变革的幅度也就愈大。"❷

平心同志说：政治经济学不仅要研究生产关系，而且也要研究生产力，"研究各个历史阶段的生产力性质、特点、变化和发展，研究他们与生产关系的内在矛盾和交互作用"，❸ 等等。

平心同志围绕着生产力内部矛盾提出的许多观点大都有合理的可取之处，但是，却遭到了非常不公正的批判。这是应当拨乱

---

❶ 平心：《再论生产力性质——关于生产力的二重性质的初步分析》，载《学术月刊》，1959（9）。

❷ 平心：《论生产力性质》，载《学术月刊》，1959（6）。

❸ 平心：《论生产力运动和生产关系性质》，载《新建设》，1959（7）。

反正的。他所持的生产力三因素和论生产力中人的因素和物的因素的结合等观点，与我的看法也是相通的。

这里需要特别说明的是，生产力总是在一定社会生产关系下存在和发展的，因此，生产力中的人总是社会的人，平心同志坚持这个观点，我认为是正确的。但是对这个问题的评述至今还不一致，有的同志在肯定平心观点的同时，还是坚持生产力中的人是自然人。只要我们读读马克思的《资本论》《〈政治经济学批判〉导言》和恩格斯《反杜林论》等著作，都可以看到他们对人是社会人的论述。马克思说，“人是最名副其实的社会动物”。[1] 恩格斯对杜林关于鲁滨逊抽象人的批判，更是人们所熟知的。不错，马克思确实讲过，在劳动过程中，“人自身作为一种自然力与自然物质相对立”。[2] 马克思为什么要这样讲呢？他本人曾做过解释：“劳动过程，就我们在上面把它描述为它的简单的抽象的要素来说……是人和自然之间的物质变换的一般条件，是人类生活的永恒的自然条件，因此，它不以人类生活的任何形式为转移，倒不如说，它是人类生活的一切社会形式所共有的。因此，我们不必来叙述一个劳动者与其他劳动者的关系。”[3] 显然，马克思不过是在方法论的意义上才讲到了自然人的问题。因此，生产力中的人是社会人而不是自然人，这是马克思主义的观点。

也要指出，平心同志在阐述自己的观点时，确实也有表述不够确切和概念不够科学的地方。例如，尽管他曾经正确地强调了“生产力运动的内在规律不能脱离生产关系孤立地发生作用”，但是，他在实际论述中还是机械地把生产关系和生产力分开了，而

---

[1] 马克思：《〈政治经济学批判〉导言》，《马克思恩格斯选集》，第2卷，第87页，北京，人民出版社，1972。

[2] 马克思：《资本论》，《马克思恩格斯全集》，第23卷，第202页，北京，人民出版社，1972。

[3] 马克思：《资本论》，《马克思恩格斯全集》，第23卷，第208—209页，北京，人民出版社，1972。

不是始终如一地在生产关系和生产力的矛盾运动中来揭示生产力运动的内在规律。他关于生产力可以“自己增值”的观点就是一例。平心同志在谈到生产力内部的“社会联系”时，他认为分工就是生产力，我觉得这似乎有些简单化了。因为从生产力要素组成来看，分工既不是劳动者本人，也不是劳动手段，更不是劳动对象，而是一种在生产过程中劳动者之间的社会关系，这种关系一方面是依照生产技术（即生产资料特别是生产工具）的情况和需要而形成的社会劳动关系，这在任何社会形态的物质生产中都存在；而另一方面，这种关系又在不同社会形态下具有不同的形式。马克思说，“由协作和分工产生的生产力，不费资本分文。这是社会劳动的自然力”[1]。所以，由分工而产生的新的社会生产力，是由社会劳动带来的。我们只能在转化的意义上来理解分工是生产力，而不能在二者之间直接画等号。这就如同人民群众一旦掌握了思想意识，就会转化为巨大的物质力量，但并不能说思想意识就等于是物质力量一样的道理。平心同志关于对生产力的“社会属性”的解释，也是值得商榷的。他在讲到这个问题时说：“一定历史阶段劳动者的社会地位、生活面貌与精神机能，一般的劳动性质，生产的社会属性，劳动组织性质，生产资料使用目的性与社会作用，生产力诸因素新陈代谢的特点以及生产力变化和发展的各种社会条件，所有这一切综合起来，规定着一定社会经济形态的生产力的社会属性。”[2] 显然，平心同志在这里是把生产关系的某些因素网络在生产力之中。这就与他一再声明的“生产力的内在规律不能脱离生产关系孤立地发生作用”相违背了。

---

❶ 马克思：《资本论》，《马克思恩格斯全集》，第23卷，第423—424页，北京，人民出版社，1972。

❷ 平心：《再论生产力性质》，载《学术月刊》，1959（9）。

给陈修良的五封信（1980年）*

修良：

年底我已把关于阿三（沙文汉）的一个报告送出，拖了这么久太不应该，主要是因为措辞、内容均反复修改了好几次。在脱稿前我又找来了三中全会公报，读完之后，我觉得我的看法（对发言的评价）是有充分根据的，因此第二天我就把公报的有关段落引了进去，成了我这报告的主心骨[1]。

现在我又在改写有关俞秀松、董亦湘、周达明[2]的冤案的报告，写好后我就可以干我自己的事——写书了。

昨天，我把关于阿三的报告的复打抄件托孙更舵同志送上一份，估计不久他就会给你送去的。

我有一个问题请教你，希即函复，以便我能迅速改好关于俞、董、周的报告。我的问题是：当初中大的两大派别——教务派和支部局派，俞、董、周是教务派，抑或支部局派？

---

* 原载沙尚之编：《记孙冶方》，上海文艺出版社，2001，第206—226页。原标题为《孙冶方给陈修良的信（1977—1982）》，收入《孙冶方文集》时按时间编排。信中注释为原编者所注。标题为编者后加。

（1） 对原浙江省省长沙文汉1957年被打成右派的冤案平反问题，从1978年十一届三中全会以后，几经周折，到了1982年11月终于在报纸上公开宣布彻底平反。1983年11月浙江省第七次党代会决议正式撤销1957年浙江省二届二次党代会的错误决议。

（2） 俞秀松、董亦湘、周达明均为我党最早期的一批优秀革命家，20世纪20年代留苏期间王明、米夫等一伙为了夺权，制造宗派斗争力图诋毁他们在党内的威信，还制造所谓“江浙同乡会”等冤案对他们残酷打击。

敬礼！

冶方　1月7日

修良：

听说你也病了，什么病？严重吗？我的身体基本上已好！只剩些小毛病了。住在医院一半是疗养性质，一半是为找一个安静的写作环境。我现在每星期给同事们（共六七个人）来口述三四次，由他们整理成文，再由我修。此法能否成功，尚无把握。

最近《人民日报》和《经济研究》都要我就《答宋亮》一文写一篇回忆少奇同志的文章(1)。你是否记得在1925—1930年，少奇同志到过苏联没有？我好像第一次见到他是在莫斯科，但非常模糊了。

阿贝出国事有消息没有？中和身体好否？代问候阿黄姐和小朋友！盼即复。

祝健！

冶方　3月4日

阿纳：

来信收到，组织部确实派过两位干部和一位记者来看过我，并说宋部长亲自看了我的信，并已转给浙江云云。并说已将改正通知告诉你和阿四了。如我那信中所说，我写那信不是为阿三个人，而是为了气不过那些“还要继续工作的人”(2)，我的信一定也转给他们看了，让他们记着我吧！

听说你已病了很久，但愿近日又好些。我劝你来北京散散心。我现在搬进了新房子四室一厅，挺高级的，可以招待你住

(1) 孙冶方写的关于《答宋亮》的文章1982年1月19日发表于《人民日报》。

(2) 所谓“还要继续工作的人”一语来源于1979年为沙文汉平反过程中，由于当时极“左”的思想仍非常强大，组织部门有人以“别人（指以前制造错案，现仍在高位的人）还要继续工作的”作为阻挠沙文汉彻底平反的理由，孙冶方闻之十分愤慨。

了。如阿贝即来，你可以和她一同来，如她一时不走，你可先来京，在这里迎送她。

请代我向吴福海表示我对潘文俊同志逝世的吊唁。你们事先怎么不告诉我呢，我至少应送一个花圈才对。

敬礼！

冶方　3 月 13 日

修良、更舵二同志：

我在青岛海军疗养院给你们写信。我是 4 月 28 日出医院的，在家里住了七天，于 5 月 5 日和几位同事一起集合在海军大院招待所写我的《社会主义经济论》。因在北京干扰多，于 24 日又动身来青岛海军疗养院。我的同事和克平也同来了。这里条件很好，希望能做出些成绩来。我的身体基本上还好，肝功能已正常，只是体力比以前差多了，毕竟年岁大，又挨了一刀的缘故也。

我们从阿四处已知道修良因病住医院，也几乎挨一刀。但（孙）更舵同志住医院是直到来信后才知道的。能避免动手术总是好的，祝你们都能早日痊愈。我们准备在青岛住两三个月。以后来信请寄：青岛芝泉路 3 号三科九号楼。

祝你们早日恢复健康！

冶方　6 月 27 日

阿纳姐：

11 月 18 日来信收到。忻元锡、张薇同志由沪回京时已将你的病情见告。早想给你去信，但过去这个月间，大部分时间忙于参加历史问题讨论并阅读近千份的简报（至今尚未读完），所以未给你去信。这次会太好了，各省市的情况我不得而知。至于中央党、政、军直属两千名高干老党员的发言真是精彩深刻极了。可以说把三十一年的老账都算得差不多了。把过去我们不知道的老的、新的盖子都揭开了，真为党和国家前进道路上的重大障碍的扫除而高兴。因忙而迟迟未能给你回信。昨天我又把你来信大意在电话中告知阿四（史永——编者注）并交换了意见。我们觉得现在还不到写文章的时机，写了出来也无从发表，待历史问题决议发表后，必然有一个思想大解放大活跃的局面到来，到那时文章就好写，也有发表的可能了。在目前首先要把改正消息在报上公布。对此阿四已写了信，我考虑我和（张）执一、刘晓等亦写一信给中央组织部，催促一下，只要消息一公布，群众也会纷纷起来说话的。

希望你不要心急，现在正是形势大好，历史决议一公布，形势会更好，那时水到渠成，阿三的问题就可以彻底解决，而且会把当年他所检查的原则大大宣传一番。顺便说一下小平同志在政治局扩大会上的讲话中关于过去体制上权力过分集中、党政不分、以党代政等问题所说的那几点也就可以作为我们拟写文章中的基调、但目前时机还不太成熟，但可以准备起来。过几天我将去找执一、刘晓谈谈此事。

希望你安心休养，把病彻底治好！争取出院后再为大好形势做出我们这些老兵们可能的贡献！

祝早复健康！

勉之　1980 年 11 月

问候阿贝、中和、小朋友们，阿黄姐身体健否？亦请代为问候！

李人俊和孙冶方同志关于基数和速度关系问题的通信

冶方同志：

去年你对我谈起，国民经济基础大，速度不应降低，按照科学技术的发展，劳动生产率应该是不断提高的，我因为没有深入研究过，只是从直观中感到不完全如此。为了想搞清楚这个论点，我因自己时间有限，特别委托计委经济研究所的同志对这个问题收集一些资料并加以探讨。他们去年 8 月间就给我整理了一份材料。因我每天都搞得晕头转向，忘了把这份材料转给你参考。现在知道你正在写书，所以特地把它找出来送给你。同时我还补充一些材料供你参考。从这份材料看到社会经济发展速度既不是递减，也不是递增。而是波浪式地向前发展，总的趋势是上升的。我同意这个看法。为什么产生这个现象，除了不同社会制度的原因外，我想还有一个客观的制约，如你正在考虑的劳动对象的问题，为什么全世界五六十年代经济发展比较快，七十年代又开始下降。主要原因是第二次世界大战后主要在中东发现大量石油，解决了影响速度最关键的燃料问题（它比煤炭开采容易多了），从而带动新兴的石油化学工业发展，又从而代替了大量本来依靠农产物做原料的工业（例如现在全世界消费的纤维，棉花和合成纤维将各占一半）。另一个是新兴工业就是电子工业的发展。由于这两个方面的原因，促进了全世界经济高速度发展。现在石油工业进入中年时代。逐步走向老年时期。人们还必须去寻找新的能源来代替，这样就得二三十年的时间才能解决。因而经济发展速度又受到限制。并且总的来说，原料的生产（即矿山生产），难度是越来越大。例如，根据我国石油工业现有材料来看，想在陆地上再找到像大庆油田那种优越条件（即油田完整、井浅、产量高、面积大）的油田，希望就不大了，就要到深部或海底去找（那工作量就要增加几倍以至十几倍），消耗的投资越来越多。这样在技术上没有新的突破之前，也会在一定时间内速度受到限制，因此对速度的观察在具体的年份来说，在一定的时间内，会受基数大的影响。但从长期过程来说，并不会因基数越大，速度递减。这样看法，不知是否对，供你参考。我今天下午就要出院了，所以还有点时间给你写这封信，一出院时间就不多了。

专此，并致

敬礼！

李人俊

1980年2月14日于友谊医院

附上《关于基数和速度关系问题的一些初步看法》

人俊同志：

来信及计委经济所的材料都收到了。这份材料很好，计经所在去年也送了我一份。材料的结论——“社会经济发展速度既不是递减也不是递增，而是波浪式地向前发展的”是正确的。

斯大林的确也没有主张过递减论。至于说，他和苏联经济学家都批评过布哈林的递减论，我不记得了。材料编者这么说，大概是有根据的。

但是斯大林在总结第一个五年计划的报告中，的确曾经以每一个百分数所包含的绝对数增大来为第一个五年计划的速度下降来做辩解。1956年我和国家统计局考察代表团访苏时，苏中央统

计局综合司司长索波里[1]（1957—1958 年曾来华讲学半年）就挖苦过斯大林说：基数大了，每一个百分数所包含的绝对数也大了。——这是每个小学生也懂得的。索波里认为苏联发展速度一度下降的原因，除了其他因素以外，不讲经济核算（不算账），不讲“用最小消耗取得最大经济效果”，大型狂（我们所说“大洋”）以及政治上的僵化是其真正原因。索波里在中国讲学时听说毛主席提倡“大中小结合，土洋结合，中央与地方结合”，他认为是英明极了。

附带讲一段故事：当 1964 年经济所“四清”时，我在《红旗》的《内部未定稿》受到批判，索波里和同意索波里观点的马雷舍夫却在《真理报》和《共产党人》杂志上受到了围攻，那时我是自顾不暇，没有详细了解那场围攻的内容。但我记得索、马二人受攻击的主要论点之一，是他们提倡要按生产价格定价（即按资金利润率定价）。

发展速度是由不少互相独立又互相依存的因素决定的，你所说资源及能源危机，在斯大林那个时候还不曾成为问题。在当前大概是影响速度的一个重要原因，但如我在论证生产力三因素问题时所说的那样，在合成材料能够代替天然资源而且成本也较便宜的时候，地下资源对速度的负影响也就会减少以至消灭的。现在的合成纤维事实上已经大量代替棉、麻、丝了。我想很可能有朝一日，合成纤维的品质进一步改进之后，会完全代替棉、丝等天然纤维的。

我想补充一点，那就是影响速度的另一个重要因素，而且是永远要起作用的因素即积累与消费的比例关系。铁托在前年就给南共敲起了警钟，那就是他们的消费水平增长速度已经超过劳动生产率的增长速度。可是不论苏联也好，或是中国也好，除我们

（1） 又译索包里。下同。——编者注

搞浮夸风那三年以外，没有发生过消费水平增长速度超过劳动生产率的增长速度。毛主席说的“生产长一寸，福利长一分”的原则只要能够维持；甚至生产长一寸，福利长三分、四分，只要不减少积累的比例；再排除了原料、能源危机之类的因素，光以科技的进步、管理的不断改善而论，速度是只能递增，不应递减的。

我记得我已经把《经济研究》第1期发表的我关于生产力因素问题的文章抽印本寄给你了。我觉得这个问题不论从理论角度抑从实际工作角度看都很重要，希望计经委也谈谈这个问题。

敬礼并祝健康！

冶方

1980年2月22日

附　关于基数和速度关系问题的一些初步看法

（一）斯大林并没有论述过“基数大，国民经济增长速度必然会下降”，相反，他倒是批判过速度递减论。

有的同志认为斯大林主张“基数大，速度必然下降”，可能是根据斯大林在《关于第一个五年计划的总结》中的一些话。在那里，斯大林根据苏联经济建设的实践，讲了苏联恢复时期和第一个五年计划时期国民经济的增长速度，讲了前者比后者速度高，但从增长的绝对数来说，后者比前者大。然后，他说：“这一切说明了什么呢？说明了在研究产值增长速度时不能只限于考察增长的总的百分数，还必须知道每增长1%所包含的内容和全

年产值增长的总数。”[1] 在这里，他不过是强调了研究增长速度不能单看百分数，还要看每一个百分数所包含的内容，不能由此推断斯大林是速度递减论者。相反，早在1930年，他倒尖锐地批判过“递减曲线”论。他说：“有这样一种理论，按照它的说法，只在恢复时期才可以有高速度发展，一进入改造时期，建设速度就应当逐年急剧减低。这个理论叫作‘递减曲线’论。这种理论是为我们的落后辩护的理论。它和马克思主义，和列宁主义毫无共同之处，它是一种蓄意让我国永远保持落后状态的资产阶级理论。在过去或现在和我们党有关系的人们之中，坚持和鼓吹这种理论的只有托洛茨基分子和右倾分子。”接着，他列举了苏联1926—1931年工业的增长数字：“……国营工业的产值1926—1927年度增加了19.7%，1927—1928年度增加了26.3%，1928—1929年度增加了24.3%，1929—1930年度增加了32%，而1930—1931年度将增加47%。……（……超过恢复时期产值增加的最高速度）”。斯大林并宣称：“布尔什维克的上升曲线就是这样”[2]。应当指出苏联1930—1931年的速度是没有达到预想的47%，而是22%，斯大林的思想随着实践也有些变化。1933年谈到第二个五年计划时，他说由于第一个五年计划时建成了几百个新工厂，工人掌握新企业的新技术要比利用旧技术困难得多，特别是前两三年。因此第二个五年计划的速度降为13%—14%，但他们仍然相信在第二个五年计划的后半期，工人掌握新技术之后，速度会出现“新的迅速的跑步”。此后许多苏联经济学家一直把速度递减论作为资产阶级观点来批判。

（二）社会经济发展速度既不是递减，也不是递增，而是波浪式地向前发展的，总的趋势是上升的。

从人类社会的几个经济形态来说，生产发展速度是越来越快

[1] 《斯大林全集》第13卷，第171页。

[2] 《斯大林全集》第12卷，第303—306页。

的，奴隶社会的生产增长速度快于原始公社社会，封建社会快于奴隶社会，资本主义社会快于封建社会。其原因归根结底是因为技术进步的速度越来越快，主要表现为劳动工具、劳动对象日新月异，生产方法和管理方法日益完善。结果劳动生产率的增长速度越来越快。马克思曾经指出："资产阶级在它的不到一百年的阶级统治中所创造的生产力，比过去一切世代创造的全部生产力还要多，还要大。"❶ 已故苏联经济学家斯特鲁米林院士对人类社会技术进步的速度曾作过粗略测算。他认为，石器时代技术进步的速度平均每一万年只提高1%—2%；铁器时代，铁制工具代替了石制工具，劳动生产率（反映技术进步的一个主要指标）增长速度，平均每一百年约提高4%弱；到蒸汽时代和电气时代，以美国为例，产业工人劳动生产率从1870—1949年，平均每年增长1.5%—3%。❷

从资本主义经济制度来说，尽管危机频繁，经济发展速度起伏不定，但总起来说，速度也是越来越快的。以老牌的典型的资本主义国家英国为例，1700年至1780年80年间，其工业产值年平均增长速度为0.9%；1781年至1917年136年间的年平均增长速度为2.2%—2.5%。❸

19世纪70年代初，自由竞争的资本主义开始向垄断资本主义即帝国主义阶段过渡，从19世纪初直到现在的100多年中，帝国主义一方面暴露了它的腐朽性，经济危机的周期缩短，发生了两次世界大战和无数次的规模较小的帝国主义战争，打断了资本主义经济的发展进程，有时甚至出现大倒退；另一方面，科学技术发展也大大加快了。因此，100多年期间，资本主义国家工业发展速度起伏是很大的。

为了考察这一历史阶段资本主义国家工业发展速度的变化，

---

❶ 《马克思恩格斯选集》第1卷，第256页。

❷ 苏联《新时代》1959年第47期。

❸ 诺特京：《社会主义再生产的速度和比例》，第2页。

我们将它分成 1871 年至 1913 年，1914 年至 1949 年，1950 年至 1976 年年 3 个时期。8 个主要资本主义国家在 100 年中工业年平均增长率如下：

1871—1976 年 8 个资本主义国家工业生产的年平均增长率（%）①

	1871—1913		1914—1949		1950—1976		1871—1976	
	水平法	累计法	水平法	累计法	水平法	累计法	水平法	
美国	5.0	4.9	3.3②	3.1	4.6②	5.1③	4.3	
日本④	9.7⑤	9.3⑤	4.8⑥	6.8⑥	11.3⑦	12.8⑦	7.9⑧	
加拿大⑨			4.7⑩	4.7⑩	5.0	5.4	4.8⑪	
英国⑫	1.5	1.8	1.5	⑬	2.5	3.1	1.8	
西德⑭	3.9	3.8	2.1⑮	⑬	6.1⑯	7.1⑯	4.0⑰	
法国	2.2	1.9	0.4	⑬	5.5	6.1	2.4	
意大利	2.2	1.7	1.8	1.6	7.2	8.1	3.4	
瑞典⑱	3.3	3.1	3.4	2.7	4.1	4.3	3.6	

①据以计算增长率的各国各年工业生产指数，有些是将不同基期的指数，换算连接起来的，因而可能有些差误，以下资料都有这种情况。

②美国作为第二时期的期末和第三时期的基期的 1949 年是危机年，工业生产指数较低。若改为以 1948—1950 年平均指数作为这两个时期的期末和基期年指数，即美国工业第二时期的年平均增长率为 3.5%，第三时期则为 4.3%。

③若以 1948—1950 年的平均指数为基期水平，则得 4.7%。

④日本的工业生产在第二次世界大战后，直到 1952 年才恢复和超过战前（1936 年）水平，因此第二时期划到 1952 年，第三时期从 1953 年开始。

⑤1881—1913 年。

⑥1914—1952 年。

⑦1953—1976 年。

⑧1881—1976 年。

⑨只包括制造业，但加拿大 1950—1976 年为工业。

⑩1924—1949 年。

⑪1924—1976 年。

⑫只包括采矿业、制造业、公用事业和建筑业。

⑬年份数字不齐备，无法计算。

⑭西德的工业生产在第二次世界大战后，直到 1950 年才恢复和超过战前（1938 年）水平，因此第三时期从 1951 年算起。

⑮1914—1938 年。

⑯1951—1976 年。

⑰1871—1938 年和 1951—1976 年（共 94 年）

⑱包括制造业和采矿业。

以上材料说明什么问题呢？

1. 100 多年以来的垄断资本主义阶段，各主要资本主义国家（包括英国在内），特别是新兴的资本主义国家，工业发展速度都超过自由竞争阶段英国所达到的 0. 9% 的年平均增长速度。证明了列宁的论断是完全正确的。列宁在《帝国主义是资本主义的最高阶段》一书中，在谈到帝国主义的腐朽性时说："如果以为这一腐朽趋势排除了资本主义的迅速发展，那就错了。不，在帝国主义时代，个别工业部门，个别资产阶级阶层，个别国家，不同程度地时而表现出这种趋势，时而又表现出那种趋势。整个说来，资本主义的发展比从前要快得多，但是这种发展不仅一般地更不平衡了，而且这种不平衡还特别表现在资本最雄厚的国家（英国）的腐朽上面。"❶ 可见，对资本主义经济制度来说，也不存在基数大，速度必然下降的"规律"。

2. 从帝国主义阶段各个发展时期来看，也不存在速度递减的趋势，从上表可以看出，在这 3 个时期中，按水平法计算，除个别国家外，都是第二时期的年平均增长率最低，第三时期的增长率最高。按累计法计算，则毫无例外地第三时期的增长率最高。不仅大大高于第二时期，比第一时期也高出很多。而后者在资本

❶ 《列宁选集》第 2 卷，第 842 页。

主义历史上还属于发展较快的时期。总之，第二次世界大战后27年的发展速度是资本主义经济发展最快的时期。

那么，从战后的20多年来看，资本主义经济发展的速度是不是递减的呢？事实也不是这样。我们将这27年再分成3个阶段来看，发展也是不平衡的，有起伏的。请看下表：

从下表可以看出，60年代的增长速度快于50年代的国家有日本、加拿大、英国、法国、瑞典；低于50年代的国家有西德、意大利。美国的情况有点特殊，按水平法计算则高于50年代，按累计法计算则低于50年代。总之，大多数国家的增长速度是60年代高于50年代，至于70年代的头6年，则所有国家的年增长率都明显下降了。其主要原因，大家公认的是与最近一次席卷资本主义世界的战后最严重的经济危机有关。同时，有些经济学家预测，如果今后科学技术特别是能源上有重大突破，也不排除资本主义经济会出现一个较快增长的时期。

1950—1976年8个资本主义国家工业生产的年平均增长率（%）

	1950—1959		1960—1969		1970—1976		1950—1976	
	水平法	累计法	水平法	累计法	水平法	累计法	水平法	累计法
美国	5.3	6.4	5.6	5.3	2.2	2.0	4.6	5.1
日本	13.3①	13.8①	14.5	14.6	5.2	6.5	11.3②	12.8②
加拿大	4.8	4.8	6.3	6.1	3.6	4.2	5.0	5.4
英国③	3.2	3.6	3.5	3.6	0.3	0.9	2.5	3.1
西德	9.4④	10.5④	5.8	5.8	2.5	3.2	6.1⑤	7.3⑤
法国	6.0	6.3	6.9	7.2	2.8	2.9	5.5	6.1
意大利	8.0	9.5	8.0	8.9	3.8	3.9	7.2	8.1
瑞典⑥	3.0	2.6	6.3	6.8	2.7	3.6	4.1	4.3

①1953—1959年。

②1953—1976 年。

③只包括采矿业、制造业、公用事业和建筑业。

④1951—1959 年。

⑤1951—1976 年。

⑥1953—1976 年。

综上所述，各主要资本主义国家的材料都证明，速度的变动是波浪式向前发展的。观察的时期越长，波浪式的趋势就越明显。同时也证明，资本主义经济的发展进程经常被经济危机所打断，这是资本主义经济波浪式发展的重要特征。所谓基数大，速度必然下降的论断是没有根据的。

（三）苏联的经济发展也是波浪式的，60 年代以后有下降的趋势。

苏联在社会主义革命胜利后，经济发展速度比帝俄时代快得多。赫鲁晓夫、勃列日涅夫上台以后，实行社会帝国主义政策，其社会经济性质是否起了变化，存在不同的看法。60 年代以后，其发展速度虽有下降的趋势，但仍比各资本主义国家快。用国民收入这个综合指标来表示，苏联几十年来的增长情况如下表：

苏联国民收入生产额增长速度（%）

年　　份	总增长速度	年平均增长速度
1913—1923	119	1. 2
1928—1940	513	14. 6
1940—1950	164	5. 1
1950—1960	265. 3	10. 2
1960—1970	199	7. 2
1970—1977	145. 8	5. 5
1950—1977	770. 7	7. 9

资料来源：1975 年、1977 年《苏联经济年鉴》。

上表说明，苏联经济发展速度是有起伏的，并不是所有的年

份或时期都是递减的。同时，60 年代以后，速度有下降的趋势。特别是以 1950—1977 年同 1928—1940 年相比，速度从 14.6% 降至 7.9%，几乎下降了一半，其原因大致有以下几个方面：

1. 劳动力增长速度下降。苏联经济基本上是一种粗放式经济，即主要靠投入大量活的劳动，增加新建企业，扩展基础工业等办法来取得经济发展。苏联职工人数在 1928—1940 年 3 个五年计划期间，由 1140 万人增到 3390 万人，增长 197.4%，平均每年增长 9.5%。而战后，1950—1977 年，只增长 188.1%，平均每年增长 4%，比战前少一半多。同时，在劳动力资源分配上，非物质生产部门的劳动力比例提高，物质生产部门的比例下降。1940 年物质生产部门占用的劳动力为整个劳动力人数的 88.3%，1950 年为 86.2%，1965 年为 79.6%，1977 年为 74.9%。因此，实际投入物质生产部门的劳动力，战后比战前少得更多。苏联经济学家也承认，劳动力增长缓慢，成为影响苏联经济发展速度的一个重要因素。

2. 劳动生产率增长速度下降。1928—1940 年，苏联社会劳动生产率平均每年增长 12.9%，1950—1977 年则降为 6.7%，也几乎降低了一半。劳动生产率下降的原因很多。一是科学技术落后。战前，主要利用了资本主义经济危机，大量引进先进技术，新建许多部门，从无到有，所以速度一下上去了，战后初期，西方资本主义国家实行禁运，苏联得不到西方先进技术。以后，又集中科技力量于军事工业，民用经济基本上仍然是粗放式的，经济管理也落后。所以劳动生产率增长速度大大下降了。

3. 国民经济军事化，大搞扩军备战，严重影响了经济发展速度。近 10 多年来，苏联用于扩军备战的开支，要占当年国民收入的 20% 以上（1940 年苏联军费约占国民收入的 15%）。据估计苏联目前工业生产中有 40% 直接和间接用于军事目的。机械工业的 1/3，冶金工业的 1/5，化学工业的 1/6，能源的 1/6，电子工业的大部分，都是直接用于军事目的。经济军事化的结果，必然使社会扩大再生产能力相对缩小，阻碍生产进一步的发展。

4. 农业落后，拖了整个国民经济的后腿。据苏联公布材料，1978 年同 1955 年相比，工业增长 5. 2 倍，其中重工业增长 6 倍，轻工业增长 3. 7 倍，而农业只增长 1 倍。农业生产基本上还没有摆脱靠天吃饭的被动局面，1963、1969、1972、1974、1975 年农业生产下降，相应地，国民收入增长也下降。苏联近年来，进口的粮食也越来越多了。

5. 投资增长速度下降，投资效果很差。1928—1940 年，苏联基本建设投资年平均增长速度为 17. 1%，而 1950—1977 年则为 8. 9%。投资效果也越来越差。1960—1970 年，资金产值率下降 17. 5%；1970—1975 年下降 13%。1950—1977 年共下降 48%，投资效果低，除了管理方面的问题以外，主要是资源开发条件越来越差，开发费用越来越高。苏联欧洲的许多资源已接近枯竭，今后主要靠开发东部和北部地区的资源来满足生产发展的需要。但那里自然条件恶劣，开发成本高。如“九五”计划时期同“八五”时期相比，开采每吨石油的投资增加了 28%，每立方米天然气的投资增加了 60%。开采每立方米的木材，在西伯利亚投资比欧洲部分高 2 倍等。

总之，苏联经济发展速度，1928—1940 年和 1950—1960 年两个时期较高。1940—1950 年速度较低，主要是受苏德战争的影响。60 年代以后，速度是下降的趋势，原因是复杂的。因此，实际材料证明，既不能说苏联的发展速度是递减的，也不能把基数大说成是近年速度下降的原因。

（四）南斯拉夫的经济发展速度起伏的原因。

战后以来，南斯拉夫的经济发展速度是比较快的。1946—1977 年，南社会产值年平均增长速度为 6. 5%，工业为 9. 4%，农业为 3. 2%，但是，在这 30 年中，由于各种原因，各个时期的经济发展速度有高有低，具体情况如下表：

社会产值和工业的年平均增长速度（%）

时　　期	社会产值	工　　业
1950—1956	4.2	8.6
1957—1965	9.0	12.2
1966—1974	6.5	7.3

上表数字表明，1950—1956 年，南经济发展速度不是很高的。影响这个时期的经济不能高速度发展的原因主要有两种：一是情报局决议以后，苏联和东欧各国基本上中断了同南的贸易往来（1950 年以前，南进出口贸易总额中，这些国家占 50% 以上），停止了一切援助，撕毁了向南提供的机器设备合同，使南经济遇到了困难。二是农业生产迟迟没有超过战前水平。这个时期的农业年平均增长速度不到 1%，每年需要进口大量农产品。1956 年进口小麦 130 多万吨。1951—1954 年，食品进口占进口总额的 26%，占用一半左右的外汇支出。这就一定程度上拖了经济发展的后腿。造成农业停滞的原因，除了气候不佳外（不是每年如此），主要是仿效苏联的模式，采取强迫农民入社和实行农产品义务交售制，农民的积极性不高。

1957—1965 年的经济发展速度是自中华人民共和国成立以来最高的一段时期，原因有以下几个方面：

1. 自 1950 年实行工人自治制度后，到 50 年代后期，中央管理经济的权力基本上下放完毕，企业的经营管理权限有了很大的扩大。调动了职工的积极性，同时，比较合理地处理了市场与计划的关系。

2. 1957 年前后，基本上完成了调整农业政策的工作，首先是放弃了强迫农民入社的做法。与此同时，改农产品义务交售制为收购制。并提高了农产品价格。这个时期农业年平均增长速度为 6% 左右。农产品自给有余。

3. 重视提高人民生活，加强消费品的生产。前一个时期生产资料的增长速度高于消费品增长速度一倍。这一时期内则基本上保持着同等的速度（年平均增长速度为12%，有时消费品的增长速度略高于生产资料的增长速度）。前一时期人民生活水平年平均增长4%左右，这一时期为7%左右。人民生活水平的显著提高大大鼓舞了劳动的积极性。同时，消费品的增长繁荣了市场，反过来又促进了工业的蓬勃发展。另外，这个时期重视消费品生产的政策同分散经营的企业自治制度是吻合的。因为许多消费品的生产投资少、收效快，各个独立经营的企业有兴趣、有能力，因而也能很快、很好地组织生产。

4. 加强了对外经济联系。前一个时期，南基本上是以传统的对外贸易形式同国外发生经济联系，量入为出，引进外国技术进展缓慢。这个时期积极参加国际分工，并有步骤地引进大量国外先进技术。这对提高劳动生产率，加速这个时期的发展起了很大的作用。

1966—1974年间的经济发展速度是南低的时期。产生这种情况的原因主要有两个：一是1964年进一步的经济改革，取消了联邦和共和国、自治省的投资基金，完全下放给银行和企业管理。1953年至1964年，联邦和共和国、自治省的投资占全部投资的55.6%。1964年则只剩下8.2%（其中包括发展落后地区的基金）。由于下放过多，过于分散，经济上出现了一些混乱现象，基本战线拉长，投资效果降低（据南社会簿记局公布的材料，1978年9月南正在兴建中的工程仍有31335个，其中绝大部分为中小项目）。与此相联系，地方主义、民族主义有所抬头。政治上也出现不稳定局面。所有这些，都导致经济发展速度下降。70年代初，南已注意采取措施扭转1964年改革以后出现的混乱局面，1974年制定了新宪法，1976年公布了联合劳动法，加强了对企业的管理与协作。最近几年，南经济已渐趋稳定，工业生产每年增长都在9%以上。

由此可见，南斯拉夫的经济发展也是波浪式的，各个时期有高有低的，而不是递减的。影响各个时期速度的主要因素是经济管理体制和政策是否正确，以及对外经济联系等，同基数大小也没有必然联系。

（五）基数是影响速度的一个因素，但并不是简单地和直接地对速度发生作用，客观上并不存在基数大、国民经济增长速度递减的“规律”。

以上我们分别考察了不同的社会经济形态经济发展的速度、资本主义（包括帝国主义阶段）经济发展的速度，以及苏联和南斯拉夫经济发展的情况。实际材料说明，人类社会各个继起的社会经济形态的发展速度，总是后来居上，资本主义（包括帝国主义阶段）经济发展虽然有起有伏，但总的趋势也是上升的。苏联和南斯拉夫的经济发展速度，总的说来比各主要资本主义国家快，当然，也不是递升的。而是波浪式地向前发展的。总之，从长远而不是从短期来观察，各种社会形态或不同社会形态的各个国家，客观上并不存在基数大，经济增长速度递减的“规律”。相反倒是存在着国民经济波浪式地向前发展的规律。当然，这也并不是说，基数同速度毫无关系。基数对速度具有两方面的作用，即促进或限制的作用，但并不是直接地和简单地对速度发生作用。我们的任务是寻求出包括基数在内的影响国民经济增长速度的各种因素，以便正确利用它们来为加快我国的经济建设服务。关于这个问题，马克思曾有过明确的论述。他说：“劳动生产力是由多种情况决定的，其中包括：工人的平均熟练程度，科学的发展水平和它在工艺上应用的程度，生产过程的社会结合，生产资料的规模和效能，以及自然条件”❶。马克思的这个论断对

❶ 《资本论》第1卷，第53页。

各个社会经济形态都是适用的。

现在西方发达的资本主义国家之所以能保持比过去较快的速度，就是因为：第一，它们的工人的平均熟练程度较高。例如，战后美国工业工人中技术人员所占的比重日益提高，技术人员占全部就业人口的比例，从1950年的7.5%，提高到1974年的14.4%。日本初中毕业生的升学率从战后初期的35%，上升到1977年的95%。高中毕业生升学率从战后时期的30%，上升到1977年的近40%。第二，它们的科学发展水平较高和在工艺上的应用较快，据估算，最近十年里，科学技术的发明超过了过去两千年的总和。最近十年里，工业部门的技术手段有30%已属过时，在电子部门达58%以上。第三，它们的生产资料的规模和效能都较高。日本钢产量超过一亿吨，而绝大部分生产能力都集中在几个大的钢铁企业里。在这些企业里，用电子计算机来自动控制，大幅度地提高了劳动生产率。一部标准带钢热轧机，工人直接控制时，每周产量500吨，采用电子计算机自动控制后，每周产量50000吨，增加至原来的100倍。日本在第二次世界大战后建立人工控制的年产500万吨的钢铁厂，需要工人15000人，近年来建设采用电子计算机控制的同样产量的钢铁厂，只需工人4000人。资本主义的致命弱点是：生产社会化与生产资料资本家私人占有的矛盾。正是这一基本矛盾，限制了科学技术的广泛采用，竞争和生产无政府状态限制了生产过程合理的社会结合，市场的扩大受到消费相对缩小的限制，正是这一切导致不断的周期性经济危机，大大限制了生产力的发展速度，资本主义的腐朽性就表现在这里。另外，帝国主义过去靠掠夺第三世界的资源和能源而发展起来。现在第三世界各国纷纷独立，并且同帝国主义开展了针锋相对的斗争。这不能不影响帝国主义各国的发展速度。近年来，几次“能源危机”对西方发达的资本主义国家经济的沉重打击充分说明了这一点。社会主义制度消除了资本主义所固有

的基本矛盾，在社会主义制度下，只要认真按经济规律办事，指导思想不发生大的错误，可以做到持续的高速度的发展。

这里值得特别注意的是，马克思把“生产资料的规模和效能”作为决定劳动生产力状况的一个因素。他是把“规模和效能”联系起来提的，离开了效能，或者说效能越来越差，规模大对速度就成为一个限制的因素，反之则成为促进的因素。究竟哪一方面起主导作用，取决于效能如何。有人把基数同速度的关系看成一个单纯的数学问题，认为基数同速度存在着反比的关系；在一定的分子下，分母（基数）越小，百分比（速度）越大；反之，分母越大，百分比就越小。从而得出结论：基数越大，速度越慢。这种观点忽视了效能的作用，以及影响效能的各种因素，特别是科学技术的发展对生产的巨大促进作用。从历史上看，资本主义经济发展最迅速的几个时期都同科学技术的重大突破有关。例如，18 世纪的以工作母机的出现为起点，以蒸汽机的发明为标志的第一次技术革命；19 世纪的以电气化为标志的第二次技术革命；20 世纪的以电子计算机、原子反应堆为主要标志的第三次技术革命。这几次技术革命都大大提高了劳动生产率，促进了许多新的工业部门的产生，带动了整个国民经济的蓬勃发展。把资本主义经济引到了几个高峰。相反，在科学技术发展相对稳定，没有重大突破的时期，劳动生产率增长缓慢，生产水平（基数）越高，组织生产和管理生产的任务就越繁重，开发自然资源的耗费就越大，因而用来保持速度的费用就越多。这个时期，在统计图表上，波浪就逐步下降。生产增长速度呈现下降的趋势。但是，不能因此而说基数大，国民经济增长速度下降是一条客观规律。列宁在批判资产阶级的“土地收益递减规律”时说，它只有在技术不变的条件下才是适用的。而科学技术的发展是无止境的，因此，收益递减不成其为规律。对社会经济发展来说，下降趋势是暂时的，波浪式地向前发展才是经常的。因为科学技术是不断发展的。

我国近20年来，国民经济增长速度出现下降的趋势。根本的原因是没有很好认识社会主义经济发展的客观规律，因此，有时在方针上、政策上，在经济的计划和管理上，在其他许多问题上带有盲目性，违背了客观规律，特别是林彪、“四人帮”的干扰破坏，给国民经济发展带来严重的恶果。我国目前的状况是：劳动力资源虽然十分丰富，但平均熟练程度很低：科学的发展水平很低，科学发明在生产上的应用更差；综合平衡搞得不够好，经济结构很不合理，国民经济的主要比例关系失调；我国的全民所有制的固定资产有5500亿元，规模不算小，但经济效果很差；我们的自然资源丰富，可是勘探、开发赶不上生产发展的需要，等等。所有这些，都严重影响我国经济的发展速度。同时，这种状况也说明，我国经济发展的潜力很大，当前，只要我们认真贯彻“调整、改革、整顿、提高”的方针，认真按经济规律办事，把各方面的关系调整好，充分发挥我们的有利条件，我国国民经济就一定能纳入持续的高速度的发展的轨道。

国家计委经济研究所

1979年8月28日

深切悼念伟大的马克思主义者铁托同志*

无线电波传来噩耗，南共联盟主席约·布·铁托同志不幸病逝。我跟亿万中国人民一样，为南斯拉夫人民这一无可弥补的损失，为国际共产主义运动失去了一位杰出的革命家，为中国人民的亲密朋友、第二次世界大战的最后一位杰出人物离开了人间而感到极为悲恸！

铁托的名字，对我来说，具有一种特殊的含义。话要从20世纪60年代初讲起。在中国的大地上，当时“企业自治”“工人管理”“价值”“市场”这样一些概念遭到种种非议，无端地被斥为“修正主义”，共产党员的党性、经济学家的理性促使我当时写了一些报告，提出要扩大企业自主权，发挥劳动群众的积极性和主动性；我还力主在经济领域内按价值规律办事……不料这一番言论却惹出了一场大祸，1964年，在那个“理论权威”和陈伯达的发难下，我一夜之间成了“反动权威”“中国经济学界最大的修正主义分子”，更有甚者，我还成了“中国的铁托分子”。我与铁托同志素未谋面，虽然从20世纪20年代中至30年代初，都曾在莫斯科工作过。说来惭愧，直到1964年，我对铁托同志，对他领导下的南斯拉夫知之甚少。但自那时起，我反倒格外留心起南斯拉夫，特别是南斯拉夫的企业经营管理和经济理论来了。

---

* 写作时间为1980年3月19日。

打倒“四人帮”以后，我有幸于1979年冬天与宦乡同志一起去南斯拉夫实地考察了5个星期，遍访南斯拉夫6个共和国（包括两个自治省），所到之处，受到南斯拉夫同志热情亲切的接待。通过这次访问，我比较具体地了解了南斯拉夫在铁托同志领导下早从20世纪50年代初起，大胆地探索社会主义建设的道路，摒弃当年从苏联引入的过分集中化的经济模式，经过将近30年的奋斗，开辟了一条符合南斯拉夫国情的社会主义建设道路。这就是在依靠群众、发扬民主、健全法制的基础上，由劳动人民直接管理经济和社会事务的社会主义自治制度。这样一个制度，在经济方面，强调按客观经济规律办事，消除经济领域里的中央集权制，克服只凭长官意志来管理经济的官僚主义作风。劳动人民真正当家做主，掌握自己的“劳动、劳动条件和劳动成果”，学会自己管理经济。这是社会主义在实践中的一个创举。马克思主义经典作家并没有对落后国家社会主义革命胜利以后的经济建设和经济管理细节做过多的预言。十月革命以后，在相当长一段时间里，苏联那一套办法被认为是唯一可行的模式。稍有偏离，便被斥为离经叛道。正是在这种万马齐喑的情况下，南斯拉夫同志在铁托同志领导下，不为现成的教条所束缚，突破曾被认为是不可逾越的框框，闯出一条新路。这无论是在理论上还是在实践上都是要有极大的勇气的。他们这样做，也为其他国家人民按照各自的特点确定社会主义建设的道路提供了宝贵的经验和教训。

在访问过程中感人至深的是，无论是在首都贝尔格莱德，还是在各共和国；无论是在同党政负责同志和著名经济学家的座谈中，还是在工厂企业的参观中，我们所接触到的南斯拉夫同志，在向我们介绍情况时，几乎众口一词，强调南斯拉夫现在的社会主义自治制度还不完善，他们还在努力改进。他们总是说，他们并不认为南斯拉夫的社会主义道路是适合其他国家的唯一可行的模式，总是劝我们不要生搬硬套。这又是多么了不起的谦虚谨慎的态度呀！

写到这里，又使我想起铁托同志。在这方面，铁托同志也堪称表率。他在南共联盟“十一大”做的政治报告，有相当大的篇幅是谈问题、困难、缺点和错误，而不是粉饰太平、自我陶醉。例如，他谈到，“十大”提出的各项任务没有全部完成。他说，“我们之所以没有完成，是因为我们在这一时期也有某些缺点和重犯了某些错误，尽管我们曾多次指出过这些缺点和错误。如果我们没有缺点，不重犯错误的话，我们现在要解决的某些最迫切的经济问题就不会那么尖锐，那么复杂”。只有彻底的唯物主义者才是无所畏惧的，只有勇气无凡、无比坚定，又深得人民群众拥护的人，才能既大胆地创新，又能正视现实存在的问题，而无往不胜。铁托同志正是这样一个人。

铁托同志永垂不朽！他永远活在全世界革命者的心中！

就"孤岛"文学资料问题给黄逸峯信*

逸峯、北华同志：

梅益同志介绍你院文学所陈梦熊同志来谈"孤岛"时期文学史资料。据说他们已经搜集了不少珍贵资料，并做了复制整理工作。我听了非常高兴，这不仅因为当年我也滥竽充数管过几天文委工作，而且因为"四人帮"特别是江青把30年代以及整个"孤岛"时期的文艺活动都一笔抹杀，把当年在"孤岛"人民心中起过振发爱国民族意识的好戏，如夏衍同志的《赛金花》，周信芳同志的《明末遗恨》《徽钦二帝》等，都说成是宣扬卖国投降的坏戏，这完全是颠倒黑白。现在你们文学所把这些颠倒了的事实再颠倒过来，把当年许多珍贵资料加以复制，这是十分有意义的工作。我对于你们打算编辑一套"孤岛文学资料丛书"非常赞成。愿早日出版，得以拜读。

沈其震同志也在此休养，他要我附笔向你问好！

顺笔问候你院其他熟人！

---

* 此信写于1980年4月26日首都医院311室。标题为编者后加。

给李侠公信*

侠公老友同志：

4 月 21 日来信以及以前的信，我都收到了，没有及时复你，实在抱歉。

我的病已大好，明日（28 日）下午将出院。这几个月来，我虽住在医院，但是一面治疗，一面在工作，由我所同志协助之下，在开始写我的那本《社会主义经济论》，由我口述，由同志们执笔，然后再由我修改。开始时每星期讲 4 次（4 个半天），但我自己还得准备，所以相当紧张。后来，感觉身体吃不消，后来改为每星期 2—3 次。此外，这时期，我还写了好几篇文章。日子过得相当紧张，所以在接来信之后，开头是想给你复信的，但由于忙，把写信的时间挤掉了。

我明日回家，过了“五一节”将和我的写书组的同志一起集中到海军司令部的招待所去住，全力从事写书。因为在家里和机关里干扰多，没法写作的。

随信附上我最近写的两篇文章，请指正（其中回忆刘少奇一文，正是 3 月份赶写出来的，年初赶写的另一篇不久可发表）。

问候曼薇同志及你家全体家庭成员！

致敬礼！

冶方

四，二十七

---

* 此信写于 1980 年 4 月 27 日。标题为编者后加。

重视理论　提倡民主　尊重科学*

——回忆少奇同志的几次讲话

刘少奇同志早就在党内负有盛名。1923 年我入团时，少奇同志已经是著名的工人运动领袖，在当时的党刊上经常能看到他的文章。我对少奇同志仰慕已久，但在 1941 年以前没有直接接触过。1941 年，我在华中局党校当教员兼教育科长（当时我用的名字是宋亮），少奇同志是华中局书记兼党校校长，他经常亲自到党校讲课，我曾经听过他对党校学员做的所有报告，而且和他有了直接接触的机会。解放后，特别是 50 年代末少奇同志主持中央日常工作以后，更常听到他的报告或别的负责同志传达他的意见。1959 年冬，少奇同志还找过我们几个搞经济理论工作的同志到家里，谈他对社会主义政治经济学研究工作的意见。几十年来，我同少奇同志的直接接触虽然主要只是在华中党校那一年不到的时间，但印象却极深。由于少奇同志具有很高的马克思主义理论素养，对我国的社会状况和我们党的历史与现状又有深刻透彻的了解，我所听到的他的那些意见往往不仅具有当时当地的适用性，而且具有深远的指导意义。对我们今天来说，我感到最重要的可以概括为三句话：重视理论，提倡民主，尊重科学。

* 本文原载《经济研究》，1980（4）。

一

1941 年我刚从白区（即国民党统治区）调到新四军军部、华中局宣传部工作，少奇同志在当天就找我谈话，讲了根据地的武装斗争和政权建设工作同白区地下党工作的不同内容和不同方式。不久又派我到华中党校当教员兼任教育科长，临走前，他找我谈话，说：党校很重要，到党校学习的，除白区的青年学生外，大多是县团级以上的干部；要根据马列的原著来讲马列主义；联系中国党的实际进行发挥，或者讲自己的学习心得时，要有严谨的态度，等等。

我到党校工作不久，当讲授到对待马克思主义理论的正确态度问题时，联想到 1925 年我初到莫斯科学习的情况。当时中国学生中党支部的领导人任卓宣（即后来成为叛徒特务的叶青）反对我们在课外时间学理论、学俄文，天天晚上都开生活检讨会，把日常生活中的鸡毛蒜皮般的小事，作为工作汇报的中心内容，而且无限上纲，进行批判。[1] 谁要是在课外读讲义或马列原著，就被扣上学院派的帽子。我怀疑这种偏向不是任卓宣个人的独创，而是代表当时陈独秀机会主义路线的普遍方针，由于没有把握，我把自己的一些想法写了一封信给少奇同志向他请教。

少奇同志在当天——1941 年 7 月 13 日——就给我回了近 3000 字的一封长信，此信后来被收入少奇同志的一本文集——《论党》，题为《答宋亮同志》。这封信对我的意见做了肯定的答复并详细阐发了革命理论对指导中国革命运动的重要性。单就回信的迅速来说，也足以说明少奇同志对理论工作的重视。1941 年

---

[1] 记得“文化大革命”初期，有的群众团体也把日常生活细节的检查和汇报，当作政治挂帅，周恩来总理曾说，这是莫斯科传来的。他指的就是这种做法。

7 月的苏北盐城、阜宁地区——华中局和新四军军部所在地是什么情况呢？那是在皖南事变之后，原来设在皖南的中共长江局和新四军军部主要领导人已经在事变中牺牲或被俘，干部除了伤亡、被俘的以外，只有很少一部分转移到了苏北。苏北是一个新开辟的抗日根据地。党的领导机构——华中局和新四军部正在重建之中。当时苏北的新四军部队处在日寇和国民党顽固派的夹击下。那年 7 月，正是日寇对盐阜地区进行了一场大扫荡之后。少奇同志作为整个东南地区党政军最高领导人，居然对党校一个教员提出的有关党史的理论问题，当天即写了 3000 字的复信，要不是他对于理论问题高度重视，是绝不会这样做的。

少奇同志在这封复信中指出："中国党内在最初的一个时期——陈独秀时代及其以后——有些党员是有一种意见，反对党员对理论做比较深入的专门的研究。甚至在学校中，当许多党员专门学习理论的时候，亦强调反对'学院式'的研究，指那些比较埋头读书的党员为'学院派'；而强调在实际斗争中的锻炼。似乎认为只要有实际斗争的经验，而不要高深的理论研究，就能满足，就能领导革命达到胜利。似乎认为马列主义的理论，无须经过相当长期的埋头深刻的研究，就能把握得到的。"

他说："党员埋头读书研究，这一事实，并不表现为学院派，而是每一个党员在从事马列主义研究时所必须如此做的。任何比较有马列主义修养的人，都必须经过这样埋头读书与研究的阶段。马克思列宁本人，更是如此。过去有人指埋头读书为学院派，是完全错误的。"

少奇同志进一步指出，党要引导中国革命到完全的胜利，必须克服理论上修养不够的弱点。他说："中国党有一极大的弱点。这个弱点，就是党在思想上的准备，理论上的修养，是不够的，是比较幼稚的。因此，中国党过去的屡次失败，都是指导上的失败，是在指导上的幼稚与错误而引起全党或重要部分的失败，而

并不是工作上的失败……中国党只要克服了这个弱点，就能有把握地引导中国革命到完全的胜利。”“由于这些原因，特别是我们党的主观努力不够，20 年来，我党虽有极丰富的实际斗争经验，但缺乏理论的弱点仍旧未能克服。这是我们今天还要以极大的努力来加以克服的。”现在我们重温少奇同志上面这段话，再回忆一下林彪、“四人帮”搞的 10 年反革命，真使人感慨万分。试看，像陈伯达、“四人帮”及其“顾问”康生这类不学无术的骗子竟被推崇为理论权威，他们那套极左的反革命理论竟被当作马克思主义来宣扬，不是充分证明，虽然时间又过了 20 多年，我们党的理论修养不足的弱点仍然严重存在吗？

少奇同志上述从革命的利益出发重视理论研究的意见是完全正确的。可是，在“文化大革命”中，林彪、“四人帮”及其舆论工具，却诬蔑少奇同志的《答宋亮同志》是什么大毒草，被加上种种罪名勒令批判。

罪名之一是：这封信公然与毛主席关于理论联系实际的指示相对抗。

这是无中生有。重视革命理论，是马克思主义的天经地义。马克思主义是一门严整系统的科学，不是争权夺利、钩心斗角的政治权术，不下苦功夫、花大力气，是掌握不住它的基本原理和精神实质的，更谈不到应用这些基本原理来研究和总结革命斗争的丰富经验，以指导革命实践的进一步发展。对中国这样小生产的社会成分占优势的国度尤其是这样。如果没有用马克思主义武装起来的无产阶级自觉成分的领导，就有可能使革命运动蜕变为单纯的农民运动，使社会主义被歪曲为“农业社会主义”。少奇同志在信里准确地指出，党的历史上存在过过分强调实践和过分强调理论的两种意见的对抗，“当时是前一种获得胜利的，在党内严重造成了反对专门理论研究的风气；结果，阻止了党内理论水平的提高。这是必须纠正与反对的”。

说到这里，我想指出，少奇同志关于理论与实践一致的主张，不但不违背毛泽东同志的教导，相反是和他的教导完全吻合的。毛泽东同志本人在批判脱离实际的教条主义倾向的同时，也批判了忽视理论的经验主义倾向。他非常重视革命理论对于革命实践的指导作用。在《整顿党的作风》这篇文献中还曾强调指出："理论应当走在实践的前面。"少奇同志的论述不是和毛泽东同志的论述完全一致的吗？

林彪、"四人帮"给《答宋亮同志》强加的第二个罪名是：宣扬脱离实际斗争，只要埋头从事理论研究。

这也是凭空捏造。少奇同志这封信，其出发点和目的都是引导中国革命到完全胜利，并为此而提出"使马克思主义中国化，要用马列主义的原理来解释中国社会历史实践，并指导这种实践"的繁重任务。这正是强调理论联系实际，何来"脱离实际斗争"？

少奇同志在信中明确指出，埋头读书，埋头从事理论的研究，指的是"党员在党的学校中学习，从事理论研究的时候"，他们那时的"主要的任务是理论上的深造与把握；而不是学校生活的锻炼"。只有像林彪、"四人帮"那样的反革命，才荒唐透顶地反对学生的主要任务是读书。他们更是反对党员系统地学习马列主义。他们要的，只是搞点什么语录，以便用马列主义著作中的片言只语来吓唬人、欺骗人。他们是地地道道的实用主义者。他们叫喊的"联系实际斗争"，不过是为他们破坏和搞垮社会主义、篡党窃国服务。与此同时，他们鼓吹现代迷信，大搞造神运动，叫喊"句句是真理，一句顶一万句"，根本否认只有实践才是检验真理的唯一标准。

具有讽刺意味的是，那些攻击少奇同志脱离实际斗争的人，最后被革命的实际斗争抛进了历史的垃圾堆。而提倡埋头攻读马列主义原著的少奇同志，在经受我党历史上最大的冤屈后，终于得到平反昭雪。少奇同志在广大党员和人民群众中享有的崇高威信是任何人也破坏不了的。

林彪、“四人帮”给这封信加的第三个罪名是：矛头直接指向毛主席，否定毛泽东思想。

这更是诬陷栽赃。可能是少奇同志预计到以后有人挑刺，在信中说到我党缺乏理论这个弱点时，特别注意“党内少数同志特别中央的同志是有了对马列主义理论与中国社会历史发展的统一理解”，这是同以后少奇同志一贯对毛泽东同志和毛泽东思想（即马克思列宁主义的理论与中国革命的实践统一的思想）的推崇完全一致的。

少奇同志对毛泽东同志在中国革命中的作用所做的评价是极其崇高的。就在华中党校那一段，少奇同志十分认真宣传毛泽东同志的思想和主张。他在讲课中，经常传达毛泽东同志当时未公开发表的文章，如《矛盾论》《中国革命战争的战略问题》的观点。他还系统阐发党的领袖在革命斗争中的重大作用。他说，中国这么大的国家，80%—90%是农民，要领导农民进行革命斗争，没有一个纪律严明和统一的共产党做核心，党没有自己的有威信的领袖，革命是不能成功的，成功了也不能走上社会主义的道路。

中国革命斗争的实践告诉我们：少奇同志提出要重视马列主义理论研究是具有深远意义的。中国原来是经济很落后的国家，现代工业很少，产业工人不多，小农占绝大多数。无产阶级及其政党要领导革命运动，如果没有马克思主义的指导，如果党的领导者和干部缺乏应有的马克思主义的理论修养，就不能保证运动的纯洁性，就不能坚持科学社会主义的正确方向。这就是为什么林彪、“四人帮”之类拿起小红书一晃，我们许多人就做了他们的俘虏的原因所在。从这里，可以看出少奇同志的远见。差不多40年前他关于要重视马列主义理论研究的主张，在今天还有重要的现实意义，还有必要在今后继续付诸实践，以保证我们的社会主义事业沿着正确的方向发展。

二

少奇同志在华中党校讲课时，特别提倡民主。他说，中国社会3000年来都属于中央集权制的封建专制制度，是封建制度最完善最发达的国家，封建主义的思想意识根深蒂固，家长制盛行。我们没有经过资本主义社会阶段，缺乏民主传统。他在讲课中反复提醒大家要培养党内外的民主作风，以利于革命事业的发展。

少奇同志的这个观点是非常正确的。越来越多的事实表明，我们的国家正像马克思在《资本论》第一版序言中说的，“苦于资本主义生产的不发展”，“压迫着我们的还有许多遗留下来的灾难，这些灾难的产生，是由于古老的陈旧的生产方式以及伴随着它们的过时的社会关系和政治关系还在苟延残喘”。由于资本主义生产的不发展，压迫着我们的旧社会遗留下的灾难，除了缺乏社会主义的物质基础外，最重要的，就是缺乏民主传统。家长制的领导，一言堂，瞎指挥，强迫命令，骑在人民群众头上称王称霸，不接受群众的监督，等等，不正是缺乏民主传统的表现吗？这些东西，对我国的革命和建设，带来了多大的危害啊！看来，由于资本主义生产的不发展，并不像有的同志所说的那样，使我们的革命和建设更容易些，而是恰恰相反，是使我们的革命和建设更困难些。正如列宁所说的那样：“由于历史进程的曲折而不得不开始社会主义革命的那个国家愈落后，它由旧的资本主义关系过渡到社会主义关系就愈困难。”❶

少奇同志特别讲过，日本在19世纪下半叶明治维新后，发展

---

❶ 列宁：《俄共（布）第七次代表大会》，《列宁全集》第27卷，第77页，北京，人民出版社，1958。

了资本主义。而我国 19 世纪末的戊戌变法却失败了，资产阶级民主没有得到发展。在少奇同志看来，戊戌变法是鸦片战争以后的一次具有进步意义的运动，不能否定。少奇同志对戊戌变法的评价是同毛泽东同志的意见相吻合的。毛泽东同志在《中国革命与中国共产党》一书中说过：“帝国主义和中国封建主义相结合，把中国变为半殖民地和殖民地的过程，也就是中国人民反抗帝国主义及其走狗的过程。从鸦片战争、太平天国运动、中法战争、中日战争、戊戌政变、义和团运动、辛亥革命、五四运动、五卅运动、北伐战争、土地革命战争，直至现在的抗日战争，都表现了中国人民不甘屈服于帝国主义及其走狗的顽强的反抗精神。”可见，毛泽东同志认为戊戌变法也是“表现了中国人民不甘屈服于帝国主义及其走狗的顽强的反抗精神”的一次斗争。

少奇同志当时就指出，中国共产党领导的新民主主义革命斗争，是资产阶级民主革命的继续，包括要反对封建专制独裁、提倡民主。中华人民共和国成立初期，少奇同志又再次指出，我们的基本口号是：民主化与工业化。这是非常正确的。林彪、“四人帮”用封建的社会主义取代科学社会主义，以“帮”代党，大搞封建法西斯专政，在他们横行时，不少地方封建势力猖獗，这些都同我国长期是一个封建社会和小农经济像汪洋大海一样存在分不开的。经过林彪、“四人帮”10 年破坏以后，我们更加深切体会到，少奇同志当年提倡民主，不但在当时是很迫切的，并且在今天还有其现实意义。社会主义最根本的特征是人民群众当家做主。不发扬民主，不让群众当家做主，社会主义就是一句空话，四个现代化也难以实现。

少奇同志在华中党校讲课中，还提出要尊重科学，要对一切事物采取科学的态度，不搞主观主义。马克思主义本身就是一门科学。重视马克思主义理论研究，也是尊重科学的表现。他提出要尊重科学，就是办什么事情，都要实事求是，要主观符合客观实际，尊重事物发展的客观规律，以便使我们少犯错误，利于革命事业的发展。在同少奇同志的接触中，我感到他对作为马克思主义主要内容的政治经济学特别关注。事实上，解放以来我们在社会主义建设上遭受的几次重大挫折，都是和对科学尊重不够有关的。如果我们大家都能深入钻研理论，处处尊重科学，我们就能避免许多完全可以避免的失误。正因为如此，少奇同志在 3 年经济困难时期一再强调研究政治经济学、按经济规律办事的重要性。1961 年一次同地方领导同志的谈话中他曾尖锐地指出：不懂政治经济学是要垮台的！这话说得多么中肯，它对于当时我们克服暂时困难，争取国民经济恢复和发展的斗争又具有多么重大的指导意义啊！

少奇同志在华中党校讲课时曾经讲过，在中国这样小资产阶级极其广大的国家里，革命斗争容易出现“左”的错误。从中国革命的历史来看，也是右倾容易克服，“左”倾难于克服。第一次国内革命战争时，从北伐军进入湖南、陈独秀右倾机会主义路线冒头到克服这条右倾路线，时间不算长。可是“反右倾”以后，出现了瞿秋白同志的盲动主义，接着又出现了李立三同志的“左”倾路线，而王明的“左”倾机会主义路线统治全党达 4 年之久，直到遵义会议才得以克服。少奇同志上述 1941 年讲的话，也说中了中华人民共和国成立后 30 年的问题。中华人民共和国成立以后的几次“反右”，有些是正确的，必要的，有些却是完全错误的，甚至成为林彪、“四人帮”极左路线的借口。揪出“四人帮”后直到现在有些极左的东西还有一定的影响。这是很值得我们深思的。我们今后仍然要注意既反“左”，又反右；仍然要在两条战线上做斗争。但是更应该对“左”倾机会主义路线保持警惕。这不仅因为林彪、“四人帮”在思想上和组织上的影响远远没有肃清，而且还因为少奇同志所指出的那个产生“左”倾机会主义的社会历史根源并未消失。小生产者是“左”右摇摆的。

他们可以在国内外资产阶级的影响下，向右摇摆；但是在革命势力高涨，尤其政权在握之后，更容易头脑发热，向“左”摇摆。而且因为这种“左”的机会主义是披着革命的外衣的，所以更不容易识破，有更大的迷惑力。过去的教训太深刻了。不要好了伤疤忘了痛；要痛定思痛，深挖病根，使那种惨祸永远不再重演。

三

中华人民共和国成立以后，特别是20世纪50年代末党和国家的领导区分“一线”“二线”以后，少奇同志担负着主持党和国家的许多日常工作的繁重任务，他仍然十分重视和关心理论工作，亲自过问并带头研究。1959年冬天，他带领一些同志在南方读政治经济学（社会主义部分），发表了许多精辟的意见。回京以后，又在12月14日找了一些搞经济理论工作的同志到他家里，谈对社会主义政治经济学研究工作的意见。在这次谈话中，少奇同志向我们强调指出：政治经济学是党纲的理论基础，对于革命尚未成功的国家、社会主义改造尚未完成的国家和正在进行社会主义建设的国家，都是这样。社会主义政治经济学的任务，就是从理论上说明党的纲领的科学基础。恩格斯早就说过，无产阶级政党的“全部理论内容是从研究政治经济学产生的”[1]。取得政权以后，不少同志为行政事务所缠绕，放松了理论上的研究和提高。甚至有些同志习惯于依靠行政命令办事，认为理论研究可有可无。就是我们这些专门从事理论工作的人，也往往对于理论的重要性认识不足。少奇同志关于政治经济学的这些论述，对于我们大家，都很有教益。我们经济研究所的同志们，也正是在少奇同志这些意见的启发和鼓励下，从1960年年初开始编写《社会

[1] 恩格斯：《卡尔·马克思〈政治经济学批判〉》，《马克思恩格斯选集》，第2卷，第116页，北京，人民出版社，1972。

主义经济论》的。

1963年11月，他在百忙中亲临中国科学院哲学社会科学部（即现在的中国社会科学院的前身）学部委员会第四次扩大会议，给大会做了报告，要求我们避免理论工作者脱离实际工作、实际工作者缺乏理论的缺点，建立宏大的社会科学的理论队伍。

少奇同志不但强调理论的作用，而且身体力行，为我们树立了良好的榜样。现在重读他在中华人民共和国成立以来的著作，像《关于中华人民共和国宪法草案的报告》《中共中央向第八次全国代表大会的政治报告》、1962年在扩大的中央工作会议上的讲话等，仍然不能不对他敏锐观察、深刻的分析和平易说理、循循善诱的文风感到衷心的敬佩。

特别是在1959年以后，在全党和全国人民克服经济困难的斗争中，少奇同志亲身做调查，总结正反两方面的经验，提出了许多重要的理论观点，他同毛泽东同志和中央其他同志一起，采取了一系列富有成效的“非常措施”，使得我国当时遭遇的严重经济困难得以迅速克服，而且，在少奇同志的指导下，还进行过改进生产、流通、分配等体制的很有意义的试验。

“按经济办法管理经济”，就是少奇同志在20世纪60年代初期提出的一项重要的思想。他指出，当时我国国民经济中相当广泛地采取滥用行政命令的超经济的管理办法，不仅不是社会主义的办法，连资本主义的办法也不是，而是封建主义的办法。采用这种办法来管理，扩大了矛盾，增加了官僚主义，必须加以改变。他的这个分析一针见血，切中时弊。我国长时期封建社会的经历和手工劳动至今在一些部门占统治地位的状况，使自然经济的旧传统容易对我国社会主义经济发生影响。加之我们对于如何组织社会主义经济经验不足，使我国经济管理存在重大缺陷。针对这些缺陷，就要像少奇同志所说的，“按经济办法管理，按等价交换的经济法则办事”。

关于价值规律在社会主义全民所有制经济中的作用，少奇同志对于毛泽东同志关于价值规律是伟大的学校的论点做了重大的发挥。他在 1961 年的一次讲话中指出：不但工农之间、全民所有制经济和集体所有制经济之间需要等价交换，全民所有制企业之间、重工业和轻工业之间、各个地区之间也要等价交换，否则再生产的必要条件——价值补偿和物质替换就无法得到满足，国民经济各部门、各地区之间的比例关系就会遭到破坏。他还以辽宁和上海两个地区为例，说明如果重工业产品价格偏低、轻纺工业产品价格偏高，那么辽宁和上海之间的地区平衡就无从计算。

为了按照经济办法管理经济，改进工业管理体制，少奇同志提出在联合公司（托拉斯）的基础上改组我国社会主义工业的设想，并在一些部门进行了试点。每个托拉斯都成为按照需要生产、实行严格经济核算、独立经营的企业。试点工作曾经取得相当的成功，可惜后来由于林彪、“四人帮”的干扰被迫中断了。否则我国工业管理就能较早地得到很大改善。

少奇同志十分重视社会主义经济中的流通问题。他在 20 世纪 60 年代初指出：流通是最敏感的，生产中的各种问题都会在流通中反映出来，因此经济学研究应当重视流通问题。他还特别指示，经济研究所不但要和国家计划委员会挂钩，还应当和国务院财贸办公室挂钩。

少奇同志对于改善生产资料流通的设想使我深受教益。我国经济学界长期否认社会主义条件下存在流通，特别是否认全民所有制经济内部存在生产资料的流通，采取了由物资部门调拨的办法，每年开一次有成千上万人参加的订货会议（人们常把它形容为“骡马大会”），根据上级规定，一次订货。这实际上是一种在商品经济很不发达的条件下采取的办法，不是产、销双方直接见面，谈判成交，不能灵活及时地满足生产需要，是有很大弊病的。但是解放初期从苏联学来以后，这种物资配给制相沿成习，好像成了社会主义经济应有的常规。少奇同志早在 1962 年就指出了这种办法的缺点。1965 年，又提出了把物资部门改为生产资料商业部，按照产品流通的客观规律组织生产资料流通的设想，并着手进行这种改组。这是一个非常大胆的、我认为也是正确的想法。很可惜，根据少奇同志的这种设想所做的试验，也如组织联合公司的试验一样，开始后不久就在林彪、“四人帮”的破坏下被迫中断了。否则，是一定能够获得丰硕的理论成果和实践成果的。

粉碎“四人帮”以后，为了保证实现四个现代化的宏伟目标，党中央再次提出对我国经济管理体制进行全面改革这一重大课题。现在广大的经济工作者和理论工作者正在齐心合力，深入地进行调查研究，热烈讨论各种改革方案，探索适合我国情况的改革道路。在这个时候，我们时时怀念着曾经为完善我国的经济体制、加速社会主义建设付出了那么多心血的少奇同志。诚然，少奇同志有关经济工作的意见，并不全都是正确的；要求全部意见都正确，这对任何一个领导者都是不可能的，重要的是继承他的正确的教诲。如果少奇同志不是受到林彪、“四人帮”的残酷迫害而过早地去世，能够和我们在一起，指导我们的工作，那该多么好啊！

死者不能复生，但我相信，少奇同志的伟大共产主义精神是永存的，他关于重视理论、提倡民主、尊重科学的教导将永远激励着我们前进！

价值规律的内因论和外因论*

——兼论政治经济学的方法

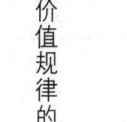

1953 年斯大林《苏联社会主义经济问题》一书的出版，引起了我国经济学界对价值规律的深切关注。20 多年来，曾先后几次形成讨论的热潮。开头分歧很大，相当普遍地认为价值规律是资本主义的经济规律，即使在生产资料公有制的基础上，它也是“野性”难除，从而要统治它、“改造”它，视价值规律若“泛滥的洪水”“脱缰的野马”。随着讨论的深入，当然更重要的是面对着社会主义经济建设中不断重复出现的问题，人们对价值规律的认识，渐渐发生了变化。目前绝大多数同志都认为价值规律是社会主义社会客观存在着的经济规律，必须尊重它。有的同志还更鲜明地提出要按客观经济规律办事，主要就是要按价值规律办事。我从 50 年代开始宣传价值规律的客观性，主张“把计划和统计放在价值规律的基础上”。那时，很多同志不以为然。现在我们在这个问题上开始有了一些共同的语言，这不能不使我感到由衷的欣慰。

一、仍然存在着分歧

求同存异，这是外交和统一战线工作中所应采取的一条原

* 本文原载《中国社会科学》，1980（4）。

则。但是，如果在科学研究中也讲求同存异，那就没有什么问题可以研究和讨论了，科学也就不会前进了。我主张科学研究应该是存同求异，互相找差异，正确地开展争论。这样才能把科学水平渐渐提高起来。“百花齐放、百家争鸣”，贵在一个“争”字。允许批判，也允许反批判。马克思于1853年9月2日给恩格斯的一封信中说：“真理是由争论确立的，历史的事实是由矛盾的陈述中清理出来的。”[1] 只有在争论中才能使人们对客观事物的认识逐步深化。真理并不害怕批判，它只会越辩越明。

在价值规律的问题上，我和很多同志还存在着分歧：

一是在对价值规律的尊重程度上存在着差距。有不少文章在讲到价值规律如何如何重要的时候，总要给价值规律前面加上“利用”二字。我不那么赞成“利用”这种说法。价值规律是客观存在着的经济规律，它不是大观园中的丫头，可以让人随便“使唤”“利用”。无论是哪一门的自然科学家，似乎都不曾说他们“利用”什么规律做了什么事。是不是我们社会科学家、经济学家的主观能动性就比他们大一些呢？不是。我们只能按客观经济规律办事，顺应客观规律的要求而不能反过来“利用”。当然，现在讲“利用”价值规律的文章中，多数还都承认这个规律是存在于社会主义经济中的客观规律。我之所以对“利用”云云反感，是觉得讲“利用”还显得对客观规律不太尊重，在“利用”的背后还隐藏着另一种理论上的可能性：当气候适宜或自己主观上觉得不再需要这个“丫头”的时候，将又不去“利用”，以至再企图把它逐出社会主义经济的园地。

二是对价值规律在社会主义经济中存在的客观必然性认识还不统一。概括来说有两种意见：一种是把价值规律同社会主义两种公有制的存在，因而同商品生产的存在直接挂钩。他们认为，

---

[1] 马克思：《致恩格斯（1853年9月2日）》，《马克思恩格斯通信集》，第1卷，第567页，北京，生活·读书·新知三联书店，1957。

价值规律是商品经济的规律，如同斯大林所说，“在有商品和商品生产的地方，是不能没有价值规律的”[1]，在不存在商品和商品生产的地方，就不存在价值规律了。按照斯大林的说法，全民所有制内部的交换，不是商品交换；或者确切些说，那里只存在着商品交换的“外壳”。因此，尊重价值规律之所以必要，只是由于在全民所有制外部还存在着商品的缘故；有朝一日社会上没有商品，连商品的“外壳”也脱落了的时候，那么价值规律也就不存在了。所以，对于社会主义社会中的领导经济成分来说，价值和价值规律只不过是一种外在的力量，是强加于它的。这种看法实际上是价值规律的外因论，它是多年来传统的也是最普遍的观点。另一种是，认为价值规律是社会化大生产的客观规律。在社会主义条件下，生产的社会化程度更高，因此价值规律是由全民所有制的生产关系中必然引出来的客观规律，而不是从外部、从不同所有制之间的交换中引进来的。这是我的看法。这种看法可称为价值规律的内因论。

尽管我和很多同志在价值规律问题上已经有了不少的共同语言，但既然还有这点差异，那么就需要继续争论下去，以求得到进一步的一致。

二、坚持价值规律的内因论

从1956年我写《把计划和统计放在价值规律的基础上》那篇文章起，一直到1978年写《千规律，万规律，价值规律第一条》这篇文章止，20多年来我始终认为，价值规律是在任何社会化大生产中“根本不能取消”的规律，它不仅在社会主义社会，甚至在共产主义社会都将仍然起作用。概括起来，价值规律的作

[1] 斯大林：《苏联社会主义经济问题》，第14页，北京，人民出版社，1961。

用无非有这样几条：

1. 价值规律就是商品（产品）价值由社会平均必要劳动时间决定的规律。必须强调价值规律的节约时间的作用。商品是历史的范畴。在共产主义社会以及社会主义社会的全民所有制经济内部，不存在商品生产和商品交换。在那里，社会生产的直接目的就是使用价值而不是价值。但是，这个使用价值总归是生产者花了一定量的劳动消耗为代价换来的，衡量这个代价大小的尺度仍然是社会必要劳动。社会平均必要劳动量的确定，毫无疑问是一个由个别劳动到社会劳动的社会化过程。社会平均必要劳动量决定商品价值，这对资本家来说，它既是作为蚀本和破产的恶魔而威胁着他们，又作为赚钱和发财的妖精而引诱着他们，从而推动资本家不断地拼命向前。但是在社会主义条件下，社会平均必要劳动量仍然决定着商品（产品）价值，对各个企业来说，它却是作为促使后进赶先进、先进更先进的经济动力而发挥作用。这就是说，社会主义经济更注重经济核算，更注重劳动生产率，更注重以最小的劳动消耗取得最大的经济效果，这是价值规律的核心问题。"不惜工本"，是违背价值规律的。但是，在过去，特别是在刮"共产风"、搞"瞎指挥"时期，以及后来陈伯达、林彪、"四人帮"进行反革命破坏的时期，时髦的口号却是"不惜工本"（实际上是不惜人民的血汗）。特别是"用最小的劳动消耗取得最大的经济效果"被当作"政治不挂帅"的修正主义口号来批判。这正是我们的经济发展速度不够理想的原因之一。

2. 价值规律是商品（产品）交换比例由价值调节的规律。必须强调价值规律的等价交换原则。商品（产品）交换在它的纯粹的形式上是等价物的交换，只有等量社会劳动的商品（产品）才可以互相交换。因此，从本质上来讲，价值规律要求价格向价值靠拢，而不是与价值背离。这种要求靠拢的趋势，不论是资本主义经济还是社会主义经济都存在。通过"背离"的形式来达到靠拢，即通过市场竞争的途径来决定价格，这只是价值规律在个体经济和资本主义商品经济时代的一种特殊作用形式。在社会主义条件下，已经不需要通过“背离”的形式，而是通过直接计算劳动成本的方法来决定价格。当然，人民币在这里已不是原来意义上的一般等价物，只不过是价值的计量单位，本质上是劳动券。

3. 由上述两种作用而产生的实现对生产的调节和对社会生产力的比例分配。价值规律是制订计划的根据和基础。按一定比例分配社会劳动的必要性，绝不可能被社会生产的一定形式所取消。这里所说的“比例”，当然不能认为是使用价值的比例，而是指劳动量的比例，价值的比例。在资本主义商品经济中，由于竞争，由于价格与价值的背离，引起劳动和资本从这一个部门向另一个部门的转移，从而盲目地调节生产，自发地形成比例。而在社会主义条件下，却可以通过计算来主动地捉摸清楚活劳动和物化劳动的比例，搞好综合平衡，使国民经济有计划地发展。

上述 3 条是价值规律在社会主义条件下所起的不以人的主观意志为转移的客观作用，它起因于社会化大生产的要求。在资本主义商品经济中，它只不过是以另外的形式表现出来。马克思、恩格斯关于价值和价值规律的话讲了很多，但我们不要忘记，他们的研究对象是资本主义商品经济，价值规律的个性作用讲得多一些，而其共性一面则讲得不可能太多。我们更不要忘记，马克思主义不是教条，而首先是世界观和方法论。过去，不少文章对我关于价值规律的观点所做的批判，在我看来，实际上很多是抽象的批判。因为在批判者的思想上仅仅只有教科书上所讲的一个与资本主义经济、与商品经济相联系的价值规律，而没有弄清我所讲的价值规律的内容。现在还有不同意见，能够展开讨论或批判，这是值得欢迎的。但是，批判应该针对着我所说的内容来批判，而不能按照批判者自己强加于我的意见来批判。

三、价值规律外因论观点实际上是自然经济论

斯大林在《苏联社会主义经济问题》中认为：在社会主义条件下，还存在着公有制的两种形式：全民所有制和劳动群众集体所有制。这两种所有制之间的经济联系必然是商品交换，从而价值规律在这里也就起作用，国家与农民的交换要遵守等价交换的原则，就是说要承认价值规律。这个看法应该说是这本书的贡献。但从另一方面看，斯大林又认为：价值、价格这些范畴，从而价值规律的作用只是在两种所有制的边缘上、在交换的过程中才产生出来的。这就如同商品当初产生在原始公社的边缘上一样，是两个原始公社碰头，以其所有易其所无的结果。斯大林进一步提出：既然在全民所有制的外部还存在着商品和商品交换，那么全民所有制内部的生产资料产品就不得不带上商品的“外壳”，而其本身并不存在价值关系，生产资料产品不能流通。这就是价值规律外因论的主要论点。

社会主义社会总是要从低级向高级发展的，集体所有制总是要不断提高并逐步过渡到全民所有制的。应该指出，我们现在反对“穷过渡”，仅仅是反对那种不顾生产力发展水平，片面地搞所有制升级的做法。我们并不反对按生产力发展需要，在将来把集体所有制逐步提高到全民所有制。全民所有制是我们争取的目标。但是，按照价值规律外因论的观点，价值规律在社会主义社会的发展过程中，其客观作用必然是递减的，特别是当着全社会实现了单一的全民所有制之后，价值规律就干脆不存在了。

斯大林所持的价值规律外因论的观点，实际上是他的自然经济论的产物。这里，还得从斯大林对生产关系的定义讲起。斯大林在对生产关系的定义中把所有制作为孤立的一项，在生产、交换、分配、消费以外来研究所有制，这对社会主义经济的危害很

大。孤立地研究所有制，最早是蒲鲁东。他想脱离生产关系的变革来解决私有财产问题。马克思在答复俄国经济学家安年科夫的一封信里说："所有制形成蒲鲁东先生的体系中的最后一个范畴。在现实世界中，情形恰恰相反：分工和蒲鲁东先生所有其他范畴是总合起来构成现在称之为所有制的社会关系；在这些关系之外，资产阶级所有制不过是形而上学的或法学的幻想。另一时代的所有制，封建主义所有制，是在一系列完全不同的社会关系中发展起来的。蒲鲁东先生把所有制规定为独立的关系，就不只是犯了方法上的错误：他清楚地表明自己没有理解把资产阶级生产所具有的各种形式结合起来的联系，他不懂得一定时代中生产所具有的各种形式的历史的和暂时的性质。"❶ 马克思还说过："在每个历史时代中所有权以各种不同的方式、在完全不同的社会关系下面发展着。因此，给资产阶级的所有权下定义不外是把资产阶级生产的全部社会关系描述一番。"❷ 马克思不把财产问题孤立地作为生产关系的一项，并不表示他不重视财产问题。马克思和恩格斯在《共产党宣言》中讲过："总之，共产党人到处都支持一切反对现存的社会制度和政治制度的革命运动。在所有这些运动中，他们都特别强调所有制问题，把它作为运动的基本问题，不管这个问题当时的发展程度怎样。"❸ 生产关系是生产过程中人与人之间的相互关系，还有交换过程中的关系、分配过程中的关系，它们的总体形成了政治经济学中的所有制关系。所以，要讲清一种所有制，首先应当分析生产的人的要素和物的要素是怎样结合起来进行生产的，人们怎样互相交换自己的产品，产品又怎

---

❶ 马克思：《致巴·瓦·安年柯夫（1846 年 12 月 28 日）》，《马克思恩格斯选集》，第 4 卷，第 324—325 页，北京，人民出版社，1972。

❷ 马克思：《政治经济学的形而上学》，《马克思恩格斯选集》，第 1 卷，第 144 页，北京，人民出版社，1972。

❸ 马克思、恩格斯：《共产党宣言》，《马克思恩格斯选集》，第 1 卷，第 285 页，北京，人民出版社，1972 。

样进行分配。这样来研究所有制问题，就会有血有肉地弄清楚每一个社会形态的经济关系。离开生产关系来研究所有制，恰恰是贬低了所有制问题。而且也给经济工作中的唯意志论开了方便之门。20 多年来我们经济上有很多问题，特别是在农业合作化过程中，以及后来专门在所有制或者财产形态的不断升级上做文章，这不能说与斯大林对生产关系的错误定义没有关系。伴随着所有制的不断升级，价值规律的境遇每况愈下，以致被当作洪水猛兽而逐出了社会主义经济的园地。斯大林的经济观点还有一个重大错误是“无流通论”。他排除了交换，用直接生产过程中的交换来代替独立于直接生产过程外的交换，特别是否认全民所有制内部的交换，用调拨代替流通，用配给代替交换。说生产资料产品不是商品，国营企业与国营企业之间不是商品交换，我赞同。但是还得实行产品交换，讲等价交换原则。然而斯大林的无流通论，却完全排斥了价值规律对全民所有制生产的调节作用。

斯大林一方面否认全民所有制内部的交换，主张无流通论；另一方面又不否认全民所有制之外还存在着商品交换。在有商品的地方，不能没有价值规律。于是，以保留着集体所有制经济来解释价值规律在社会主义社会存在的理论，即价值规律外因论就站出来了。这就是说，对社会主义全民所有制的自然经济论观点派生了价值规律的外因论。

在一个时期中，苏联在与农民的关系上，也并不是那么真诚地讲商品交换的。尽管在理论上承认了国家与农民的关系还是商品交换，但他们搞的“义务征购制”，实际上是“假收购”。曾经流传过这样一个故事：斯大林在写作某一重要经济著作时，作者开始是强调工农业产品要实行等价交换的，但是别人将了他一军，说：你要实行等价交换，那我们出现财政赤字怎么办？在财政赤字面前，作者没办法，只好让步，不讲工农业产品的等价交换，只讲农业内部粮棉比价问题了。这就是说，起先还能从工农产品的交换中引出商品，引出价值规律来，可是列举具体例子时，又只举农产品与农产品之间的比价了。

四、价值规律外因论对实际工作的危害之一
——不讲经济效果

30 年来，社会主义经济建设中最大的问题之一，就是不讲经济效果，或者只讲效果不讲费用，把“不惜工本”“不计盈亏”看作是天经地义的事。特别是在全民所有制企业中缺乏严格的经济核算，认为费用多一点、少一点，如同一个人衣服上的四个口袋，装来倒去反正总数一样多，效果好一点、差一点，反正与己无关，端着铁饭碗吃大锅饭。根源何在？否认价值规律对全民所有制企业生产的调节作用，否认按社会平均必要劳动时间组织生产的客观必要性，是重要的原因之一。

我们应该对社会主义充满信心。真正的全民所有制确实要比集体所有制优越。可是我们过去的 20 多年怎么样呢？特别是林彪、“四人帮”篡权以后，弄得许多国营企业不如集体企业。全国国营企业中有相当一部分亏损，国家要从财政中拿出钱来补贴。从事物质生产的企业，却要国家财政补贴，补贴的钱哪儿来？还不是从经营得好的、有盈利的企业，还有农民那儿拿来的！

这是事实，不能闭眼不见。现在不少同志开始强调经济核算了，也就是说开始承认价值规律对全民所有制企业的调节作用了。但是很遗憾，他们却把商品关系引进了全民所有制内部来，说全民所有制内部之所以要讲价值规律是因为这里还存在商品交换。经济学界的一些同志，在这个问题上是从一个极端走向另一个极端：先是彻底否认价值规律在全民所有制内部起着调节作用；现在承认了这种作用，却为了更强调价值规律的作用又把商品引进了全民所有制的经济关系中来了。以军工产品来说，这是

全民所有制企业的产品，能说它是商品吗？不能。飞机、大炮生产出来分配给各军、兵种用，这怎么能说是商品呢？但是，它不是商品，并不是说可以不讲经济核算了。军工生产也要讲节约物资、节约劳动、降低成本、增加品种、发展生产，用最小的劳动消耗取得最大的经济效果。军工企业的固定资产和流动资金也要讲等价补偿。这正是价值规律的客观要求。

我认为，由商品关系来说明全民所有制实行经济核算的必要性缺乏坚实的理论基础。试问，难道商品关系消失后就可以不要经济核算了吗？还有一种看法，认为凡是交换的产品都是商品，因而到了共产主义也还存在着商品交换。按此说来，难道马克思所说的“互相交换劳动”，其劳动也是商品吗？难道物质生产部门和非物质生产部门的劳动者都是互相出卖劳动吗？这也是说不通的。

我认为不同所有制之间的交换是商品交换。全民所有制内虽然存在着交换，但它不是商品交换，而是产品交换。然而无论是哪种交换，都必须按照价值规律的要求办事。

有的同志称我主张价值万岁论。理由是说：价值是历史范畴，而我却把它变成了永恒范畴。这完全误解了我的观点。我一直认为，价值是历史范畴，它反映着社会化大生产中人们之间的社会关系。人类社会将经历自然经济、商品经济和产品经济。在自然经济中不可能有真正的价值观念，不可能形成社会必要劳动时间。而只有在商品经济和产品经济中才有价值观念，才能形成社会必要劳动时间。所不同的是在商品经济中，价值以交换价值的形态出现；而在产品经济中，价值才回到了“它真正的活动范围”。分清“价值”和“交换价值”这两个不同的概念是件非常重要的事情。这不是“舍本逐末”，也不是我的“独特见解”。马克思以前的政治经济学是分不清这两个概念的，因而当时习惯以“价值”这个概念来代表“交换价值”。马克思和恩格斯顺从着当

时经济学界的习惯用法，为简便起见，也常常把“价值”当作“交换价值”来使用。但他们在理论上对二者是做了严格区别的，并对古典政治经济学者不会区别二者的错误做了批评。马克思说：“古典政治经济学的基本特点之一，是它从来不曾能够由商品的分析，尤其是商品价值的分析，引申出价值的形态来，然而**正是这个价值的形态**使价值成了交换价值。正是亚当·斯密和李嘉图，古典政治经济学的最好的代表，也把价值形态看作是完全无关紧要的事，甚至于把它看作为对商品本质而言是外表的事。他们所以会如此，不仅因为他们的注意力完全被吸引到价值量的分析上去了。还有更深刻的原因。劳动生产物的价值形态，不仅是资产阶级生产方式的最抽象的，并且是最一般的形态。资产阶级生产方式当作社会生产的一个特殊类型**正是由于价值的形态才取得特征的，从而也取得了历史的特征**。如果把资产阶级生产方式当作社会生产的永久的自然的形态看了，那么不免就会把价值形态的专门的特性看漏掉的，从而就会把商品形态的特性，甚至再进一步发展下去，就会把货币的形态，资本的形态等特性都看漏掉的”。❶ 马克思在《资本论》第 1 卷初版序言中讲到弄清交换价值的重要性时又说：“对资产阶级社会说来，劳动产品的商品形式，或者商品的价值形式，就是经济的细胞形式。在浅薄的人看来，分析这种形式好像是斤斤于一些琐事。这的确是琐事，但这是显微镜下的解剖所要做的那种琐事。”❷ 交换价值反映着个体经济和资本主义条件下商品生产关系的特性。因为在那样的社会中，商品所包含的社会必要劳动量不能直接地表现出来，而是要经过亿万次的交换，最后才得出一个平均线即某一商品的价值

❶ 参阅马克思：《资本论》，第 1 卷，第 98 页，北京，人民出版社，1975。此段内容是作者根据俄译本转译。

❷ 马克思：《资本论》，《马克思恩格斯全集》，第 23 卷，第 8 页，北京，人民出版社，1972。

量，曲线则代表着受供求关系影响而形成的价格。供过于求，价格下降；求过于供，价格上涨。但不管供求如何不平衡，价格如何摆动，再加上投机倒把等因素，商品自身的价值必须通过另一个商品即货币才能表现出来。这反映着资本主义商品生产的无政府状态。而在共产主义社会中，价值即社会平均必要劳动量则可以直接表现出来，不再表现为交换价值。当然，在现实经济中，由于种种原因，距离这一点还相差很远，其中有一点是不重视统计工作，不重视成本会计。在这种情况下，不要说对整个社会中同一行业同一产品的社会必要劳动量难以了解，就是连一个企业内单个产品的成本都算不清，说不准。列宁是非常重视统计和监督的。真正搞好统计工作，非常需要现代化的科学技术，例如电子计算机等。但就目前来说，只要每个工厂把成本会计搞好，用手工业的方式也还是可以算出全国范围内某一产品至少是去年的社会必要劳动量。既然知道了去年的，再加上今年的大体估计，这不就摸到了今年的社会平均必要劳动量了吗？当然，要做到绝对准确的计算是不可能的，即使电子计算机也不可能算是绝对准确。这是因为劳动生产率每时每分每秒都在变化，今天算出来的数字，明天就会与实际不符。但能算出一年的社会必要劳动量还是很了不起的。像20世纪50年代，这个月的上旬，能够算出上月的产品成本，这是很不错的。所以，价值是社会化大生产的产物，反映着社会化生产过程中的各种社会经济关系。就这一点来说，它对共产主义和资本主义都是共同的。但就两个社会的特殊性来说，在资本主义社会中，价值通过交换价值表现出来；在共产主义社会中，价值却能通过统计、会计具体捉摸到。

还有一种看法，认为全民所有制企业实行经济核算的必要性来自按劳分配。我不赞同。因为按照这个逻辑推论下去，必然会认为到了共产主义社会就可以不必讲经济核算了。因为那时按劳分配已被按需分配所代替了。请注意马克思的著名论述：“在资本主义生产方式消灭以后，但社会生产依然存在的情况下，价值决定仍会在下述意义上起支配作用：劳动时间的调节和社会劳动在各类不同生产之间的分配，最后，与此有关的簿记，将比以前任何时候都更重要。”[1] 显然，价值规律的作用并不来自于分配，而是物质生产过程的客观要求。

我一贯认为，在经济工作中必须强调用最小的劳动消耗去取得最大的经济效果。这也不是我的发明。马克思在《剩余价值理论》中曾肯定了李嘉图的一个看法：“真正的财富在于用尽量少的价值创造出尽量多的使用价值，换句话说，就是在尽量少的劳动时间里创造出尽量丰富的物质财富。”[2] 这不正是我们所说的“最小最大”吗？马克思在《资本论》中同样说过：“这个领域内的自由只能是：社会化的人，联合起来的生产者，将合理地调节他们和自然之间的物质变换，把它置于他们的共同控制之下，而不让它作为盲目的力量来统治自己；靠消耗最小的力量，在最无愧于和最适合于他们的人类本性的条件下来进行这种物质交换。”[3] 这就是说，交换价值废除以后，价值即社会必要劳动量依然是财富的实体。这里，我还要再次重复恩格斯1844年在《德法年鉴》上的那段话，他说：“价值是生产费用对效用的关系。价值首先是用来解决某种物品是否应该生产的问题，即这种物品的效用是否能抵偿生产费用问题。只有在这个问题解决之后才谈得上运用价值来进行交换的问题。如果两种物品的生产费用相等，那么效用就是确定它们的比较价值的决定因素……不消灭私有制，就不可能消灭物品本身所固有的实际效用和这种效用的决

---

[1] 马克思：《资本论》，第3卷，第963页，北京，人民出版社，1975。

[2] 马克思：《剩余价值理论》，《马克思恩格斯全集》，第26卷（Ⅲ），第281页，北京，人民出版社，1975。

[3] 马克思：《资本论》，第3卷，第926—927页，北京，人民出版社，1975。

定之间的对立，以及效用的决定和交换者的自由之间的对立；而在私有制消灭之后，就无须再谈现在这样的交换了。到那个时候，价值这个概念实际上就会越来越只用于解决生产的问题，而这也是它真正的活动范围。”❶ 过了33年，恩格斯对此再次说明：“在决定生产问题时，上述的对效用和劳动花费的衡量，正是政治经济学的价值概念在共产主义社会中所能余留的全部东西，这一点我在1844年已经说过了。但是，可以看到，这一见解的科学论证，只是由于马克思的《资本论》才成为可能。”❷

有同志说我那样来论证价值是历史的范畴，只说了一头。这也是误解。共产主义社会是我们的奋斗目标，不可能在当前对它就做出十分详尽的设想。但有一点我肯定，那时的物质财富也要靠劳动来创造，即使是机器人创造，也离不了人来控制，因此，只要还有活劳动、物化劳动的耗费，价值规律就得讲下去，就得讲“最小最大”的问题。从这个意义上来说，我承认我是价值规律万岁论者。

以上所述，无非是要指出在现实的经济建设中，特别是在全民所有制的企业中，不讲经济核算，不讲劳动生产率，不讲经济效果，没有用最小的劳动消耗去取得最大的经济效果的观念，这是违背价值规律的客观要求的。而其理论上的根源，正是价值规律的外因论。

五、价值规律外因论对实际工作的危害之二
——不讲等价交换

前面已经说过，无论是商品价值规律，还是产品价值规律，

❶ 恩格斯：《政治经济学批判大纲》，《马克思恩格斯全集》，第1卷，第605页，北京，人民出版社，1956。

❷ 恩格斯：《反杜林论》，《马克思恩格斯选集》，第3卷，第348—349页，北京，人民出版社，1972。

从本质上来说，都要求等价交换。等价交换意味着生产单位在生产过程中的劳动（活劳动与物化劳动）耗费必须等价补偿。这里，价格最重要。没有价格，就没有价值规律。所以定价的基础必须是价值即社会必要劳动。然而价值规律外因论，却是不讲等价交换的。他们把不等价交换看作是社会主义理所当然的。为此，他们有过各种各样的“道理”。

其一是说：等价交换只适用于农产品与农产品之间，即集体所有制内部。而在工农业产品之间，不等价交换是完全应该的，农产品的收购价格应该永远低于价值，而工业品的销售价格应该永远高于价值，社会主义国家要通过这种“剪刀差”的办法来从农民那儿取得建设资金。这是歪理。还在20世纪50年代，毛泽东同志在一次审查国民经济建设计划草案时，曾经向计划统计工作者提出过这样一个问题，说：全国2亿左右的农村整、半劳动力对国家的贡献怎么只占国家财政收入的百分之十几，而人数只有1000多万的工、交部门的职工对国家的贡献却又占国家财政收入的百分之八十几，这笔账是怎么算出来的？其实问题很简单。那是因为国家对农副产品的收购价格订得偏低，按价格来计算国民收入，农民所创造的价值被价格掩盖了，或者说在工业部门的产值中实现了出来。当然，这里也有个简单劳动和复杂劳动问题，但除去这方面的因素，按当前国际市场上的“剪刀差”来计算，农民对国家的贡献，最低也要占到国家财政收入的百分之三十几。价格远远背离了价值，结果欺骗了我们大家！我们整天说农业重要，可是2亿多农业劳动力所创造的价值在账面上却很少，这怎么说得过去呢？前年我去南斯拉夫、罗马尼亚考察后曾得出一条结论：他们的工业搞得比较好，发展比较快，人民群众生活水平高，有一条原因是他们的农业早已过关。他们虽然没有什么“农业为基础”“农、轻、重”这样一些对马列主义理论的贡献或发挥，但他们却实实在在做了，其中心问题是解决价格问题。他们先后几次提高农副产品的收购价格。而我们呢？尽管有不少理论，却不注意解决工农业产品上的“剪刀差”。相反，还列出些歪理，为这些历史上残留下来的东西辩解。我有句老话，主张把向农民的“暗拿”变为“明拿”。“暗拿”就是指前面所说的用“剪刀差”的办法从农民那儿要建设资金，在这种情况下，农民向国家交售农副产品的数额越多，他们的负担就越重。“明拿”就是直接税的形式，数额由政府法律严格规定，在一定的年限内不变。农民缴纳完这个直接税后，向国家交售农副产品，通过等价交换得到全部价值。党中央决定在1979年夏粮上市开始提高粮食收购价格20%，超购部分在这个基础上再加价50%，同时还相应地提高了其他一些农副产品的收购价格。再加上农村各项经济政策的落实，农民喜气洋洋，农业渐渐活了。这不有力地说明贯彻等价交换原则、照价值规律的客观要求办事的极端重要性吗！违背它，就要受到惩处。

其二是说：等价交换就是等价格交换，否则就是不要国家积累。如果是这样，那么粮食照1角钱1斤收购是等价，压低至5分钱1斤收购也是等价；反之把价格提高至每斤1.2角、1.5角还是等价。这样离开价值谈价格，就是从根本上反对等价交换原则，纯属荒唐理论。

其三是说：价格与价值相符是经济原则，而价格与价值背离是政治挂帅。这就是说，产品定价可以不根据价值规律，而按主观要求。这就是苏联斯特鲁米林曾经说过的“理论”：价格不背离价值就没有价格政策。20世纪60年代初，刘少奇同志曾经特别强调过等价交换问题。他说：不但工农之间、全民所有制经济和集体所有制经济之间需要等价交换，全民所有制企业之间、重工业和轻工业之间、各个地区之间也要等价交换。否则再生产的必要条件——价值补偿和物质替换就无法得到满足，国民经济各部门、各地区之间的比例关系就会遭到破坏。就拿苏南与淮北、淮南交换来说，苏南都是轻工业产品，价格偏高；而淮北、淮南则产煤，煤价偏低，二者不等价，他们之间的经济关系就很难摆平，地区之间的平衡也就无从谈起。我们都知道，在铁路运输上，电动、内燃机车要比蒸汽机车先进，可是目前电动、内燃机车却很难推广开，除了产品品质差外，一个很重要的原因是煤、电、石油之间的价格不平，煤价偏低，电、石油价偏高，铁路运价又长期不变，蒸汽机车只好长期用下去。

价格问题十分重要。但是目前的价格对价值来说却是一个“哈哈镜”，把社会平均必要劳动歪曲了。这带来了不少问题，例如，我们强调要理直气壮地抓利润，是指生产利润，为国家多提供剩余劳动，但由于价格与价值大大背离，价格畸高畸低，这就使得一些人专抓流通利润，再按利润发奖，结果又出现了不顾左邻右舍的情况，这是不行的。但要调整价格，又确实困难重重，如同某些同志所说，牵一发而动全身。在我看来，30 年来，等价交换的原则基本上没有得到贯彻，讲是讲过，那不过是在口头上。所以，价格一定要逐步调整，使价格和价值逐步相符起来。当然价格的全面调整，需要有个过程，会遇到困难，这是一回事。但道理总得说清楚，这就是价格要符合价值，而不是背离价值。

这里还得说说生产价格问题。现在对这个问题持反对意见者少了一些。但对在社会主义条件下，价值转化为生产价格的客观基础似还讲得不充分。仅仅讲社会化大生产还是不够的。因为在社会化大生产的不同发展阶段，物质技术条件的作用也是不同的。物质技术装备程度的不同，一般表现为产品资金占用量的不同。劳动生产率提高快的部门，也就是物质技术装备程度较高、产品资金占用量较高的部门，他们的产品的生产价格总额就超过产品价值总额，相反，劳动生产率提高慢或停滞的部门，他们的产品的生产价格总额就小于产品的价值总额。以生产价格来定价，必然使有机构成高的部门取得的利润，超过它所创造的剩余产品的价值；有机构成低的部门取得的利润，低于它所创造的剩余产品的价值。按生产价格定价，这是价值规律在社会化生产发展更高阶段的必然要求。

六、价值规律外因论对实际工作的危害之三
——实际上取消了综合平衡

价格背离价值的害处，除了不利于经济核算外，重要的一条是使国民经济各部门之间的比例关系丧失真相，使国民经济的综合平衡难以搞好。过去有人主张综合平衡是使用价值的平衡，这就是说：发1度电要消耗多少煤，炼1吨铁要消耗多少焦炭，1吨钢可以轧多少长的、一定重量的钢轨，制造1辆一定型号的机车或别种机械要多少吨钢材等，以及建立在以上各种技术定额基础上的煤、电、钢铁、机械等生产部门之间的实物比例。过去从苏联搬来的计划平衡就是这么干的。这是地地道道的技术经济学。我们要生产产品，一定要使活劳动和物化劳动平衡。而如果工农产品价格不平，轻、重工业产品价格不平，综合平衡就是一句空话。因为综合平衡，归根结底是价值的平衡，而不是使用价值的平衡。

价值规律外因论把价值规律同商品“挂钩”，很容易引起大家对社会主义计划经济中价值规律作用的误解，把“价值”和“计划”对立起来。有不少同志就这样讲：我们现在的计划还不能控制全部产品，所以要留点余地让给价值规律来调节。通过价格与价值的背离来刺激计划管不到的生产、消费，调节供求。这种观点实际上是把社会主义的统一计划经济分成了两块：计划与市场，似乎社会主义的计划管不到市场，而照顾了市场，就得放弃计划。这样的提法我不赞同。

首先，我认为不能把计划与市场看作是不相容的。在社会主

义条件下，无论是商品价值规律，还是产品价值规律，都要求有统一的、全面的直接或间接的计划，而不能搞“板块论”。据南斯拉夫的经济学家介绍：从20世纪70年代开始，在计划与市场问题上，也曾经有过激烈的争论。我们从南共联盟几次代表大会的文件和经济学家的著作中都可以看出，那不仅是两种经济思想的争论，而且也是两种不同经济政策的争论。一种思想比较强调市场的作用，把计划的作用降低到最低限度；另一种思想强调计划的作用，把市场的作用降低到最低限度。但是两种意见都承认计划与市场必须共存。现在越来越多的人主张，在社会主义经济中，必须承认市场的作用，然而这个市场是在计划指导下的市场，因而是有组织的市场。经济学家辛迪奇院士还特别对我强调说：“我们南斯拉夫的市场是没有自发势力的市场。”这就是说，他们的商品交换是在计划控制下的交换，生产者要为消费者服务，实行以需（市场）定产，而不是以产定需。在这种思想指导下，南斯拉夫非常强调供、产、销三方的合同关系，允许在一定限度内的竞争和自由选择，允许一定幅度内价格的涨落。但是当合同签订以后，双方都必须严格遵守。1956年我写的《把计划和统计放在价值规律的基础上》就是这个意思。强调计划要能正确地反映价值规律。现在我还是主张把计划放在客观经济规律特别是放在价值规律的基础上，而不赞同“板块论”。

关于计划经济问题，我听到南斯拉夫的同志还有这样一个观点，这就是他们不承认计划经济是社会主义的主要特点。他们说：把计划经济看作是社会主义的主要特点，是不对的。我觉得这不是没有道理的。过去，资本主义社会只是在工厂内部实行计划，而整个社会是不可能有计划生产的。而现在，资本主义国家按照凯恩斯学说，对全国的经济通过一些经济手段进行干预、影响，开始有了我们平常所说的间接计划。不仅国内，就是跨国公司，包括好几个国家，都是有计划地做买卖。总而言之，资本主义也是搞计划的。关于这一点，列宁曾说过：“现在资本主义已经直接发展到具有高度计划性的形式。”❶ 南斯拉夫同志认为，社会主义的本质特点在于工农群众当家做主，劳动者直接对生产、交换和分配过程进行管理。

所以，我觉得把统一的社会主义计划分作两块是不对的。那是用价格调节供求的办法来取消全国统一计划。我也觉得仅仅把计划当作社会主义经济的主要特点也是不对的。但这并不是说就可以不要计划了，而关键是要改变计划的方法，是自上而下，依靠“长官意志”；还是自下而上，依靠群众，按照客观经济规律办事。

七、要运用科学的研究方法

我在价值规律上所持的内因论观点，是从全民所有制出发来研究整个国民经济的问题。这就涉及对政治经济学研究方法的讨论。

政治经济学的方法，是运用辩证法对客观经济运动及其规律性进行研究和表述的方法。经济学界有个看法，认为不把当前复杂的、现实的、多种所有制的社会主义生产关系列为研究对象并分析清楚，却从纯粹的全民所有制出发来研究价值规律和社会主义的其他经济规律，这是脱离实际。其实问题并不是这样。马克思早就讲过：“分析经济形式，既不能用显微镜，也不能用化学试剂。二者都必须用抽象力来代替。”❷ 对社会主义经济的客观运动过程的研究，必须在占有大量资料的基础上，对经济现象加以

❶ 列宁：《俄国社会民主工党（布）第七次全国代表会议（四月代表会议）》，《列宁全集》，第24卷，第274页。

❷ 马克思：《资本论》，《马克思恩格斯全集》，第23卷，第8页，北京，人民出版社，1972。

分析、研究和概括，从中找出主要的本质的东西来先研究清楚，而将次要的非本质的东西暂时置之不顾。待把主要的本质的东西研究清楚了，再把那些次要的非本质的东西引进来。但是对研究成果进行说明和表述时，则必须在形式上从研究结果所形成的相对单纯的概念和相对简单的规定开始，逐步具体化，回到整体，即从抽象到具体、简单到复杂、局部到整体。例如，《资本论》从价值到价格、剩余价值到利润展开论述。所以，研究的过程是抓本质，采取“脱衣法”，表述的过程即历史的发展，采取“穿衣法”。我国解放初期还有奴隶制和农奴制的生产关系，如果把它和社会主义生产关系搅在一起，这怎么能研究清楚呢？这10年的所谓“文化大革命”，使得许多封建的东西又还魂了，如果把它和社会主义生产关系搅在一起，也是研究不清楚的。全民所有制是社会主义生产关系的本质，它决定着现实中各个生产关系发展的方向。马克思曾经说过：“在一切社会形态里，都有某种生产决定一切其他生产的地位和影响，因而这种生产的关系也决定一切其他生产关系的地位和影响。它是一种普照之光，在这光里，一切其他事物都黯然失色了，并且依照它们的特殊性而改变色调。它是一种特殊的以太，它决定一切在它里面占有地位的东西的比重。”❶ 全民所有制对与之并存的其他生产关系正是起着“普照之光”的支配作用。如果说人体的解剖将会给我们更好地认识猴子的身体结构提供钥匙，那么在纯粹的意义上研究清楚了全民所有制生产关系，将会使我们更深刻地认识现实，为我们解决现实问题提供钥匙。这就是我为什么先着手研究全民所有制，同时一再坚持价值规律内因论观点的重要原因。

另外，在研究经济问题时，还不能搞规律排队。我曾经讲过，千规律，万规律，价值规律第一条。其实这不是我的本意，

❶ 马克思：《政治经济学批判大纲（草稿）》，第1分册，第32页，北京，人民出版社，1975。

而是在一次批判会上，我的批判者迫我脱口而讲出的，为的是把话说得尖锐一些，提醒“左派”先生在客观规律面前诚实一点。把规律排队，说哪个大哪个小，哪个老大哪个老二，这种办法是我所反对的。《资本论》并没有把规律一条一条地来排队，而是从生产过程、流通过程、社会生产的总过程进行分析，把资本主义社会发展的各条规律讲得清清楚楚。所以，我们对社会主义生产关系的研究也要以历史发展的客观经济过程为对象，从具体事实出发，揭示问题的本质。

有的同志说我讲的价值规律，只是计量问题。这是误解。我讲的价值规律不是量的问题，或者主要不是定量问题。价值固然不能离开量，但还有一个质，这个质就是社会平均必要劳动，它蕴含着具体劳动和抽象劳动、局部劳动和社会平均劳动的矛盾；包含费用和效用的比较。一句话，这里有劳动二重性、产品二重性问题。这不仅是量的问题，而且也是社会生产关系的重大问题！有同志说我讲的价值规律，还不如叫节约劳动的规律。不错，价值规律的核心问题是讲求经济效果，是节约。但是，讲节约也不能离开增产，不能离开费用和效用的比较。所以叫价值更能揭示问题的本质。有同志说价值决定不是价值规律。其实这是不能分开的。价值决定正是价值规律的基础，也是价值规律的起点。价值规律是价值实体即社会必要劳动存在和运动的全部过程的规律。“决定”在俄文中同“定义”是一个字（определение），而在德文中的“决定”（Bestimmung）也具有“定义”的意思，如果我们从“价值定义”的含义上来理解，那么“价值决定”就更带有规律的意义了。

给李琮信*

李琮同志：

久不晤面，但是我的确时常在想念着你，因为很想向你请教西方经济及经济学动态。

最近读《经济学动态》4 期 56 页沈康南同志文章《从资本主义国家的折旧与固定资本更新》，知道这完全是针对我的观点而发的。因为文中论点除了“加速折旧不等于设备同样加速报废”是强加于我的，此外的确都是我 20 多年来一贯的主张。因为虽则我的观点并未能被他动摇。但是他援引的资料确是否定我的论点的。但是，我怀疑他的材料的确实性。例如他说二次世界大战以前资本主义世界的设备折旧年限为 20 年，这与马克思所说，资本主义国家每隔 10 年左右发生一次危机是与设备更新年限一致的说法是矛盾的。又如他所引美国《商业周刊》材料从 1966 年到 1977 年折旧率从 15.5 上升为 17.5 为根据，说折旧率有下降趋势，这与二次大战以来“科技迅速发展，无形损耗加快”（作者原话）如何相符？

我请教你的问题是：（1）作者所引资料是否确实？上述年限（15.5 - 17.5）是不是把建筑折旧年限与设备年限相混了？（2）如这些资料确实，那么马克思的危机与设备更新周期相符之说是否要修正了呢？

敬礼！

孙冶方

80.5.26

---

* 此信写于 1980 年 5 月 26 日。标题为编者后加。

致胡乔木同志信*

——建议找现在还活着的留苏同学开一次座谈会回忆王明宗派集团形成的经过等

乔木同志：

建议党史研究室找现在还活着的1925—1930年的留苏同学开一次座谈会（现在连叶帅、小平、尚昆、傅钟同志在内，活着的留苏同学不到20人），回忆一下王明宗派集团形成的经过和留苏学生中反王明运动的情况。这是最近党校党史研究室来向我调查所谓“28个半”的名单时，我想到的意见。党校同志也赞成举行这样一次回忆会议。因为现在谁也记不清当时的详细经过了。趁现在还有些人亲自经历过那场党内斗争，大家集合在一起，或许经过互相启发，还可以回忆起较完全的材料（这些人都已经是70以上年纪，再过几年就不在世了）。

我想发起这样一次回忆会，除了为着搜集党史资料外，还因为康生在“文化大革命”初期说过：“28个半没有一个好人！”因此，我虽然是“28个”的对立面，但是我认为必须为“28个”中的一些同志，如秦邦宪、沈泽民、张闻天、王稼祥等烈士以及现在还活着为党工作的杨尚昆、李伯钊等同志申辩。他们虽犯过这样那样的错误（没有不犯错误的人），但都是党的好同志，同时，要把康生的后台、王明以及李竹声、王云程、盛忠良等叛徒

* 此信写于1980年5月30日。标题为编者后加。

永远钉在历史的耻辱柱上。

敬礼！

孙冶方

80. 5. 30

附　胡乔木同志关于召开“28个半布尔什维克”问题调查会的意见

文彬、盖隆同志：

孙冶方同志建议对所提“28个半布尔什维克”问题，由党史研究室开一次调查会（原信附后）。我同意这个建议。会议要尽可能多请一些有关的同志参加。拟请文彬同志主持，请华楠、胡绳、李新、盖隆同志出席，可能要开2—3次，谈话要根据录音整理出详细记录。妥否请酌。

敬礼！

胡乔木

6月6日

就巫宝三平反一事致中共社科院党委信*

中共中国社会科学院委员会：

我所经济思想史研究室主任、研究员巫宝三同志原任经济研究所副所长。1957年曾被错误地当作“右派”多次进行全所大会批判，后划为“中右”。反右运动结束时，他实际上已经失去行政领导职权。被迫辞去经济研究所副所长的职务。去年，我所根据国务院文件的精神，在改正错划“右派”的工作中，对1957年所做的巫宝三同志的错误结论也已予以改正，初步落实了党的政策。但是，他的副所长职务未予恢复。据我了解，巫宝三同志在经济学方面颇有学问，也有一定的学术行政领导经验，尚且目前身体健壮、精力充沛。为了进一步落实党对知识分子的政策，调动各方面积极性，充分发挥党外老专家的作用，建议任命巫宝三同志为经济研究所副所长或顾问。当否，请予考虑。

此致

敬礼！

孙冶方

1980年6月23日

抄报：经济研究所党委

* 标题为编者后加。

致胡乔木同志信*

乔木同志：

你好！感谢你和院的其他领导同志一番对我的关怀。我们在这里生活很好。医疗条件也不错。但工作进展得比较慢，主要由于我自己的工作效率低，同志们在北京已经写好初稿，我还只校了很少一部分。

附上我的外孙来信写的一份关于深圳经济特区的材料（他在那里参加一项工程建设）。信中所说官僚主义拖沓扯皮的事，在国内是见惯了的。但在深圳却和香港为了和我们唱对台戏而新开辟的新界经济区成了鲜明的对比，而且把我们比下来了。这真是使人痛心。如有机会，希望你在书记处反映一下！

祝你健康！

孙冶方

80 年 7 月 24 日

抄报：院领导、所领导

附　沙沙从深圳蛇口来信(1)

外公：

到这里已经一个多月了，对这里的情况有一定的了解。我们

* 此信写于 1980 年 7 月 24 日。标题为编者后加。

(1) 沙沙即武克刚，是孙冶方的外孙。

所到的蛇口工业区是深圳经济特区的一个部分。这个部分是由交通部招商局经营的。交通部招商局也许外公知道，是清末由李鸿章办的香港洋轮招商公司延续下来的。1949 年宣布起义，成了我们在香港的一个机构。由于在香港经营，赚了不少外汇。“四人帮”倒了后，鉴于各国的发展经验，招商局提议仿亚洲经济“四小老虎”（韩国、中国台湾、新加坡、中国香港）的样子，在我国沿海地区开办经济特区，提供劳动力和场地，吸收外资，发展经济。这在国外是很成功的经验（下面我会谈到在我们这里办成了什么样子）。招商局提出后，从中央到地方，都是大有人支持的。于是其他各有关部门也一起响应，就热热闹闹地办起了“深圳经济特区”。蛇口工业区又是领先的样板。蛇口就在香港的对面，我们开始办经济特区，香港很紧张，怕我们影响他们的经济发展。也真有意思，就在我们的海湾对面，也办起了一个“新界经济区”和我们唱开了对台戏。这可以说是社会主义和资本主义面对面的较量了。两年过去了，结果怎么样呢？“新界经济区”已矗起了成排的高楼，工厂冒烟，灯火一片了，我们呢？说来也伤心，直到今天还在用小柴油机发电照明，一个像样的工厂都没建起，更别谈开工赚钱了。事实尽管如此，我们的报上还在吹嘘这里“超过资本主义的建设速度”。这里的建设者们看着这样的报纸，竟是一阵哄笑。

原因在哪里？我们的总投资不少，劳力不少，来管这事的官也是又大又多，从中央的领导同志一直到下面各部委的领导，走马灯似地来这里指导。我们这些建设者们也是夜以继日地辛苦工作，可就是这么个结果。以我们的体会，主要是国内这套官僚经济体制不可避免地造成这样的结果。下面我想以我们主管的通信系统为例，谈谈这里的情况。

工业区的通信系统，就是包括工业区内部电话、长途电话、国际电话、电报和港区码头对外无线联系。预算投资 200 万美元，这对仅有6公里长2公里宽的工业区来讲，已是很阔气了。据说为了抢速度，多花点钱就花点吧，要求一年通话。结果现在2年了，连手摇电话都只装了2台，还常常坏。正式的通信体系连影子都没有。奇怪吗？这两年都在干什么？都在扯皮！没完没了地扯皮，国内各部门之间踢皮球。一开始将通信委托给邮电部设计。因为蛇口的投资是外汇，各部门都想抢。从邮电部设计院、省设计院到深圳市邮电局都要抢。有点竞争在国外可能是好事，到我们这里却成了灾难。各部门连扯皮都要拖拖拉拉。头8个月就花在扯皮上了，后来邮电部内部总算分平了，叫作“利益均沾”。设计院负责设计，省局施工，市局管理。它们一起对蛇口工业区张开血盆大口，如同霸王一般要价。第一次预算就要300万美元，建成后每年收费又要50万以上。连广东省全年国家的邮电总投资据说还不到这个数。要什么时候建成呢？规划要10年。2年内只能开通12路到外地的电话线路。这对蛇口工业区来说，是无法接受的。于是又开始了新的一轮没完没了的谈判。一直拖到今年年初。连纸上的协议都定不下来。在这样的情况下，交通部才自己想办法，另找出路，由我们交通部研究院来主管这个通信系统的设计。我们院根据这里的情况，站在自己部的工作的立场上，提出引进外国先进设备，迅速完成建设工作。这是件很简单的事。我们分别和中国香港、日本、美国的4家公司谈判，让他们预算投标。最高的才投了70万美元（不算一部分工程施工）。最后我们选定了香港大东电讯公司的方案，投标价51万美元，加上工程费也不到100万美元，而且全部建设只要6个月的时间。可这下把邮电部的某些同志搞翻了脸，说我们“破坏中国邮政统一”，要对我们进行全面制裁。告状一直告到中央，一直闹到谷牧同志到这里来视察，我们反映了情况，谷牧同志明确指示同意进口设备，并让邮电部门派出以副部长为首的工作组到这里来解决。国内那么贵的设备一定比国外好了？下面有几个比较

可以说明：

比较项目	国内设备	国外引进设备
技术状态	50 年代制式	80 年代全电子化制式
占地面积	2000 平方米	20 平方米
价格	70 万	12 万
使用保证期	没有	1 万小时
交货日期	1 年以上	3 个月以内

看了以上比较，连最外行的人都可以看出何等惊人的差距。我们国内独家经营的霸王行业，落后到什么程度，还在夜郎自大！有人竟然在会上公开说我们搞引进是“洋务活动”。说什么他们“要得多也是在国内”（留给他们去浪费）。“外国公司要得少也是给别人。”（这话有理，我们怎么能不给别人呢！难道我们愿意吗?）后来幸而有谷牧同志明确表态，才同意引进（可见我们国内个人的作用之伟大了）。同意引进后，各方视我们的做法为眼中钉，又加上国内条条框框犹如铁镣，使我们陷入了另一个泥潭。因为我们的通讯最终要接到国内通信网的，所以在谈判时，需要接口的技术资料和各方面的配合。要香港方面的接口资料，香港来谈判的人员全权能做主（主谈只有 27 岁），马上就给了我们，而我们国内的资料，连身为副部长的工作组长都不能做主，一直把报告打到中央，转报公安部、调查部。可笑的是这些资料的设计本来是请香港工程人员共同搞的，副本就在人家手里。这才没直接影响谈判的进行。本来就技术而言，是没什么问题的。技术谈判快完了，行政上的许多问题就出来了。国内通香港的电话都统一经过广州人工转接。我们地处香港边上，设备上又有对香港的全自动拨号装置，直接接通本来是很方便的事，但却非要我们先接到广州，再人工转接到香港。我们不同意，则被说成是“破坏中国邮电统一管理”。本来蛇口到国际的长途电话

经由香港直接接是又快又省，可是广东到香港没有邮电出口业务，不许直接接，要绕过北京（对西欧各国）或上海（对南亚各国）再统一出口。否则又是“出卖主权”（天知道邮电出口多了怎么会成了出卖主权？美国有三十几个邮电出口，大概快成殖民地了）！于是又为诸如这类问题和国内各部委展开了没完没了的扯皮。目前货都快到了，还一件事都确定不下来。连公安部、调查部都介入了，以防止泄密，（我们的电讯将来是给外商使用的，也要按国内保密条例）。反正挺热闹。我们这些工程技术人员三分精力管技术业务，七分精力对付这些扯皮，你说这怎么可能有高速度、高质量、高效率的建设？通信是这样，其他各项工作也是如此。有些比这还难，还可笑。我们就是这样在搞经济建设呀！外公，你说这样能搞好吗？马宾同志在这里了解了一段情况，我和他说到这些，他也只有苦笑。他的想法我们底下的同志都很同意，可惜他也做不了主。外公要写社会主义经济论，这社会主义经济到底怎么搞，我们现在搞的这一套是不是社会主义？要这是社会主义，实践检验可真不如资本主义呀。到这里参加建设的同志，虽然都辛辛苦苦地工作，但私下却是满腹疑惑。有时我们站在海岸边，开玩笑说：“这才是名副其实的望洋兴叹！”海边经常漂来偷渡到香港不成功淹死者的尸体，就埋在海滩里。海潮冲来，又将白骨冲出。在这寂静海湾，竟是白骨累累，可见偷渡者之多。这些死者，多是我们这个年龄的青年，多么可悲！看着这堆堆白骨，真叫人心酸。我们已算是时代的幸运儿了，唯有努力工作，才对得起每天拿国家、人民的俸禄，可我们这样的建设会有什么结果？如果将来下马，我们又都成了经济上的罪人。当然，话又说回来，我们这里的建设比国内那些10年还在挖厂基的工程又要快得多了。

我想我们经济特区的这些情况，作为经济学家的外公也许会有兴趣，于是写了许多，也许您了解这些情况，也可以换换您每日写书的脑子。

就谈这么多了，请二老多多保重身体！

祝

健康！

沙沙（武克刚）

1980年7月12日于蛇口

给何富明信*

何富明同志：

因为我出差刚回京，所以你8 月10 日来稿及信也刚看到，希望以后来稿直接寄《经济研究》编辑部。你的文章我也粗略地读过一遍。我个人觉得题目是一个好题目，对少奇同志这个正确的观点也需要大力宣传。你的文章的基本论点我是赞成的。但是一方面前后重复的地方很多，另一方面又感到直接的正面的论证还嫌不够有力。必须做大量加工之后才能发表。我已经把你的稿转给《经济研究》编辑部，由他们处理并答复你。你说你是一个青年农民，但我觉得你对政治经济学是有研究的，我希望知道你的年龄和学历及简单的经历。

敬礼！

孙冶方

80. 10. 10

* 此信写于1980 年10 月10 日。标题为编者后加。

就宪法修改的意见致胡乔木同志并转宪法修改委员会信*

乔木同志并请呈转

宪法修改委员会：

为了坚持和改善党对政权的领导，我建议取消1978年全国人大第一次会议通过的宪法总纲部分第二条：“中国共产党是全中国人民的领导核心。工人阶级通过自己的先锋队中国共产党实现对国家的领导。中华人民共和国的指导思想是马克思主义、列宁主义、毛泽东思想。”

其理由：

1. 我们国家的一切权力应该属于人民，全国人民代表大会和地方各级人民代表大会是人民行使国家权力的机关。宪法第二条的那种规定却模糊了这个最基本的原则，使人搞不清楚国家的主人是人民还是党员？国家最高权力机关是人大常委会还是党中央？同时，还会促成并加剧从上到下党政不分、以党代政的错误倾向。

2. 只有中国共产党才能领导中国人民实现社会主义现代化，

* 标题为编者后加。

这是肯定无疑的。但是，领导权的最终实现不能靠法律来规定，而是要靠党的正确政策和党员的模范带头作用。毛泽东同志在我们党未成为执政党前曾经非常正确地告诫我们："所谓领导权，不是要一天到晚当作口号去高喊，也不是盛气凌人地要人家服从我们，而是以党的正确政策和自己的模范工作，说服和教育党外人士，使他们愿意接受我们的建议。"（《抗日根据地的政权问题》）又说："领导的阶级和政党，要实现自己对于被领导的阶级、阶层、政党和人民团体的领导，必须具备两个条件：（甲）率领被领导者（同盟者）向着共同敌人作坚决的斗争，并取得胜利；（乙）对被领导者给以物质福利，至少不损害其利益，同时对被领导者给以政治教育。没有这两个条件或者两个条件缺一，就不能实现领导。"（《关于目前党的政策中的几个重要问题》）我们党在成为执政党的初期，大体上是按毛泽东同志的上述精神做的。但到1957年后，一些同志总以为领导就是发号施令，领导权的依据就是法律规定，硬是盛气凌人地要人民来服从我们，以至于发展到后来林彪提出："领导班子就是政权""政权就是镇压之权"，把党的政治思想领导和国家强制完全混为一谈，使党越来越脱离了人民。

3. 1954年第一届全国人大第一次会议通过的宪法中没有类似的条文，只是1975年第三届全国人大第一次会议通过的宪法才加上了这一条，张春桥在他的"修改宪法报告"中对此还特意做了说明。1978年第五届全国人大第一次会议通过的宪法，简单地继承了1975年宪法的上述条文。人人都知道，1975年时，"四人帮"窃国心切，他们既采取"挟天子以令诸侯"的策略，又以"党的化身"自居，对全国人民颐指气使。宪法中的上述条文，正是他们窃取国家权力的护身符。在我们现行的宪法中继续保留这样的条文显然是十分不妥的。

因此，我认为从宪法中删除第二条及类似条文，有利于恢复宪法在人民心目中的威信，有利于改善党对政权的领导和转变党员的工作作风。

此议妥否，请考虑。

孙冶方

一九八〇年十月十三日